한복선의
한식 대백과

여는 글

정성으로 베푸는 행복한 우리 음식

〈엄마의 밥상〉과 〈요리 백과 338〉에 이어 다시 여러분께 인사드리게 되어 고맙고 기쁘게 생각합니다. 한국의 전통음식을 정리하여 또 다른 '엄마의 밥상'을 차리게 되었습니다.

요리 공부를 시작하고 많은 시간이 흘렀습니다. 다양한 외국 음식 식재료가 들어오고 문화가 교류되는 가운데, 음식 역시 여러 가지 형태로 바뀌는 것을 몸으로 느끼고 있습니다. 특히 빠르고 간편한 인스턴트나 퓨전 음식, 외국 음식들 속에서 한국음식의 정체성을 찾고 싶었습니다. 이에 기본에 충실하면서도 실용적인 '우리 음식, 한식'을 책으로 엮어내고자 오랫동안 마음을 모았습니다. 그 마음을 담아 이 책을 펴냅니다.
이 책이 우리 음식의 기본기를 익히게 되는 좋은 교과서 역할을 했으면 합니다. 또한 세계 시장에서 우리나라의 음식 문화를 알리는 문화 콘텐츠로서의 역할도 기대해봅니다.

좋은 음식은 정성이 가득한 사랑의 음식이라고 생각합니다. 먹거리는 사람의 정서와 닿아 있습니다. 따뜻한 밥에, 따끈한 국물, 구수한 된장찌개, 매콤한 김치 등 생각만 해도 맛있는 것이, 입에 침을 고이게 합니다. 감칠맛 나는 간장, 된장, 고추장, 젓갈 등이 있어서이지요. 먹고 나면 속도 편하고, 또 먹고 싶습니다. 시간과 정성을 품은 발효음식이 빠지지 않는 까닭입니다.

한국의 음식문화는 궁중에서 가장 발달했고, 오늘날에 이르러서는 귀한 손님을 접대하는 고급 음식으로 자리매김하고 있습니다. 궁중요리에 이어 명문가의 음식도 집안 대대로 전해 내려오면서 한국 전통음식의 주류를 형성하고 있습니다. 그밖에 각 지방마다 지역 특산물을 이용한 특색 있는 향토요리가 존재합니다.
우리나라는 삼면이 바다로 둘러싸여 있어 각종 어류와 조개류, 해조류 등의 해산물이 풍부합니다. 또한 남북으로 길게 뻗어 있는 지형적 영향과 봄·여름·가을·겨울 등 뚜렷한 기후 변화로 인해 수확하는 농산물의 종류가 다양합니다. 집에서 기르는 채소뿐 아니라 산과 들에 자생하는 산나물·들나물 등을 계절에 따라 다양하게 이용한 것도 한식의 특징입니다.

　같은 채소류라도 날것 그대로 겉절이를 하거나, 물에 데치거나 볶아서 나물을 만들거나, 소금과 고춧가루로 양념해서 발효시켜 김치를 만드는 등 다양하게 이용합니다.
　육류는 쇠고기, 돼지고기, 닭고기 등을 주로 이용하는데 굽거나 튀기는 것보다는 물에 삶거나 찌는 요리가 많습니다. 식단은 계절별로 다양하며, 제철이 아닌 재료들은 과학적인 방법으로 저장해 사시사철 고른 영양을 섭취할 수 있습니다. 가을에 수확한 배추와 무를 양념해서 발효시킨 김치는 대표적인 저장음식입니다.
　그밖에 콩을 발효시켜 간장과 된장, 고추장을 담그는데 이들 장류는 한식의 가장 중요한 소스의 역할을 합니다. 이 책에는 이처럼 다양한 우리 음식을 국·찌개·반찬 같은 일상음식, 특별한 날의 별미음식, 명절·절기음식, 몸을 이롭게 하는 건강음식, 궁중음식, 각 지방의 향토음식, 김치와 장아찌, 떡·한과·음료 등으로 장을 나누어 정성껏 담았습니다.
　또한 '조리 기본기', '양념 공식', '장 담그기'와 같은 기초 이론을 함께 실어 요리를 처음 배우는 분에게는 든든한 교과서가 되고, 오랫동안 한식을 즐겨온 분들에게는 다시 꺼내보고 싶은 참고서가 되기를 바랍니다.

　저의 요리책을 닳아지도록 보았다는 주위 분들이 계십니다. 제가 할 일은 우리나라의 전통음식을 엄마의 손맛으로 전하는 일이므로, 여러분이 함께 우리 음식을 많이 해서 먹고 베풀면 좋겠습니다.

　좋은 음식이란 결국 정성이 담긴 따뜻한 밥상이라고 믿습니다. 사랑이 깃든 집밥은 그 자체로 사람의 마음을 위로하고 힘을 줍니다. 〈한식 대백과〉가 여러분의 부엌에서 오랫동안 함께하며, 우리 음식을 더 즐겁게 만들고 나누는 데 도움이 되기를 바랍니다.
　감사합니다.

한 복선

차례

기본 익히기

8 우리 음식 조리 용어 쉽게 익히기
10 음식의 제맛을 내주는 양념 공식
12 국·찌개 맛있게 끓이는 비결
14 어머니의 손맛, 장 담그기

1장
일상음식

18 배추속댓국
19 시금치 조개된장국
20 사골우거짓국
21 황태해장국
22 미역국
23 쇠고기뭇국
24 갈비탕
25 설렁탕
26 오징어뭇국
27 콩나물국
28 오이냉국·미역냉국·
　　콩나물냉국
30 달래된장찌개
31 청국장찌개
32 순두부찌개
33 되비지찌개
34 돼지고기감자찌개
35 두부고추장찌개

36 간장게장
37 꽃게무침
38 꼬막무침
39 어리굴젓
40 북어찜
41 북어포구이
42 고등어조림
43 주꾸미볶음
44 불고기
45 돼지고추장불고기
46 장조림
47 달걀찜
48 삼색나물(시금치나물·
　　고사리나물·도라지나물)
50 깻잎나물
51 가지나물
52 애호박새우젓볶음
53 오이볶음

54 콩나물무침
55 숙주볶음
56 삼색무생채
57 미역오이초무침
58 도라지오이생채
59 오이지무침
60 더덕구이
61 냉이된장·냉이고추장무침
62 꽈리고추찜
63 멸치꽈리고추조림
64 고구마줄기볶음
65 미역줄기볶음
66 감자조림
67 두부조림
68 콩자반
69 마늘종새우볶음

우리 음식 알기

70 계절 따라 준비하는 밑반찬·저장음식
106 특별한 날, 계획 있게 손님 맞이하기
144 일 년 열두 달 즐기는 명절·절기음식
146 한눈에 알 수 있는 제삿상 차리기 기본 이론
194 특별한 날의 별미, 궁중음식
228 약이 되는 건강 식재료
268 지역마다 특색 있는 전국 향토음식
300 365일 기본 반찬 김치 담그기
302 제철 재료로 담그는 기본 반찬 장아찌·피클
342 과일로 만드는 저장식품 과일청·과일주

2장
별미음식

74 갈비찜
76 돼지고기 보쌈
78 닭매운찜
80 잡채
82 해물매운탕
84 감자탕
85 알탕
86 국수전골
88 두부김치
90 낙지볶음
92 열무보리비빔밥
93 열무냉면
94 김치온면
95 김치비빔국수
96 닭칼국수
98 아욱수제비
100 3가지 가지전
102 해물파전
103 애호박부추전
104 깻잎전
105 김치적

3장
명절·절기음식

110 떡국
111 떡산적
112 떡찜
114 궁중떡볶이
116 송편
118 토란국
119 수삼떡갈비
120 수삼배생채
121 배홍시채
122 묵은 나물(시래기나물·취나물·호박고지나물)
124 오곡밥
125 약식
126 편수
128 삼색전(고기전·생선전·애호박전)
130 동지팥죽
131 단팥죽
132 삼탕(육탕·소탕·어탕)
134 삼적(어적·육적·봉적)
136 시루떡
137 매듭자반
138 다시마·깻잎부각
140 김·감자부각
142 쑥콩가루국
142 송화밀수

4장
궁중음식

- 150 구절판
- 152 화양적
- 153 사슬적
- 154 겨자채
- 156 대하찜
- 157 탕평채
- 158 두부선
- 160 오이선
- 161 배추선
- 162 죽순채
- 163 죽순찜
- 164 섭산삼
- 165 타락죽
- 166 대합구이
- 167 새우전유어
- 168 홍합초
- 169 삼색 북어보푸라기
- 170 무갑장과
- 171 오이갑장과
- 172 미나리강회
- 173 무송송이(숙깍두기)
- 174 초교탕
- 175 어알탕
- 176 애탕
- 177 어만두
- 178 두부전골
- 180 신선로
- 182 명란두부찌개
- 183 굴두부조치
- 184 절미된장조치
- 185 오이감정
- 186 골동반
- 187 골동면
- 188 난면
- 189 규아상
- 190 궁중유자화채
- 192 서여향병
- 193 마찜

5장
건강음식

- 198 삼계탕
- 200 장어구이
- 202 육개장
- 204 불낙전골
- 206 전복찜
- 208 전복죽
- 209 잣죽
- 210 콩죽
- 211 검은깨죽
- 212 녹두죽
- 213 마죽
- 214 굴전
- 215 조기찜
- 216 콩국수
- 217 우무냉국
- 218 들깨미역국
- 219 머위 들깨볶음
- 220 두릅회·죽순회
- 221 두릅적
- 222 산초장아찌
- 223 죽순장아찌
- 224 생맥산
- 225 쑥차
- 226 계피차
- 227 제호탕

6장
향토음식

232 메밀전병(총떡)
234 어복쟁반
236 조랭이떡국
237 날떡국
238 감자수제비
239 메밀저배기
240 팥국수
241 칼싹두기
242 메밀묵밥
244 무밥
245 김치밥
246 콩나물국밥
247 옹심이 미역국
248 회냉면
249 평양냉면
250 온반
251 온면
252 아귀찜
254 가자미식해
256 콩부침
258 단호박죽
259 호박범벅
260 쇠고기배추 두루치기
261 감자전
262 표고버섯전·고사리전
264 배추적·무적
266 무왁저지
267 두부톳무침

7장
김치·장아찌

272 통배추김치
274 백김치
276 총각김치
277 깍두기
278 오이소박이
279 풋고추소박이
280 열무물김치
281 돌나물물김치
282 파김치
283 부추김치
284 갓김치
285 장김치
286 섞박지
287 양배추김치
288 고들빼기
289 도라지김치
290 깻잎김치
291 가지김치
292 얼갈이배추김치
293 배추속대겉절이
294 상추겉절이
295 참나물겉절이
296 송이장아찌
297 풋고추장아찌
298 매실장아찌
299 도라지장아찌

8장
떡·한과·음료

306 유자단자
308 신과병
310 물호박떡
312 상추떡
314 삼색경단
315 쑥구리단자
316 증편
317 쑥개떡
318 다식(콩다식·검은깨다식·송화다식)
320 개성약과
322 도라지·산사정과
324 깨소병(밀쌈)
326 개성주악
328 생란
330 빈자병
331 진달래화전
332 수정과
333 곶감쌈
334 식혜
335 보리수단
336 배숙
338 진달래화채
339 귤화채
340 수박화채
341 매실청

우리 음식 조리 용어 쉽게 익히기

우리 음식을 만들다 보면 간혹 낯선 용어들이 등장합니다. 나박 썰기, 저며 썰기, 돌려 깎기 같은 썰기 같은 용어 때문에 요리가 어렵게만 느껴집니다. 기본적인 썰기 방법과 간단한 조리 용어를 알아두면 요리가 더욱 친근해질 거예요.

다양한 모양으로 썰기

둥글 썰기
호박이나 오이 같은 원통형의 채소를 써는 방식. 동글동글한 모양을 그대로 살려서 일정한 두께로 썬다.

나박 썰기
정사각형으로 썬 재료를 다시 얇게 썬다. 나박김치나 탕에 들어가는 무를 써는 방법이다.

어슷 썰기
대파나 고추 등을 썰 때 비스듬히 사선으로 써는 방식. 떡국에 들어가는 흰 가래떡도 어슷 썬 것이다.

저며 썰기
마늘이나 무 등을 얇게 썰 때 이용하며 편 썰기라고도 한다. 크기에 상관없이 얇고 고르게 썰 때 저며 썰기를 한다.

송송 썰기
풋고추나 실파처럼 단면이 작은 재료들을 썰 때 이용한다. 송송 썬 파나 실고추는 양념장이나 음식의 고명으로 사용한다.

채 썰기
당근이나 무 등의 채소를 가늘게 써는 방식으로 얇게 저며 썬 다음 비스듬하게 겹쳐 썬다. 잡채 재료를 썰 때 많이 이용된다.

반달모양 썰기
길이로 반 가른 다음 일정한 간격으로 얇게 썬다. 주로 호박이나 감자, 고구마를 썰 때 쓰는 방식이다.

돌려 깎기
오이나 당근 등 원통형의 재료를 채 썰기 전에 먼저 돌려 깎는다. 5~6cm 길이로 토막 낸 다음 살살 돌리면서 껍질을 벗기듯이 칼을 움직여 껍질만 도려낸다.

은행잎 썰기
애호박이나 무 같은 원통형의 재료를 길이로 4등분한 뒤 원하는 두께로 썬다. 생선조림에 들어가는 무를 이렇게 썬다.

다지기
채 썬 재료를 모아서 다시 잘게 썬다. 파, 마늘, 생강을 곱게 썰어 양념과 섞어야 할 때 주로 활용한다.

깍둑 썰기
무나 감자, 당근 등의 채소를 주사위 모양으로 써는 것. 가로, 세로, 높이가 모두 같다.

알쏭달쏭 조리 용어 짚어보기

소박이 소를 넣어 만든 모든 음식. 오이소박이, 고추소박이 등의 김치 종류가 있다. 두부부침 사이에 양념한 고기나 다른 재료를 넣는 것도 소박이의 일종이다.

조치 바특하게 끓인 찌개나 찜으로, 국물이 적은 게 특징. 맑게 끓이거나 장류를 넣어 진하게 끓인다.

감정 국물을 적게 넣어 끓인 고추장찌개로 민어감정, 오이감정 등이 있다. 생선이나 어패류와 잘 어울린다.

식해 토막 낸 생선에 소금과 고춧가루, 조밥, 무 등을 넣어 삭혀서 매콤새콤한 맛을 즐기는 요리. 곡식 중의 '식' 자와 해산물의 '해'를 합쳐 이름 붙여졌다.

초 홍합초, 전복초처럼 갈색이 나도록 윤기 나게 볶는 요리, 또는 식초를 넣은 초무침이나 초회를 가리킨다.

강회 미나리나 파처럼 줄기가 긴 채소를 살짝 데친 다음 고기나 채소를 돌돌 감아 초고추장을 곁들이는 요리.

갑장과 오래 저장하지 않고 만들어 바로 내는 장아찌 종류. 살짝 볶는 갑장과는 숙장과라 부르기도 한다.

선 배추선, 오이선, 호박선, 두부선처럼 채소와 두부, 쇠고기 등을 곱게 다져서 찐 음식을 '선'이라고 한다. 오이나 호박은 칼집을 넣은 곳에, 배추는 잎 사이에 재료를 넣고 두부선은 모든 재료를 섞어서 만든다.

서덜 생선살을 발라내고 난 나머지 부위를 뜻하는 말로 뼈와 머리, 껍질 등을 모두 포함한다. 이런 부위들로만 매운 찌개를 끓여도 칼칼하고 맛이 좋다.

거피 콩이나 팥, 녹두 등 곡물을 덮고 있는 껍질을 벗겨내는 것을 '거피'라고 한다.

단자 찹쌀가루를 밤톨만 하게 빚어 끓는 물에 삶아낸 후 그 위에 고물이나 엿물을 바른 떡으로 '경단'과 같은 말이다. 고물이나 속 재료에 따라 이름이 달라진다.

고명 음식의 모양과 빛깔을 돋보이게 하기 위해 완성된 요리 위에 뿌리거나 얹는 재료를 말한다. 흰색, 노란색, 검은색 등 다양한 색을 내며 실파, 달걀, 실고추, 잣, 은행, 석이버섯, 검은깨, 통깨 등이 주로 쓰인다.

국간장 국이나 묵은 나물 무칠 때 주로 사용하는 담백하면서도 짠맛이 나는 간장. 색이 엷어 청장이라고도 한다. 국간장보다 더 검고 감칠맛이 나는 진간장은 국간장에 여러 재료를 혼합해 끓여서 식혀 만든다.

새알심 찹쌀가루를 익반죽해 빚은 동그란 경단으로 팥죽에 넣어 먹는다. 강원도에서는 새알심을 '옹심이'라고 부른다.

적·전·전유어 고기나 생선, 채소를 얇게 썰거나 다져서 양념을 한 뒤 밀가루를 묻혀 기름에 지진 음식을 통틀어 '전'이라고 한다. 그중 채소를 제외한 고기나 생선전을 '전유어'라고 한다. '적'은 고기나 생선을 양념해 꼬치에 꿰어 굽거나 지진 음식을 가리킨다.

옷 전이나 적을 만들 때 또는 튀김요리를 할 때 등장하는 용어. 보통 전이나 적을 부칠 때는 재료에 밀가루를 얇게 묻힌 다음 달걀옷을 입힌다. 튀김옷은 녹말가루나 밀가루를 물에 개어 튀길 재료에 입히는 겉옷을 말한다.

밑간·밑양념 음식을 만들기 전에 맛이 배어들라고 재료에 미리 해놓는 간. 서양 용어로 마리네이드라고도 한다. 보통 생선은 흰 후춧가루와 소금으로 밑간하고 고기와 표고버섯은 간장 양념을 한다. 숙주나 도라지 같은 채소는 소금과 참기름을 섞은 기름장으로 밑양념을 한다.

한소끔 한 번 끓어오르는 모양을 나타내는 부사로 국물이 있는 요리를 할 때 주로 쓰는 표현이다.

애벌 같은 조리과정을 여러 번 반복할 때 맨 처음 대강 하는 것을 말한다. '초벌'과 같은 의미다. 애벌구이, 애벌삶기, 애벌 끓이기 등 다양한 과정에 쓰인다.

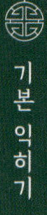

기본 익히기

음식의 제맛을 내주는 양념 공식

어떤 음식이든 양념 배합만 제대로 되어 있다면 기본적인 맛은 보장할 수 있습니다. 기본적인 양념 공식을 알아두었다가 음식 맛내기에 도전해보세요. 조리 시간도 줄이고 음식의 맛도 살릴 수 있는 양념장 제맛내기 비결을 소개합니다.

고기 양념

고기 특유의 누린내를 없애고 육질을 부드럽게 만드는 파, 마늘, 생강, 양파 등을 넉넉히 넣어 맛을 내는 기본 양념장. 설탕이나 물엿을 적당히 넣어 단맛이 살짝 돌도록 하는 것이 맛내기 비결.

간장 양념장
간장 5큰술, 설탕 3큰술(혹은 물엿 3큰술), 청주 2큰술, 다진 파 2큰술, 다진 마늘 1큰술, 다진 생강 1/2큰술, 참기름·깨소금 1큰술씩, 후춧가루 조금

• 고기 600g 정도의 분량에 적당한 양으로 양파와 파, 버섯 등의 부재료를 약간 넣었을 때 알맞은 양이다.

매운 양념장
고춧가루 5큰술, 고추장 3큰술, 간장·물엿·청주 2큰술씩, 다진 파 2큰술, 다진 마늘 1/2큰술, 다진 생강 1작은술, 설탕·참기름 1큰술씩, 깨소금 1/2큰술, 소금·후춧가루 조금씩

• 돼지고기나 닭고기를 매운 양념으로 버무려 찜이나 볶음을 할 때 사용하면 좋다.

무침 양념

시금치, 콩나물 등 나물무침이나 오징어나 골뱅이, 북어포 등을 매콤하게 무쳐내기에 좋은 양념. 미리 만들어두기보다는 조리할 때 바로 만들어 사용하는 것이 향과 맛을 내는 비법.

국간장 양념
국간장 1½큰술, 설탕·다진 파 1큰술씩, 다진 마늘 1/2큰술, 참기름 1/2큰술, 통깨 조금

• 색은 옅고 단맛이 적은 국간장으로 맛을 낸 무침 양념. 300g 정도의 재료를 무치는 데 적당하다.

매운 무침 양념
고춧가루 2큰술, 고추장·간장 1큰술씩, 식초·물엿 2큰술씩, 다진 파 1큰술, 다진 마늘 1/2큰술, 참기름 1/2큰술, 깨소금 1작은술, 소금 조금

• 재료의 양이 300g 정도 분량일 때의 양념 비율로 데친 오징어나 골뱅이, 오이, 불린 미역 등을 무칠 때 넣으면 좋다.

된장 무침 양념
된장 2큰술, 고추장 1/2큰술, 고춧가루·설탕 1작은술씩, 다진 파 1큰술, 다진 마늘 1/2큰술, 깨소금·참기름 조금씩

• 냉이나물, 우거지된장무침 등을 무칠 때 이용하는 양념으로 재료 400g에 어울리는 양이다.

조림 양념

두부나 감자, 멸치 등을 조릴 때 사용하면 좋은 양념장으로 맵지 않게 만든다. 양념장 재료를 한 번 끓이면 좋은데, 마른 홍고추를 넣어 달착지근하면서 맵싸한 맛이 돌게 만드는 것이 맛내기 비결.

단맛이 나는 조림장
간장 1/2컵, 설탕·청주 1큰술씩, 물엿 2큰술, 다진 마늘 1큰술, 생강즙 1/2작은술, 마른 홍고추 2개, 물 1컵
• 감자나 마른 건어물, 두부 등을 맵지 않고 깔끔하게 조리하고 싶을 때 사용한다.

매콤한 맛이 나는 조림장
간장 3큰술, 설탕·고춧가루 1/2큰술씩, 다진 파 1큰술, 다진 마늘 1작은술, 깨소금·참기름 1작은술
• 두부조림이나 북어찜같이 고춧가루를 약간 넣어 칼칼한 맛이 돌게 조리하고 싶을 때 넣는다.

찜 양념

각종 생선이나 해물을 이용한 찜이나 갈비와 잘 어울리는 양념. 메인 재료의 맛은 살리고 양념의 맛도 진하게 느낄 수 있게 만드는 것이 맛내기 비결.

얼큰한 해물찜 양념
고춧가루 4큰술, 간장 2큰술, 다진 파 3큰술, 다진 마늘 2큰술, 다진 생강 1/2작은술, 설탕 1/2큰술, 참기름 1작은술, 멸칫국물 3컵, 녹말물 1/3컵, 소금·후춧가루 조금씩
• 동태나 아귀 등의 해물 300g으로 찜할 때 적당. 매운탕은 간장, 설탕, 참기름, 녹말물을 빼고 소금의 양을 늘린다.

부드러운 고기찜 양념
간장 5큰술, 설탕 1큰술, 물엿 3큰술, 청주 2큰술, 다진 파 3큰술, 다진 마늘 1큰술, 참기름·깨소금 1큰술씩, 배 간 것 1/2컵, 양파 간 것 1/2컵, 소금·후춧가루 조금씩
• 쇠갈비나 돼지갈비, 닭갈비 등 육류 600g을 이용한 찜 요리에 어울리는 양념.

곁들이 양념장 & 소스

초고추장 고추장 3큰술, 식초 2큰술, 물엿·설탕 1큰술씩, 다진 마늘 1/2큰술, 통깨 1작은술 예) 오징어초회 등

데리야키 소스 간장 4큰술, 설탕·청주 2큰술씩, 물엿 2작은술, 가다랑어포 국물(또는 다시마국물) 4큰술 예) 장어구이, 연어 데리야키

겨자 소스 겨잣가루·식초 3큰술씩, 설탕 4큰술, 오렌지주스 2큰술, 다진 마늘 1작은술, 참기름·소금 조금씩 예) 해파리냉채

폰즈 소스 간장 2큰술, 무즙·청주 1큰술씩, 가다랑어포 국물 1/2컵, 설탕 1/2큰술, 송송 썬 실파 1큰술 예) 튀김간장

참깨 소스 땅콩버터·통깨·레몬즙 1큰술씩, 간장 1/2큰술, 다시마국물 2큰술 예) 야채샐러드, 두부샐러드

허니 머스터드 소스 머스터드·마요네즈 3큰술씩, 꿀 1큰술, 다진 양파 1큰술, 레몬즙 2큰술, 소금·흰 후춧가루 조금씩 예) 닭튀김, 훈제구이

타르타르 소스 마요네즈 3큰술, 다진 양파·우유·레몬즙 1큰술씩, 소금·흰 후춧가루 조금씩 예) 생선커틀릿

간장 소스 간장 2큰술, 식초·설탕 1큰술씩, 참기름·청주 1/2큰술씩, 다진 파·마늘·깨소금 조금씩 예) 채소샐러드

기본 익히기

국·찌개 맛있게 끓이는 비결

한국인의 상차림에서 빼놓을 수 없는 게 바로 국, 찌개와 같은 국물음식입니다. 국이나 찌개를 맛있게 끓이려면 국물이 맛있어야 하는 것은 기본이죠. 몇 가지 국물내기 요령을 익혀두면 국이나 찌개, 전골 맛내기가 한결 쉬워집니다.

국 맛있게 끓이기

맑은 장국 고깃국, 콩나물국같이 국물이 말간 국을 가리킨다. 간은 보통 국간장과 소금으로 한다. 처음에는 국간장으로 간하고, 간을 더하려면 소금을 넣는다. 간장으로만 하면 국물의 색이 검어져 맛이 없어 보이기 때문. 국간장이 없다면 멸치액젓을 조금 넣어도 된다.

토장국 된장을 풀어 끓인 국. 된장국이라고도 한다. 구수한 맛이 특징인데, 고추장을 조금 섞으면 텁텁한 맛이 덜해 더 맛있다. 된장이 겉돌지 않게 끓이는 것이 중요하다. 쌀뜨물을 쓰거나 국물에 밀가루를 조금 풀면 전분이 된장과 결합해 국물이 겉돌지 않는다.

영양곰국 고기나 뼈를 넣고 오래 끓여낸 국. 누린내를 제거하는 것이 맛있게 끓이는 비결이다. 찬물에 담가 핏물을 뺀 다음 끓는 물에 애벌 끓여서 잡냄새와 찌꺼기를 거르고 파, 마늘, 양파 등의 향미채소를 넉넉히 넣어 다시 끓인다. 고기는 덩어리째 우려야 국물이 충분히 우러나와 맛있고 고기도 연하다.

해장국 술 마신 다음날 속을 풀어주기 위해 끓이는 국. 생선으로 해장국을 끓일 때 무를 넉넉히 넣으면 시원하다. 얼큰한 맛을 더하려면 청양고추를 조금 넣는다. 깔끔한 매운맛이 속을 시원하게 한다.

찌개 맛있게 끓이기

된장찌개 된장찌개는 물과 된장의 비율을 잘 맞추는 것이 중요하다. 너무 되면 짜고 너무 묽으면 맛이 없어 보인다. 재료가 잠길 듯 말 듯 물을 넣고 간은 싱겁지 않게 하는 것이 된장찌개 맛있게 끓이는 비결이다. 물 1컵에 된장 2작은술이 적당한데, 멸치나 조개, 쇠고기로 국물을 내서 끓이면 더 깊은 맛이 난다.

고추장찌개 고추장찌개는 푹 끓이면 텁텁한 맛이 나므로 짧은 시간 동안 끓여야 한다. 재료를 넣고 한번 팔팔 끓으며 재료가 익으면 불에서 내린다. 매운맛은 고춧가루로 내고 고추장은 간이 맞을 정도로만 풀어야 산뜻하면서 얼큰하다. 고추장에 다진 파, 마늘 등을 미리 넣어 양념해두면 찌개 맛이 한결 좋아진다.

김치찌개 김치가 맛있어야 찌개도 맛있다. 약간 시어진 김치가 좋다. 지방이 적당히 붙어 있는 돼지고기를 넉넉히 넣거나 돼지등뼈 국물을 사용하면 한결 진한 맛이 난다. 간편하게 끓이려면 참치통조림이나 스팸을 써도 좋다. 참치통조림 국물로 김치를 볶다가 국물을 부어 끓이면 국물이 부드럽고 감칠맛이 있다.

매운탕 고춧가루를 넉넉히 넣고 얼큰하게 끓이는 게 포인트. 보통 생선이나 해물을 주재료로 해서 끓이는데 쑥갓, 미나리, 대파 등의 향미채소와 무를 넣으면 개운한 맛이 난다. 마늘과 생강을 넉넉히 넣으면 양념 맛이 진해져서 더욱 맛있다. 마늘, 생강은 비린내를 제거하는 데도 좋다.

국, 찌개를 더 맛있게 하는 기본 국물 6가지

쇠고기 국물
주로 양지머리를 이용한다. 찬물에 담가 핏물을 뺀 후 통마늘, 대파와 함께 물을 붓고 팔팔 끓인다. 한소끔 끓어오르면 불을 줄여서 고기를 익히고 국물을 체에 거른다.

예) 전골, 된장국, 된장찌개, 떡국의 기본 국물

사골국물
핏물을 뺀 후 첫물은 따라버리고 다시 찬물을 받아 통마늘, 대파, 양파를 넣고 푹 삶는다. 센 불에서 팔팔 끓으면 중불로 줄이고, 뽀얀 국물이 우러나면 약불로 줄여 2~3시간 끓인다.

예) 설렁탕, 고깃국, 해장국 국물

닭고기 국물
닭을 적당히 토막 내서 찬물을 붓고 파, 마늘을 넉넉히 넣어 푹 끓인다. 뼈가 흐물흐물할 정도가 되면 국물만 면보자기에 거른다.

예) 만둣국, 칼국수 등

다시마국물
젖은 행주로 흰 가루와 잡티를 미지근한 물에 10분 정도 불렸다가 끓인다. 오래 끓이면 점액질이 나와 국물이 지저분해지니 주의할 것.

예) 감잣국, 어묵국

조갯국물
모시조개나 바지락 같은 작은 조개가 국물 내기에 좋다. 엷은 소금물에 담가 해감을 빼낸 후 헹구어 찬물을 붓고 끓인다. 조개의 입이 벌어지고 국물이 뽀얗게 우러나면 면보자기나 체에 걸러 깨끗한 국물만 받는다.

예) 해산물을 주재료로 하는 국물요리

멸칫국물
머리와 내장을 떼어내야 씁쓸한 맛이 나지 않는다. 국물을 내기 전 멸치를 살짝 볶아 비린내를 제거한 후 찬물에 넣고 팔팔 끓인다. 떠오르는 거품은 떠내고 10분 정도 끓인 후 멸치를 건져야 국물이 깔끔하다.

예) 된장국, 전골, 칼국수의 기본 국물

가다랑어포 국물
가다랑어를 톱밥처럼 얇게 포를 떠서 말린 것으로 가쓰오부시라고도 한다. 끓는 물에 가다랑어포를 넣고 잠깐 끓인 후 불을 끄고 충분히 우러나도록 두었다가 가는 체에 맑은 국물만 거른다.

예) 덮밥, 우동국물 등 일본식 국물요리

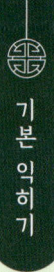

기본 익히기

어머니의 손맛, 장 담그기

장맛을 보면 그 집의 음식 맛을 알 수 있다는 옛말이 있어요. 음식 맛내기의 기본이 간 맞추기인 만큼 장이 맛있어야 간을 제대로 맞출 수 있고, 음식의 제맛을 낼 수 있다는 뜻입니다. 구수한 고향의 맛을 느낄 수 있는 장 담그기 방법을 알려드려요.

고향의 맛, 간장·된장·청국장·고추장

누런 메주콩을 무르게 삶아 메주를 빚은 다음 그늘에 말리는데, 이것을 소금물에 담가 충분히 두면 간장과 된장을 만들 수 있다. 메주가 충분히 우러난 검은 국물은 간장으로 쓰고 남은 메줏덩어리로는 된장을 만든다.
고추장은 메줏가루와 고춧가루, 찹쌀가루, 엿기름, 소금을 섞어서 만든다. 매콤하면서도 독특한 감칠맛이 특징인데, 간 맞추기용 양념은 물론 각종 소스와 곁들이로 다양하게 쓰인다.
콩을 삶아 따뜻한 곳에서 발효시켜 고춧가루, 소금으로 양념한 청국장은 발효과정에서 몸에 좋은 성분이 생성되어 최근에는 양념뿐 아니라 건강식으로 새롭게 주목받고 있다.

메주 쑤기

재료 메주콩(대두) 18L, 물
담그기
① 누런색 메주콩을 구입해 잡티를 고른 다음 물에 씻어 충분히 불린다.
② 솥에 물을 넉넉히 붓고 메주콩을 푹 삶아 건져서 뜨거울 때 곱게 찧어 네모지게 빚는다.
③ 채반 위에 놓고 볕이 잘 드는 곳에서 말린다.
④ 꾸덕꾸덕 마르면 항아리에 짚을 한 켜씩 깔고 올려 따뜻한 곳에서 2~3개월 띄운다.

간장 담그기

재료 메주 5덩어리(메주콩 18L), 굵은 소금 8kg, 물 36L, 마른 홍고추 5개, 참숯(큰것) 5개
담그기
① 장 담글 항아리를 씻어서 끓는 물로 소독을 한 후 햇볕에 바싹 말려둔다.
② 잘 띄워서 말린 메주를 솔로 문질러서 깨끗이 씻은 뒤 채반에 널어 햇볕에 바싹 말린다.
③ 항아리에 메주를 넣고 소금물을 부어 뚜껑을 덮어서 이틀 동안 둔다.
④ 마른 홍고추와 숯을 항아리에 넣은 다음, 낮에는 햇볕을 쬐고 밤에는 뚜껑을 덮어 삭힌다.
⑤ 40일쯤 지나 체에 받쳐서 맑은 간장물만 받고 건더기로는 된장을 담근다.

된장 담그기

재료 간장 담고 남은 메주 5덩어리, 물 3L, 소금 4¼컵

담그기
① 간장을 거르고 남은 메주를 물과 섞어 절구에 넣고 잘 찧는다.
② 찧어진 메주를 깨끗한 항아리에 담아 단단히 눌러놓은 뒤 위에 굵은 소금을 뿌린다.

고추장 담그기

재료 찹쌀가루 4.5L, 고춧가루 3.6L, 메줏가루 1.8L, 엿기름가루 2.7L, 소금 1.8L, 물 5.4L

담그기
① 찹쌀을 씻어서 하룻밤 불린 다음 가루를 빻는다.
② 엿기름을 가루 내어 물 1L에 푼 뒤 충분히 비벼서 체에 거른 다음 앙금을 가라앉힌다.
③ 엿기름물의 맑은 윗물만 솥에 붓고 찹쌀가루를 고루 푼 다음 45℃ 정도로 덥혀서 따뜻한 곳에 두어 삭힌다.
④ 충분히 삭아 말갛게 되면 불에 올려 한소끔 끓이고 약한 불에 30분 정도 조린다.
⑤ 넓은 그릇에 ④를 부어 식힌 다음 메줏가루와 고춧가루를 섞어 항아리에 담아 익힌다

청국장 담그기

재료 콩 18L, 소금 1/2컵, 고춧가루 1컵, 다진 마늘 3큰술

담그기
① 알이 작은 메주콩을 준비해 잡티와 돌을 골라내고 깨끗이 씻어 물에 충분히 불린다.
② 불린 콩을 푹 삶아 건진 뒤 큰 그릇에 담고 면보자기로 덮어 따뜻한 곳에 3~4일 정도 둔다.
③ 콩이 발효되어 끈끈한 진이 생기면 절구에 쏟아 붓고 대충 으깬다.
④ 으깬 콩에 소금과 고춧가루, 다진 마늘을 넣어 고루 섞은 다음 냉동 보관한다.

장 담그는 시기는?

11월에 메주를 쑤어 햇볕에 잘 말린다. 1월쯤 되어 곰팡이가 적당히 피면 메주에 소금물을 부어 간장을 담근다. 3개월쯤 지나 간장을 따라 붓고 메주를 건져서 여러 양념을 섞어 된장을 담근다. 이렇게 6개월 정도 숙성시키면 된장이 완성된다. 청국장과 고추장 역시 겨울철에 담그는 게 좋다. 이때 장을 담가야 잡균의 번식을 최대한 늦출 수 있기 때문이다.

1장

일상음식

밥과 국, 여러 가지 반찬이 어우러진 한 상은 우리 집밥의 기본입니다. 고기와 생선으로 만든 요리부터 채소나 달걀로 차린 반찬까지 종류가 다양하지요. 간단한 무침이나 조림 같은 밑반찬에서부터 시원하고 얼큰한 국·찌개까지, 매일의 밥상을 든든하게 채워줄 일상요리를 모았습니다.

배추속댓국

된장과 고추장을 푼 국물에 배추를 쭉쭉 찢어넣고 끓인 구수한 토장국.
손쉽게 끓일 수 있는 기본 국입니다.

재료(4인분)
배추 1/4포기
대파 1/2뿌리
풋고추·붉은 고추 1개씩
된장 2큰술
고추장 1/2작은술
다진 마늘 1작은술
소금 조금

멸칫국물
국멸치 15마리
물 6컵

1 배추는 겉잎을 떼어내고 안쪽의 노란 속대를 떼어낸 뒤 쭉쭉 찢거나 칼로 듬성듬성 썬다.
2 고추와 대파는 어슷하게 썬다.
3 멸치는 머리와 내장을 떼고 손질한다.
4 멸치를 냄비에 볶다가 물을 붓고 20분쯤 끓여 멸치는 건져낸다.
5 멸칫국물에 된장과 고추장을 체에 걸러 풀고 팔팔 끓인다.
6 국물이 끓어오르면 배추를 넣고 불을 줄여 20~30분쯤 끓인 뒤 대파와 고추, 다진 마늘을 넣는다.

••• 된장국은 멸치, 조개, 쇠고기, 다시마 등으로 기본 국물을 잡고 계절에 따라서 배추, 무, 근대, 아욱, 콩나물, 냉이, 쑥, 원추리 등의 재료를 사용합니다.

시금치 조개된장국

맑은 조갯국물에 된장을 푼 다음 시금치를 넣어 푹 끓인 토장국.
조개가 들어가 구수하면서도 깊은 감칠맛이 나요.

재료(4인분)

시금치 1단
풋고추 2개
붉은 고추 1개
대파 1/2뿌리
다진 마늘 1/2큰술
소금 조금

조갯국물
모시조개 1컵
된장 2큰술
고추장 1큰술
물 6컵

1 시금치는 뿌리를 잘라 다듬고 물에 흔들어 씻어 건진다.
2 풋고추와 붉은 고추, 대파는 어슷 썬다.
3 조개를 박박 문질러 씻은 뒤 냄비에 찬물을 부어 끓인다. 조개 입이 벌어지면 휘저어서 모래를 흘려버리고 조개는 따로 건져둔다. 국물은 체에 거른다.
4 조갯국물에 된장과 고추장을 푼 다음 시금치를 넣고 약한 불에서 20분쯤 끓인다.

••• 초봄에는 시금치 대신 냉이로 모시조개 된장국을 끓이면 더 감칠맛이 나요. 비타민 $A \cdot B_1 \cdot B_2 \cdot C$와 칼슘·철분 등의 영양소가 풍부한 냉이는 봄의 노곤함과 피곤함을 물리치기에 안성맞춤입니다.

사골우거짓국

사골과 잡뼈를 푹 삶아 우려낸 국물로 국물 맛이 좋은 해장국을 끓였어요.
계절이 바뀔 때나 입맛이 없을 때 가족 건강을 위해 준비해보세요.

재료(4인분)
사골 1kg
잡뼈 500g
양지머리 500g
물 40컵
대파 1뿌리
붉은 고추 2개
된장·다진 마늘·들깻가루 2큰술씩
소금 조금

고기 양념
다진 파 2큰술
국간장·다진 마늘·참기름 1큰술씩
소금·후춧가루 조금씩

우거지 무침
우거지 400g
된장·다진 파 2큰술씩
고춧가루·다진 마늘 1큰술씩
참기름 1큰술

1. 사골과 잡뼈는 찬물에 담가 핏물을 뺀 뒤 찬물을 부어 끓인다. 처음 끓어오른 검은 물은 따라낸 뒤 다시 물을 부어 끓이고 떠오르는 찌꺼기를 계속 걷어낸다.
2. 국물이 뽀얗게 우러나면 양지머리를 넣고 익힌다. 무르게 익으면 건져서 얄팍하게 썰어 고기 양념으로 무친다.
3. 우거지는 끓는 물에 데쳐 찬물에 20분쯤 우린 뒤 3cm 길이로 썰어 된장 양념으로 무친다.
4. 냄비에 사골국물을 붓고 된장을 잘 푼 다음 먼저 우거지 무침을 넣어 30분쯤 끓인다. 한소끔 끓으면 양념한 고기와 어슷 썬 고추, 대파, 다진 마늘, 들깻가루를 넣고 소금으로 간한다.

••• 사골국물을 우릴 때는 찬물을 부어 끓여야 국물 맛이 잘 우러나요.

황태해장국

황태국에 두부를 넣고 끓인 시원한 속풀이 탕이에요.
황태에는 간 기능을 회복시켜주는 성분이 풍부해 해장국을 끓이면 좋아요.

재료(4인분)

황태포(북어포) 1마리
물 6컵
무 1/6개
두부 1/4모
팽이버섯 100g
대파 1뿌리
붉은 고추 1개

북어포무침 양념
다진 마늘 1큰술
참기름 1/2큰술
국간장·고춧가루·새우젓 1작은술씩
후춧가루 조금

1 북어포는 물에 담가 불린 뒤 머리를 잘라내고 살만 잘게 찢는다. 북어포 머리는 물 6컵을 붓고 끓여 국물을 낸다.

2 잘게 찢은 북어포 살을 다진 마늘과 참기름, 국간장, 고춧가루, 새우젓, 후춧가루로 양념한다.

3 무는 가로세로 3~4cm 크기에 0.8cm 두께로 썰고 두부도 비슷한 크기로 썬다. 팽이버섯은 밑동을 자르고 대파와 붉은 고추는 어슷 썬다.

4 냄비에 참기름을 두르고 북어포를 볶다가 국물을 붓고 무와 두부를 넣어 20분쯤 끓인다.

5 한소끔 끓으면 국간장으로 간을 맞추고 팽이버섯과 붉은 고추, 대파를 넣어 좀 더 끓인다.

••• 한겨울에 잡은 명태를 얼렸다 녹였다 반복해서 말려 노란색을 띠는 것을 황태라고 해요. 요리를 할 때 통북어 대신 찢어서 파는 것을 구입하면 편리합니다.

미역국

쇠고기 양지머리로 국물을 내서 끓인 영양 만점 미역국.
칼슘과 요오드가 풍부해 산모와 어린아이에게 특히 유익해요.

재료(4인분)

마른 미역 30g
쇠고기(양지머리) 200g
마늘 4쪽
물 10컵
국간장 2큰술
다진 마늘 1/2큰술
참기름 1큰술
후춧가루 조금

1 미역은 20분 정도 물에 불려서 주물러 씻은 다음 먹기 좋은 크기로 자른다. 잘라서 파는 미역은 잠깐만 불려도 된다.

2 쇠고기는 덩어리째 씻어 두 토막으로 자르고 찬물에 30분 정도 담가 핏물을 뺀다.

3 냄비에 쇠고기와 마늘 4쪽을 넣고 물을 부어 끓인다. 약한 불에서 고기가 무르도록 끓인 뒤 국물이 우러나면 식혀서 기름을 걷어낸다. 고기는 식힌 후 손으로 잘게 찢는다.

4 쇠고기 국물에 불린 미역을 넣고 끓이다가 찢은 고기와 다진 마늘을 넣고 국간장으로 간한다. 마지막에 참기름과 후춧가루로 맛을 낸다.

••• 덩어리 고기로 국물을 내는 대신 먹기 좋게 썬 고기를 참기름에 볶다가 물을 부어 끓여도 좋아요. 적은 양을 끓일 때는 이렇게 하는 게 한결 편리합니다.

쇠고기뭇국

저며 썬 쇠고기와 나박나박 썬 무를 넣어 끓인 시원한 고깃국.
임금님의 보양식으로 자주 올렸던 국으로 '무황볶이탕'이라고도 합니다.

재료(4인분)

쇠고기(양지머리) 200g
무 1/4개
물 6컵
대파 1뿌리
국간장 4큰술
다진 마늘 1큰술
소금·후춧가루 조금씩

고기 양념
국간장·참기름 1큰술씩
다진 마늘 1작은술

1 쇠고기는 납작하게 썬 뒤 고기 양념으로 조물조물 무쳐서 간이 배게 둔다.
2 무는 깨끗이 씻어 3cm 길이로 토막 낸 다음 2.5cm 크기에 0.5cm 두께로 나박나박 썬다. 대파는 어슷하게 썬다.
3 양념한 쇠고기를 냄비에 볶다가 물을 붓고 끓인다.
4 고기가 익으면 무를 넣고 떠오르는 거품은 걷어낸다. 한소끔 끓으면 파, 마늘을 넣고 국간장으로 간을 맞춘 뒤 후춧가루를 조금 넣는다.

••• 1_ 고깃국은 양지머리로 끓여야 가장 맛있어요.
    4_ 맑은 국의 간은 색깔이 엷고 단맛이 적은 국간장으로 맞추세요. 모자라는 간은 소금으로 맞춰야 국물의 색이 진해지지 않아요.

갈비탕

소갈비를 푹 고아 맑고 진하게 우려낸 국물에 큼직한 갈비를 담아냈어요.
담백하면서도 깊은 맛이 나 건강식으로 즐겨 먹는 탕국입니다.

재료(4인분)

소갈비 1kg
대파 1뿌리
통마늘 1통
마른 홍고추 2개
물 30컵
무 1/3개
국간장 1큰술

갈비 양념

국간장 3큰술
송송 썬 대파 4큰술
다진 마늘·참기름 1큰술씩
후춧가루 조금

1. 적당히 살이 붙은 갈비를 5cm 크기로 토막 내 찬물에 담가 핏물을 뺀다. 핏물이 빠지면 냄비에 담고 대파 1뿌리와 통마늘, 마른 고추, 물을 함께 넣어 센 불에서 30분 정도 끓인다.
2. 무를 4cm 크기로 썰어 ①의 국물에 넣고 다시 30분쯤 끓인다. 무와 갈비가 모두 무르게 익으면 건져낸다.
3. 무는 가로세로 4cm 크기로 얄팍하게 썰고 갈비는 1cm 간격으로 칼집을 낸 뒤 양념으로 무친다.
4. 갈비 삶은 국물에 양념한 갈비와 무를 다시 넣고 약한 불에서 천천히 끓여 국간장으로 간한다.

••• 달걀지단을 부쳐서 채 썰어 고명으로 얹으면 모양이 좋아요.

설렁탕

소뼈와 양지머리를 오래 끓여 뽀얗게 우려낸 국물에 밥을 말아 먹는 음식이에요.
구수하면서도 든든해서 서민적인 보양식으로 사랑받아 왔어요.

재료(4인분)

사골 1.5kg
잡뼈 500g
양지머리 500g
마늘 6쪽
마른 홍고추 2개
물 40컵

소면 400g
송송 썬 대파 적당량
소금·후춧가루 조금씩

양념장
고춧가루·국간장·소금물 1/2컵씩
다진 마늘 2큰술

1. 잡뼈와 사골은 찬물에 하룻밤 정도 담그고, 양지머리는 찬물에 1시간쯤 담가 핏물을 뺀다.
2. 손질한 뼈와 사골에 물을 넉넉히 붓고 마른 홍고추, 마늘과 함께 센 불에서 끓인다. 첫물은 버리고 다시 물을 부어 중불에서 푹 끓이다가 뽀얀 국물이 우러나면 양지머리를 넣고 한소끔 끓인다.
3. 뽀얗게 우러난 사골국물은 소금으로 간하고 익은 양지머리는 건져서 한 김 식힌 후 먹기 좋은 크기로 저며 썬다.
4. 국수를 삶아 그릇에 담고 양지머리 편육과 송송 썬 대파를 얹은 다음 사골국물을 넉넉히 붓는다. 소금과 후춧가루, 양념장을 기호에 맞게 곁들인다.

••• 뽀얗게 우러난 사골국물은 따로 받아두고 다시 새 물을 부어 끓여요. 이렇게 두 번 정도 재탕을 해서 각각의 국물을 섞어야 더 뽀얗고 깊은 맛이 납니다.

오징어무국

무를 큼직하게 썰어 시원한 국물 맛을 내고, 오징어를 넣어 끓인 국이에요.
담백하면서도 개운해 속을 풀어주는 국입니다.

재료(4인분)

오징어 2마리
무 1/5개
청양고추·붉은 고추 1개씩
대파 1뿌리
다진 마늘 1큰술
국간장 1½큰술

멸칫국물
국멸치 15마리
물 6컵

1. 오징어는 몸통에 칼집을 넣어 가른 뒤 내장을 정리하고 껍질을 벗겨 가로 4cm, 세로 2.5cm 정도 크기로 썬다.
2. 무는 오징어와 비슷한 크기로 얄팍하게 썰고 고추와 대파는 어슷하게 썬다.
3. 멸치를 냄비에 볶다가 물을 붓고 10분 정도 끓인다. 국물이 우러나면 멸치는 건져내고 무를 넣는다.
4. 무가 익으면 오징어와 붉은 고추, 다진 마늘을 넣고 오징어가 익을 때까지 끓인다. 한소끔 끓으면 국간장으로 간한 뒤 청양고추와 어슷 썬 대파를 넣고 불을 끈다.

••• 1_ 몸통의 겉껍질은 소금을 묻히거나 종이타월로 집어서 벗기면 잘 벗겨져요.
　　4_ 국멸치는 마른 냄비에 볶다가 끓이면 비린 맛을 누그러뜨릴 수 있어요.

콩나물국

콩나물을 익혀서 물을 붓고 끓이면 맑은 국물의 콩나물국이 완성됩니다.
국물 맛이 깔끔하고 시원해 해장국으로 준비하면 좋아요.

재료(4인분)

콩나물 350g
물 5컵
실파 1/2뿌리
다진 마늘 1작은술
참기름 1큰술
소금 조금

1 콩나물은 맑은 물에 살살 흔들어 씻고 실파는 1~2cm 길이로 썬다.
2 냄비에 참기름을 두르고 콩나물을 넣는다.
3 ②의 콩나물을 참기름이 배도록 살살 볶은 뒤 물을 붓고 뚜껑을 덮어 콩 비린내가 나지 않도록 끓인다.
4 콩나물이 충분히 익으면 실파와 다진 마늘을 넣고 소금으로 간해서 한소끔 더 끓인다.

••• 깔끔한 콩나물국을 원한다면 참기름을 넣지 말고 물을 부어 끓이면 됩니다.

오이냉국·미역냉국·콩나물냉국

오이채로 만든 오이냉국, 미역을 불려서 오이채와 함께 준비한 미역냉국,
콩나물무침에 차가운 장국을 부은 콩나물냉국. 시원하게 먹는 여름 별미입니다.

오이냉국

재료(4인분)

오이 2개
국간장 2큰술
풋고추 2개
실파 2뿌리

냉국(물 5컵, 국간장 3큰술, 식초 2큰술, 고춧가루·소금 조금씩)

1 오이는 4cm 길이로 가늘게 채 썰어 국간장으로 10분쯤 절이고, 풋고추와 실파는 송송 썰어 절인 오이와 섞는다.
2 냉수에 국간장, 식초, 고춧가루로 맛을 내고 오이와 풋고추, 실파를 넣어 섞은 뒤 냉장고에 차게 두었다가 1인분씩 덜어 상에 낸다.

••• 냉국의 색이 검은 듯하면 소금으로 간을 조절하세요.

미역냉국

재료(4인분)

마른미역 30g
오이 1/2개
참기름 조금

다진 쇠고기 100g
쇠고기 양념(국간장 1/2큰술, 참기름 1작은술, 후춧가루 조금)

냉국(물 5컵, 국간장 3큰술, 식초 2큰술, 소금 조금)

1 오이는 채 썰고, 미역은 물에 불린 뒤 잘게 잘라 참기름으로 양념한다. 다진 쇠고기는 양념해서 팬에 볶아 식힌다.
2 냉국 재료를 배합해 냉장고에 차게 두었다가 1인용 그릇에 미역과 오이를 담고 냉국을 부은 뒤 쇠고기볶음을 얹는다.

••• 미역은 물에 오래 두면 점액질이 생겨 지저분해져요. 국물을 따로 두었다가 먹기 전에 부어야 깔끔합니다.

콩나물냉국

재료(4인분)

콩나물 400g
무침 양념(송송 썬 실파 1큰술, 다진 마늘 1/2작은술, 송송 썬 청홍고추·참기름·소금 1작은술씩, 고춧가루·깨소금 조금씩)

냉국(물 5컵, 소금 1큰술)

1 콩나물을 손질해 냄비에 물을 붓고 삶아 건져 무침 양념으로 조물조물 무친다.
2 무친 콩나물을 그릇에 담고 차게 식힌 냉국을 부어 낸다.

••• 콩나물 삶은 물은 소금 간해서 차게 두었다가 냉국 국물로 쓰세요.

달래된장찌개

쇠고기 장국에 된장을 풀고 향긋한 달래를 넣어 끓인 찌개.
달래의 매콤한 맛이 봄을 느끼게 해주는 건강 찌개입니다.

재료(4인분)

달래 200g
두부 1/2모
마른 표고버섯 2장
무 1/5개
풋고추 2개
붉은 고추 1개
대파 1뿌리
고춧가루 1/2큰술
다진 마늘 1작은술
소금 조금

국물

쇠고기 100g
물 4컵
된장 2큰술
국간장 적당량

1. 달래는 뿌리째 흔들어 씻어 4cm 길이로 잘라둔다.
2. 표고버섯은 물에 담가 불려서 기둥을 뗀 뒤 굵게 채 썰고 무도 채 썬다. 두부는 1cm 크기로 깍둑썰기 하고 고추와 대파는 송송 썬다.
3. 냄비에 물을 붓고 끓이다가 쇠고기를 먹기 좋은 크기로 썰어 넣는다. 국물이 끓어 거품이 생기면 걷어내고 된장을 풀어 넣은 다음 약한 불에서 10분 정도 끓인다.
4. 끓는 된장국물에 준비한 무, 표고버섯, 두부를 넣어 끓이다가 무가 익으면 고춧가루와 다진 파·마늘·고추를 넣고 국간장으로 간을 맞춘다. 달래는 상에 내기 직전에 넣어서 잠깐만 익힌다.

••• 달래 외에도 다양한 봄나물로 찌개를 끓일 수 있어요. 냉이나 쑥 등을 넣고 끓여도 좋아요.

청국장찌개

몸에 좋은 청국장에 두부와 김치, 고기를 넣고 보글보글 끓였어요.
뜨끈하고 구수한 청국장찌개 하나면 밥맛이 살아나요.

재료(4인분)

청국장 5큰술
쇠고기(양지머리) 50g
물 5컵
배추김치 1/5포기
두부 1모
풋고추 2개
대파 1뿌리
다진 마늘 1작은술
소금 조금

1 쇠고기는 납작하게 저며 썰고, 배추김치는 3~4cm 길이로 썬다. 두부는 4등분해 1cm 두께로 썰고 풋고추는 송송, 대파는 어슷 썬다.
2 냄비에 쇠고기를 넣고 물을 부어 끓이다가 김치를 넣고 좀 더 끓인다.
3 국물이 한소끔 끓으면 청국장을 덩어리지지 않게 잘 풀어 넣는다.
4 두부와 고추, 대파, 마늘을 넣고 조금 더 끓이다가 불을 끄고 소금으로 간을 맞춘다.

••• 1_ 청국장에 무를 넣으면 맛이 깔끔하고 표고버섯을 넣으면 진한 감칠맛이 나요.
    2_ 청국장은 국물을 적게 넣어 바특하게 끓이는 것이 맛있어요.

순두부찌개

돼지고기와 김치를 끓이다가 순두부를 넣어 끓인 매콤하고 부드러운 찌개.
뜨거울 때 달걀을 깨뜨려 풀어 넣어도 좋아요.

재료(4인분)

순두부 400g
다진 돼지고기 100g
조갯살 1/2컵
김치 300g
풋고추 2개
실파 2뿌리
소금 조금
물 3컵

돼지고기 양념
고춧가루 2큰술
국간장·청주·다진 파·참기름 1큰술씩
다진 마늘·깨소금 1/2큰술씩

1 순두부는 물기를 뺀다.
2 조갯살은 체에 담아 소금을 뿌리고 물에 흔들어 씻어 건진다.
3 김치는 잘게, 풋고추와 실파는 송송 썬다.
4 돼지고기를 양념해서 재웠다가 냄비에 기름을 두르고 볶는다. 고기가 익으면 김치를 넣고 볶으면서 물 2컵을 부어 끓인다.
5 순두부와 조갯살, 남은 양념장, 풋고추, 실파를 넣고 좀 더 끓인 뒤 소금으로 간한다.

••• 순두부에서 물이 나오기 때문에 순두부찌개를 끓일 때는 물의 양을 다른 찌개보다 적게 잡아요.

되비지찌개

콩비지에 돼지갈비와 우거지를 넣고 되직하게 끓인 평안도식 찌개입니다.
되직하게 끓여서 양념장으로 비벼 먹으면 영양 만점.

재료(4인분)

콩비지 4컵
우거지 삶은 것 300g
돼지갈비 6토막
물 5컵
대파 1뿌리
마늘 3쪽
생강 1쪽
마른 홍고추 1개
국간장 2큰술
소금 조금

우거지무침 양념

새우젓·참기름 1큰술씩
다진 파 1큰술
다진 마늘 1작은술

1 콩을 충분히 불린 뒤 손으로 비벼 껍질을 벗긴다. 껍질 벗긴 콩은 믹서에 물과 함께 넣어 되직하게 간다.

2 데친 우거지는 물기를 꼭 짠 다음 무침 양념으로 버무린다.

3 돼지갈비는 끓는 물에 한 번 데친 뒤 다시 물을 부어 대파, 마늘, 생강, 마른 홍고추와 함께 삶는다. 삶은 국물은 따로 둔다.

4 돼지갈비는 살만 발라내서 냄비에 깔고 우거지를 얹은 다음 곱게 간 콩을 부어 약한 불에서 푹 끓인다.

5 국물이 한소끔 끓으면 돼지갈비 국물을 붓고 한 번 더 끓인다. 간은 국간장과 소금으로 맞추고 그릇에 담아 양념장을 곁들인다.

••• 우거지 대신 신 김치를 넣어도 맛있어요.

돼지고기감자찌개

돼지고기와 감자, 풋고추, 양파를 함께 넣고 끓인 찌개.
고추장으로 끓여 칼칼하면서 입맛을 돋워요.

재료(4인분)
돼지고기 200g
감자 2개
양파 1개
풋고추 2개
붉은 고추 1개
대파 1/2뿌리
식용유 적당량
물 6컵
소금·후춧가루 조금씩

돼지고기 양념
고추장·고춧가루·국간장·물 2큰술씩
다진 마늘 1작은술

1. 돼지고기는 얇게 저며서 먹기 좋은 크기로 썰어 돼지고기 양념으로 무친다.
2. 감자는 껍질을 벗겨 굵게 반달썰기하고, 양파는 반 갈라 굵게 채 썰고, 대파와 고추는 어슷하게 썬다.
3. 냄비에 기름을 두르고 양념한 돼지고기를 넣어 달달 볶다가 물을 부어 끓인다.
4. 끓는 찌개에 감자와 양파를 넣고 푹 끓이다가 감자가 충분히 익으면 어슷하게 썬 파와 고추를 넣은 다음 소금, 후춧가루로 맛을 낸다.

••• 돼지고기를 볶을 때는 센 불에서 재빨리 볶아야 타지 않고 고기의 맛도 좋아요.

두부고추장찌개

고추장 양념한 돼지고기를 볶다가 물을 붓고
두부와 채소를 넣고 끓인 얼큰한 맛의 토속 찌개.

재료(4인분)

돼지고기 100g
두부 1모
양파 1개
느타리버섯 100g
생 표고버섯 5개
풋고추 2개
붉은 고추 1개
대파 2뿌리
식용유 적당량
물 4컵
소금·후춧가루 조금씩

돼지고기 양념

고추장 1큰술
고춧가루 1/2큰술
국간장 2큰술
다진 마늘 1큰술
다진 생강 1작은술

1 돼지고기는 잘게 썰어 양념으로 무친다.
2 두부는 도톰하게 한 입 크기로 썰고 양파는 굵게 채 썬다. 느타리버섯은 손으로 굵게 찢고 생 표고버섯은 저며 썬다. 고추와 파는 어슷 썬다.
3 냄비에 기름을 두르고 돼지고기를 달달 볶다가 물을 붓고 센 불에서 끓인다.
4 국물이 우러나면 썰어둔 두부와 채소를 넣고 한소끔 끓인 뒤 소금과 후춧가루로 간을 맞춘다.

••• 돼지고기를 양념한 후 부재료를 준비하는 동안 재워두면 고기에 간이 배서 더 맛있어요.

간장게장

신선한 꽃게에 달인 간장물을 부어 삭힌 게장.
짭짤하면서도 고소한 맛이 입맛을 돋우는 별미 반찬입니다.

재료(4인분)

꽃게 4마리
통마늘 10개
생강 1쪽
마른 홍고추 2개
설탕 2큰술

간장물

간장 4컵
물 12컵
소금 1작은술

1. 꽃게는 등딱지와 모래집을 떼어내고 솔로 문질러 씻은 다음 등딱지와 모래집을 떼어내고 물기를 뺀다.
2. 마늘과 생강은 얇게 저며 썰고 마른 홍고추는 어슷하게 썰어 씨를 털어낸다.
3. 큰 통에 꽃게의 배 쪽이 위를 향하도록 담은 뒤 마른 고추와 마늘, 생강을 얹고 간장 4컵과 물 10컵을 부어 서늘한 곳에 하룻밤 둔다.
4. 하룻밤이 지나면 간장물만 따라서 냄비에 붓고 물 2컵을 첨가한 뒤 소금을 조금 넣어 끓인다. 한번 우르르 끓으면 차게 식혀서 다시 통에 붓는다.

••• 끓인 간장물을 붓고 하루가 지나면 먹어도 돼요. 오래 두고 먹으려면 중간에 간장물을 끓여서 다시 부어줘야 맛이 변하지 않아요.

꽃게무침

신선한 꽃게를 먹기 좋은 크기로 토막 낸 다음 고춧가루와 물엿 등으로 매콤하게 무쳤어요.
꽃게무침은 가을에 살이 통통하게 오른 수게로 무치는 것이 맛있어요.

재료(4인분)

꽃게 4마리
마늘 10쪽
풋고추·붉은 고추 1개씩
실파 3뿌리

무침 양념
고춧가루 1컵
간장 1/2컵
물엿 1/4컵
청주 3큰술
다진 마늘 1큰술
다진 생강 1작은술
소금·통깨 조금씩

1. 꽃게는 솔로 문질러 씻은 다음 등딱지와 모래집을 떼어낸다. 집게다리는 몸통에서 떼어내 마디를 자르고 몸통은 4~6등분으로 자른다.
2. 마늘은 저며 썰고, 고추는 어슷 썰어 씨를 털어내고, 실파는 3cm 길이로 썬다.
3. 꽃게와 ②의 재료를 큰 그릇에 담고 준비한 무침 양념을 넣어 고루 버무린다.

••• 간장게장은 보통 봄에 암게로 담그고 꽃게무침은 가을에 수게로 만든답니다.

꼬막무침

데친 꼬막을 매콤 짭짤한 양념으로 무친 반찬.
쫄깃한 꼬막살에 양념이 어우러져 밥반찬이나 술안주로도 잘 어울려요.

재료(4인분)

꼬막 2컵
청주 4큰술

양념장
간장 3큰술
고춧가루·설탕 1/2큰술씩
다진 파 1큰술
다진 마늘 1작은술
다진 풋고추 1개분
다진 붉은 고추 1/2개분
참기름·깨소금 조금씩

1 꼬막은 소금물에 담가 해감을 빼내고 박박 씻은 뒤 충분한 양의 물을 붓고 청주를 조금 넣어 삶는다. 꼬막의 입이 벌어지면 흔들어서 모래를 빼낸 뒤 그대로 건져 식힌다.

2 삶아서 한 김 내보낸 꼬막은 한쪽 껍질은 붙은 채로 두고 반대쪽 껍질만 떼어낸다.

3 재료를 분량대로 섞어 양념장을 만든 뒤 삶은 꼬막에 조금씩 끼얹는다.

••• 꼬막은 오래 삶으면 질겨져서 맛이 없어요. 물이 끓고 조개 입이 벌어질 때 바로 건져야 살이 부드러워요. 삶을 때 청주를 넣으면 비린 맛과 냄새를 없앨 수 있습니다.

어리굴젓

싱싱한 굴을 소금에 절여서 고춧가루 양념으로 버무렸어요.
무채와 배, 밤 같은 부재료를 넣으면 매콤하면서 간이 적당한 젓갈이 됩니다.

재료(4인분)

생굴 400g
무 100g
배 1/4개
밤 2개

양념

고춧가루 4큰술
소금 3큰술
대파 1/4뿌리
마늘 2쪽
생강 1쪽

1. 굴은 알이 작고 싱싱한 것으로 골라 옅은 소금물에 흔들어 씻은 뒤 체에 밭쳐 물기를 뺀다.
2. 무는 껍질을 벗겨서 사방 1.5cm 크기로 납작하게 썰고 배는 무와 비슷한 크기로 썬다. 밤은 굵게 채 썬다.
3. 대파는 3cm 크기로 잘라 곱게 채 썰고, 마늘과 생강도 곱게 채 썰어 준비한다.
4. 준비한 재료에 양념을 모두 넣고 고루 섞이도록 잘 버무린 뒤 병에 담아 서늘한 곳에 보관한다.

••• 서늘한 곳에 보관한 어리굴젓은 2~3일 후부터 먹을 수 있어요. 무와 배, 밤을 넣으면 빨리 익기 때문에 조금씩 담가 빨리 먹는 게 좋습니다.

북어찜

물에 불린 통북어에 매콤하면서도 달착지근한 간장 양념을 해서 익히는 찜.
물에 불린 북어는 부드러워 씹는 맛이 좋아요.

재료(4인분)

통북어 2마리
물 1/2컵
대파 1뿌리
실고추 조금

양념장
국간장·간장·설탕 3큰술씩
다진 파 2큰술
다진 마늘 1큰술
참기름·고춧가루·깨소금 1큰술씩
후춧가루 조금

1 통북어의 지느러미와 꼬리를 가위로 잘라 다듬고 물에 담가 충분히 불린 뒤 5토막으로 자른다. 대파는 어슷하게 썬다.

2 손질한 북어를 냄비에 안친 뒤 양념장을 만들어서 반쯤 덜어 넣고 끓인다.

3 한소끔 끓으면 남은 양념장을 넣고 물을 조금 부어 자작하게 찜을 한다. 대파와 실고추를 얹어 잠깐 더 찌고 불을 끈다.

••• 2_ 같은 양념으로 코다리찜을 해도 맛있어요. 코다리는 명태를 반 건조시킨 것으로 꾸들꾸들하고 맛이 부드러워요.

3_ 북어는 조릴 때 마구 뒤집으면 부서지기 쉬워요. 양념을 끼얹을 때도 살이 부서지지 않도록 주의하세요.

북어포구이

잘 두드려 부드럽게 만든 북어포에 고추장 양념을 발라 구웠어요.
구울 때 양념장을 여러 번 덧발라줘야 간이 잘 배어들어 더욱 맛있어요.

재료(4인분)

북어포 4마리
밀가루 1/2컵
식용유 1/2컵
채 썬 대파·실고추·통깨 조금씩
물 1컵

양념장
간장·국간장 4큰술씩
고추장 2큰술
다진 파 2큰술
다진 마늘 1큰술
물엿 3큰술
고춧가루·설탕 2큰술씩
참기름·깨소금 1큰술씩
후춧가루 조금

1 북어포는 머리와 꼬리, 지느러미를 가위로 잘라내고 반 가른다. 물에 불려 꼭 짠 다음 밀가루를 앞뒤로 묻힌다.

2 양념장 재료를 한데 섞는다.

3 달군 팬에 기름을 두르고 밀가루 입힌 북어포를 앞뒤로 노릇하게 지진다.

4 지진 북어포에 양념장을 고루 펴 바르고 채 썬 대파와 실고추를 얹는다. 마지막에 통깨를 뿌린다.

••• 북어는 살이 연해 익히면서 뒤집다가 부서지기 쉬워요. 자주 뒤집지 마세요.

고등어조림

영양 많은 고등어에 무를 넣고 매운 양념장을 넣고 조렸어요.
고등어 외에 갈치나 삼치 같은 등 푸른 생선으로 해도 맛있습니다.

재료(4인분)

고등어 2마리
소금 1큰술
무 1/2개
대파 1뿌리
고추 2개
붉은 고추 1개
물 1컵
설탕·후춧가루 조금씩

양념장

고추장 1큰술
고춧가루·고추장·물·청주 2큰술씩
다진 파 2큰술
다진 마늘 1큰술
참기름·깨소금 1큰술씩

1 고등어는 머리와 꼬리, 내장을 정리하고 4~5cm 길이로 토막 낸 뒤 두세 번 칼집을 넣고 소금을 뿌려 절인다.

2 무는 반으로 갈라 2cm 두께의 은행잎 모양으로 도톰하게 썰고 대파와 붉은 고추, 풋고추는 어슷 썬다.

3 냄비에 무를 깔고 그 위에 생선을 올린 다음 양념장을 끼얹고 냄비 가장자리로 물을 자작하게 부어 뚜껑을 덮고 끓인다.

4 센 불에서 끓이다가 불을 줄이고 국물을 끼얹으면서 타지 않게 조린다. 마지막에 고추와 대파를 넣고 조금 더 끓인다.

••• 생선조림에는 무 대신 말린 무청시래기를 불려 넣기도 합니다. 잘 익은 김치를 넣고 조려도 맛있어요.

주꾸미볶음

고단백 저지방 식품인 주꾸미를 매운 양념으로 볶은 별미 반찬.
소면을 삶아서 곁들이면 한 끼 식사로 충분해요.

재료(4인분)

주꾸미 300g
양파 1개
풋고추 4개
붉은 고추 1개
부추 200g
통깨 1작은술

볶음 양념

고추장 4큰술
간장·고춧가루·물 2큰술씩
설탕·청주 1큰술씩
다진 마늘 1큰술
다진 생강 1/2큰술
참기름 1/2큰술
소금·후춧가루 조금씩

삶은 소면 적당량

1 주꾸미는 먹통을 떼고 소금으로 주물러 찬물에 헹군 다음 반 자른다.
2 양파는 반 갈라 채 썰고, 고추는 반 갈라 씨를 빼고 어슷하게 썬다. 부추는 5cm 길이로 썬다.
3 손질한 주꾸미에 볶음 양념을 넣어 버무린다.
4 달군 팬에 기름을 두르고 양념한 주꾸미를 볶다가 양파와 부추, 고추를 넣어 섞는다. 소금으로 간을 맞춘다.
5 그릇에 주꾸미 볶음과 삶은 소면을 가지런히 담고 통깨를 뿌린다.

••• 주꾸미를 손질할 때는 먹통을 잘 떼어내야 해요. 몸통과 머리 사이를 벌려 떼어내면 됩니다.

불고기

먹기 좋게 썬 쇠고기에 불고기 양념을 해서 구운 반찬.
양파를 넉넉히 넣으면 좋고, 표고버섯이나 팽이버섯을 넣고 볶아도 잘 어울려요.

재료(4인분)

쇠고기 600g
양파 1개
대파 1뿌리
깻잎 5장
배 1/4개

고기 양념

간장 4큰술
설탕·참기름·깨소금 1큰술씩
다진 파 2큰술
다진 마늘 1큰술
후춧가루 조금

1. 쇠고기는 불고깃감으로 준비해 종이타월로 눌러 핏물을 걷어낸 뒤 적당한 크기로 썬다. 양파는 반은 채 썰고 반은 강판에 간다. 파와 깻잎은 채 썰고 배는 강판에 간다.
2. 양파 간 것에 고기 양념을 넣고 섞어 양념장을 만든 뒤 고기 위에 고루 뿌려 20분쯤 잰다.
3. 뜨겁게 달군 팬에 기름을 적당히 두르고 채 썬 양파를 볶다가 고기를 넣어 섞으면서 볶는다. 고기가 어느 정도 익으면 깻잎과 파를 넣어 조금 더 볶다가 불을 끈다.

••• 센 불에서 재빨리 익힌 다음 불을 줄여 속까지 익히면 육즙이 빠져나가지 않아 더 맛있어요.

돼지고추장불고기

한입 크기로 썰어 매운 고추장 양념으로 볶은 돼지고기 두루치기.
진한 양념 맛이 어우러져 밥반찬이나 술안주로 좋아요.

재료(2인분)

돼지고기(삼겹살 또는 목살) 200g
양파 1개
대파 1뿌리
식용유 1큰술

불고기 양념
고추장 1큰술
고춧가루 2큰술
간장·청주 1큰술씩
설탕·물엿 1큰술씩
간 양파 1/4컵
다진 파·깨소금 1큰술씩
다진 마늘 1/2큰술
다진 생강 1/4작은술
참기름 1/2큰술
후춧가루 1/4작은술

1 돼지고기는 불고깃감으로 준비해 한입 크기로 썬다.
2 불고기 양념을 섞어서 돼지고기에 넣고 주물러 20분 정도 잰다.
3 양파는 둥글게 썰고, 대파는 큼직하게 썬다.
4 달군 팬에 식용유를 두르고 돼지고기와 양파, 대파를 넣어 타지 않게 볶는다.

••• 볶는 대신 숯불에 구우면 불맛을 느낄 수 있어요. 직화구이는 타기 쉬우므로 불 조절을 잘해야 합니다.

장조림

쇠고기를 무르게 삶아 간장물에 조린 반찬.
달걀이나 메추리알을 넣어 함께 조려도 맛있어요.

재료(4인분)

쇠고기(사태 또는 우둔살) 600g
마른 홍고추 3개
양파 1/2개
대파 1뿌리
마늘 20쪽
꽈리고추 4개
통후추 조금

조림장
간장 6큰술
설탕 2큰술
청주 1큰술

1. 쇠고기는 적당한 크기로 토막 내 물에 담가 핏물을 뺀다.
2. 쇠고기를 냄비에 넣고 물을 자작하게 부어 20분쯤 삶아 건진다. 삶은 물은 체에 한 번 걸러 따로 둔다.
3. 삶은 고기를 냄비에 넣고 간장과 설탕, 고기 삶은 물을 부어 끓인다. 한소끔 끓으면 양파와 대파, 마늘, 꽈리고추, 통후추를 넣는다.
4. 센 불에서 20분쯤 조리다가 불을 줄인 뒤 마른고추를 넣고 좀 더 조린다.

••• 처음부터 간장을 넣어 끓이면 고기가 질겨져요. 애벌로 삶아 고기가 완전히 익은 상태에서 간장 양념을 넣어야 부드러운 장조림이 만들어집니다.

달걀찜

곱게 푼 달걀을 뚝배기에 안쳐 익힌 부드러운 달걀찜.
달걀물을 체에 한 번 내리면 더 부드러운 달걀찜이 완성됩니다.

재료(4인분)

달걀 3개
새우젓·청주 1큰술씩
다시마국물 2½컵
다진 마늘 1작은술
송송 썬 실파 2큰술
참기름·소금 조금씩

1 달걀을 잘 푼 뒤 새우젓과 청주, 다진 마늘, 실파, 참기름, 소금을 넣고 섞는다.
2 다시마국물에 ①의 달걀물을 넣어 잘 섞어준 뒤 찜통이나 냄비에 중탕으로 안쳐서 끓인다.
3 뚝배기에 담긴 달걀이 충분히 익어 부풀면 불을 끈다.

••• 달걀찜은 너무 센 불에서 직접 익히면 스펀지처럼 구멍이 생길 수 있어요. 중간 불에서 중탕으로 익히는 것이 요령입니다.

삼색나물 (시금치나물·고사리나물·도라지나물)

간장과 참기름, 다진 파·마늘 등의 기본양념으로 무치거나 볶은 3가지 색의 나물. 고사리와 도라지는 재료 자체의 맛을 살려 고소하고 촉촉하게 볶아야 맛있어요.

시금치나물

재료(4인분)

시금치 300g
소금 조금

양념

국간장 1½큰술
참기름·다진 파 1큰술씩
다진 마늘 1작은술
깨소금 1/2큰술

1. 시금치는 다듬어 끓는 물에 소금을 넣고 데친 뒤 찬물에 헹궈 건져 물기를 짠다.
2. 데친 시금치에 나물 양념을 넣고 고루 무친 뒤 깨소금을 뿌린다.

••• 시금치를 데칠 때 소금을 조금 넣고 뚜껑을 연 채로 데쳐서 바로 찬 물에 헹궈야 푸른색이 변하지 않아요.

도라지나물

재료(4인분)

도라지 200g
소금 조금
참기름 1큰술
깨소금 1/2큰술
물 1/3컵

양념

국간장·다진 파 1큰술씩
다진 마늘 1/2큰술
다진 생강 1/2작은술

1. 도라지를 짧게 잘라서 소금을 뿌려 박박 주무른 뒤 찬물에 여러 번 헹구어 끓는 물에 데친다.
2. 데친 도라지는 찬물에 헹구어 물기를 짠 뒤 양념을 넣어 조물조물 무친다.
3. 냄비에 기름을 두르고 양념한 도라지를 볶다가 물 1/3컵을 넣고 뚜껑을 덮어 잠시 익힌 뒤 깨소금과 참기름으로 맛을 낸다.

••• 도라지는 특유의 쓴맛이 있기 때문에 조리하기 전에 소금으로 주무르거나 소금물에 담가둬야 해요. 간장으로만 간을 하면 색이 검어지기 때문에 간은 주로 소금으로 맞추는 것이 좋습니다.

고사리나물

재료(4인분)

고사리 삶은 것 300g
소금·후춧가루 조금씩
물 3큰술

양념

국간장 3큰술
다진 파 2큰술
다진 마늘·깨소금·참기름 1큰술씩

1. 고사리는 물에 충분히 우려내고 물기를 꼭 짠 뒤 5cm 정도로 잘라 양념해서 간이 배도록 잠시 둔다.
2. 프라이팬에 기름을 두르고 고사리를 볶다가 물 3큰술을 넣고 뚜껑을 덮어 중약불로 뜸을 들인다.
3. 국물이 조금 자작하면 뚜껑을 열고 소금, 후춧가루로 맛을 낸 뒤 다시 한번 볶는다.

••• 고사리는 마늘을 넉넉히 넣고 볶아야 제맛을 살릴 수 있어요. 불을 끈 다음에는 뚜껑을 덮어 5분쯤 뜸을 들여야 부드럽고 맛있어요.

깻잎나물

들깻잎에 갖은양념을 해서 볶아 향긋한 맛이 별미입니다.
깻잎나물은 연한 들깻잎으로 해야 질기지 않고 맛있어요.

재료(4인분)
들깻잎 400g

양념
국간장·들기름 2큰술씩
다진 파·깨소금 1큰술씩
다진 마늘 1작은술

1. 연한 들깻잎을 끓는 물에 소금을 조금 넣고 살짝 데친 뒤 찬물에 헹구어 물기를 꼭 짠다.
2. 데친 깻잎에 양념을 넣고 조물조물 무친다.
3. 달군 팬에 기름을 두르고 양념한 깻잎을 넣어 천천히 볶는다. 중간에 물을 조금 넣고 부드럽게 볶는다.

••• 물을 조금씩 부려가며 볶으면 양념의 간이 잘 배어들고 촉촉해서 더 맛있어요.

가지나물

가지를 찜통에 살짝 쪄서 결대로 찢어 데친 숙주와 함께 양념한 반찬.
나물을 무칠 때는 소금보다 국간장으로 무쳐야 더 감칠맛이 나요.

재료(4인분)

가지 2개
숙주 100g

무침 양념

국간장 3큰술
고춧가루 1/2큰술
다진 파 1큰술
다진 마늘 1작은술
참기름 1큰술
깨소금 조금

1. 가지를 길이대로 반 갈라 껍질 쪽이 아래를 향하게 찜통에 안쳐 찐다. 쪄낸 가지가 한 김 나가면 굵직굵직하게 찢어둔다.
2. 숙주는 깨끗이 씻어 건져 끓는 물에 데친 다음 찬물에 헹궈 물기를 짠다.
3. 양념을 모두 섞어 무침 양념을 만든 뒤 가지와 숙주에 넣어 간이 잘 배도록 조물조물 무친다.

••• 숙주를 넣지 않고 가지나물만, 또는 같은 양념으로 숙주나물만 따로 볶아도 맛있어요.

애호박새우젓볶음

반달 모양으로 썬 애호박을 돼지고기와 함께 볶은 반찬.
젓국으로 볶아 구수하면서도 특유의 감칠맛이 있어요.

재료(4인분)

애호박 2개
돼지고기 50g
대파 1/2뿌리
풋고추 1개
붉은 고추 1/2개
소금 조금
식용유 적당량

돼지고기 밑양념
간장 2작은술
다진 마늘·청주 조금씩

볶음 양념
다진 파 1큰술
다진 마늘 1작은술
새우젓국 2큰술
참기름·깨소금 1큰술씩
고춧가루 1/2큰술
물 4큰술

1 애호박은 씻어서 반 갈라 5mm 두께의 반달모양으로 썰고, 돼지고기는 채 썰어 밑양념으로 무친다.
2 파는 어슷 썰고, 고추는 반 갈라 씨를 털고 채 썬다. 새우젓은 꼭 짜서 국물은 볶음 양념으로 이용하고 건지는 다진다.
3 달군 팬에 식용유를 두르고 양념한 돼지고기를 볶다가 애호박과 볶음 양념을 모두 넣고 볶는다. 타지 않게 물을 조금 넣고 뚜껑을 덮어 익힌다.
4 마지막에 대파, 고추, 다진 새우젓 건지를 넣고 소금으로 간을 맞춘다.

••• 호박볶음은 기호에 따라 국물을 넉넉하게 넣고 푹 무르게 익히기도 합니다.

오이볶음

오이를 동그랗게 저며 썰어 센 불에 재빨리 볶아냈어요.
오이는 소금에 절여서 볶아야 아작아작 씹히는 맛을 살릴 수 있어요.

재료(4인분)

오이 2개
소금 1큰술
다진 파 1큰술
다진 마늘 1작은술
참기름·깨소금 1/2큰술씩
실고추 조금
식용유 2큰술

1. 오이는 소금으로 문질러 씻은 뒤 동그랗게 저며 썬다. 썰어놓은 오이에 소금을 뿌려서 15분쯤 절여 물기를 꼭 짠다.
2. 달군 팬에 기름을 두르고 오이를 볶다가 파·마늘을 넣고 조금 더 볶는다.
3. 불을 끄고 참기름과 깨소금을 넣어 섞은 뒤 실고추를 얹는다.

••• 오이볶음은 센 불에서 재빨리 볶아 얼른 식혀야 푸른색이 유지되고 아작아작한 맛을 살릴 수 있어요.

콩나물무침

고춧가루를 넣어 칼칼하게 무친 콩나물무침은 고소하고 씹히는 맛이 좋아요.
손쉽게 만들 수 있고 재료를 구하기도 쉬워 일상적으로 자주 해먹는 반찬입니다.

재료(4인분)

콩나물 400g
소금 1큰술
물 1/4컵
실파 1뿌리

무침 양념
고춧가루 1/2큰술
국간장·깨소금·참기름 1큰술씩
다진 파 1큰술
다진 마늘 1작은술

1. 콩나물은 지저분한 꼬리와 껍질을 정리하고 물에 여러 번 흔들어 씻어 건진다.
2. 콩나물을 냄비에 안치고 소금을 골고루 뿌린 뒤 물을 자작하게 부어 냄비 뚜껑을 덮은 채 삶는다.
3. 실파는 다듬어 씻은 뒤 송송 썬다.
4. 데친 콩나물을 무침 양념으로 조물조물 무쳐서 접시에 담고 송송 썬 실파를 뿌린다.

••• 열기가 조금 남아있을 때 무침 양념을 넣고 조물조물 버무려야 양념이 잘 배어 들어요.

숙주볶음

숙주볶음은 일상의 식탁에서 부담 없이 즐길 수 있는 반찬이에요.
숙주의 아삭한 식감을 살려 살짝만 볶는 것이 중요합니다.

재료(4인분)

숙주 400g
풋고추 2개
붉은 고추 1개
생강 1쪽
식용유 2큰술
소금 2/3큰술
참기름 1큰술

1. 숙주는 깨끗이 씻어 건져 물기를 빼고, 풋고추와 붉은 고추는 반 갈라 씨를 턴 다음 곱게 채 썬다. 생강은 껍질을 벗겨 곱게 채 썬다.
2. 달군 팬에 기름을 두르고 고추와 채 썬 생강을 볶는다. 센 불에서 향이 나도록 볶는다.
3. 여기에 숙주를 넣고 소금으로 간한 뒤 참기름을 넣고 재빨리 볶아 접시에 담는다.

••• 숙주는 오래 볶으면 숨이 죽고 물기가 많이 생겨요. 먹기 직전에 센 불에서 재빨리 볶아 바로 접시에 담아내세요.

삼색무생채

곱게 채 썬 무를 소금, 간장, 고춧가루 등 3가지 색의 양념으로 무쳤어요.
소금 양념과 고춧가루 양념에는 식초를 섞어 상큼한 맛이 나요.

재료(4인분)

무 1/2개
절임용 소금 적당량
송송 썬 실파·통깨 조금씩

소금 양념
다진 파·식초·설탕 1큰술씩
다진 마늘 1/2작은술

간장 양념
간장 1/2큰술
다진 파·참기름 1큰술씩
다진 마늘 1/2작은술

고춧가루 양념
고춧가루 1/2큰술
소금 1작은술
다진 파 1큰술
다진 마늘 1/2작은술
식초·설탕 1큰술씩

1 무는 껍질째 씻어 곱게 채 썰고 소금을 뿌려 살짝 절인 뒤 물기를 꼭 짜서 세 등분으로 나눈다.
2 준비한 재료를 각각 섞어 3가지 양념을 준비한다.
3 절인 무채에 3가지 양념을 각각 넣어 무친 다음 한 접시에 담고 송송 썬 실파와 통깨를 얹는다.

••• 고춧가루 양념을 할 때는 미리 고춧가루로 무를 버무려 붉은 물을 들이는 게 좋아요. 다른 양념과 함께 무치면 고춧가루가 겉돌아 색이 입혀지지 않기 때문입니다.

미역오이초무침

데친 미역에 오이, 당근을 절여서 함께 넣고 식초, 설탕으로 맛을 낸 반찬이에요.
칼로리가 적고 새콤달콤해서 한식 샐러드처럼 즐겨도 좋아요.

재료(4인분)
마른미역 60g
오이 1개
당근 1/4개
소금 조금

무침 양념
식초·설탕 2큰술씩
참기름 2작은술

1 마른미역은 물에 불려 끓는 물에 데친 뒤 찬물에 헹궈 물기를 꼭 짜서 4cm 길이로 썬다.
2 오이는 반 갈라 어슷 썰고 당근은 오이와 비슷한 크기로 나박나박 썬 다음 각각 소금에 절여 물기를 짠다.
3 미역과 오이, 당근을 한데 담고 무침 양념을 넣어 조물조물 버무린다.

••• 식초와 설탕으로 심심하게 맛을 내는 대신 초고추장으로 매콤달콤, 새콤하게 맛을 내도 좋아요.

도라지오이생채

쌉쌀한 맛이 나는 도라지와 아삭한 오이를 고추장 양념으로 버무린 반찬.
새콤달콤한 맛이 나서 입맛 돋우기에 그만이에요.

재료(4인분)

도라지 200g
오이 1/2개
소금 2큰술

초고추장 양념
고추장·고춧가루 2큰술씩
설탕·식초·물엿 1큰술씩
다진 파 1큰술
다진 마늘 1작은술
깨소금·참기름 1작은술씩

1 도라지는 가늘게 가르고 긴 것은 적당히 자른 뒤 소금을 뿌려 주무르고 물에 충분히 헹궈 쓴맛을 뺀다.
2 오이는 반 갈라 어슷 썰어 소금에 절인 뒤 가볍게 물기를 짠다.
3 준비한 재료를 섞어 초고추장 양념을 만든 뒤 도라지와 오이에 넣고 조물조물 무친다.

••• 생채는 먹기 직전에 무쳐서 바로 상에 내는 것이 가장 맛있게 먹는 비결입니다. 도라지오이생채에 오징어를 데쳐 넣어도 맛있어요.

오이지무침

여름철에 입맛 돋우는 반찬으로 오이지만 한 게 없어요.
오이를 소금에 절여 저장해두었다가 다양하게 활용해보세요.

재료(4인분)
오이지 2개

무침 양념
고춧가루·다진 파 1큰술씩
설탕 1/2큰술
다진 마늘·깨소금·참기름 1작은술씩

1 오이지는 동글동글 얇게 저며 썰어 꼬들꼬들하게 물기를 꼭 짠다. 짠맛이 강하면 물에 담가 짠맛을 뺀다.
2 재료를 섞어 양념을 만든 후 오이지를 넣고 무친다.

••• 오이지를 넉넉히 담그면 다양하게 활용할 수 있어요. 오이를 소금으로 문질러 씻어 통에 담고, 끓여서 식힌 소금물(물과 소금 10:1)을 부은 다음 오이가 떠오르지 않도록 돌로 눌러두면 열흘 정도 지나 꺼내 먹을 수 있어요.

더덕구이

더덕을 얇게 펴서 고추장 양념을 바른 뒤 은근한 불에 구웠어요.
더덕 특유의 쌉쌀한 향과 고추장의 매콤한 맛이 잘 어울려요.

재료(4인분)
더덕 200g
송송 썬 실파 1큰술
통깨 조금

기름장
간장 1큰술
참기름 2큰술

고추장 양념
고추장·간장·고춧가루 1큰술씩
깨소금 1/2작은술
다진 파 1큰술
다진 마늘 1/2작은술
설탕 2작은술

1 더덕은 껍질을 칼로 살살 벗긴 뒤 반 갈라 방망이로 자근자근 두드려 부드럽고 납작하게 편다.
2 손질한 더덕에 기름장을 넉넉히 바르고 석쇠에 올려 약한 불에서 살짝 굽는다. 석쇠 대신 달군 팬에 구워도 된다.
3 살짝 익힌 더덕에 고추장 양념을 고루 발라가며 다시 한번 앞뒤로 굽는다.

••• 기름장을 발라 애벌구이를 하는 것은 타는 것을 방지하기 위해서입니다. 처음부터 고추장 양념을 해서 구우면 익기도 전에 양념이 타버려 지저분해지기 때문이에요.

냉이된장·냉이고추장무침

냉이를 데쳐서 된장 양념, 초고추장 양념으로 각각 무친 나물이에요.
봄철이면 생각나는 입맛 돋우는 반찬입니다.

재료(4인분)

냉이 400g

된장 양념
된장·깨소금·참기름·다진 파 1큰술씩
다진 마늘 1작은술

고추장 양념
고추장 2큰술
식초·다진 파 1큰술씩
다진 마늘 1작은술
설탕 1작은술
깨소금·참기름 1작은술씩

1. 냉이는 깨끗이 다듬어 끓는 물에 데친 다음 찬물에 헹구어 물기를 짠다.
2. 준비한 재료를 골고루 섞어 된장 양념과 고추장 양념을 만든다.
3. 데친 냉이를 반으로 나눈 다음 두 가지 양념으로 각각 무쳐 접시에 담는다.

••• 냉이는 끓는 물에 소금을 조금 넣고 데치면 냉이의 푸른빛이 잘 유지됩니다.

꽈리고추찜

꽈리고추에 밀가루를 묻혀 찐 다음 양념을 해서 조물조물 무친 반찬.
밀가루를 묻혀 찐 고추를 말려두었다가 부각을 해도 좋아요.

재료(4인분)

꽈리고추 40개
밀가루 1큰술

무침 양념
간장 2큰술
다진 파 2큰술
다진 마늘 1작은술
고춧가루·참기름 1큰술씩
깨소금 1/2큰술

1 꽈리고추는 꼭지를 떼고 씻어 건져둔다.
2 손질한 꽈리고추에 밀가루를 뿌려 골고루 버무린다.
3 밀가루로 버무린 꽈리고추는 찜통에 넣어 흰 가루가 보이지 않도록 분무기로 물을 뿌린 뒤 10분 정도 쪄낸다.
4 양념 재료를 모두 섞어 쪄낸 풋고추를 넣고 고루 무친다.

••• 고추를 찜통에 안칠 때는 젖은 면보자기를 깔아야 밀가루를 묻힌 고추가 들러붙지 않아요. 오래 찌면 고추의 색과 향이 사라지므로 살짝만 쪄내세요.

멸치꽈리고추조림

멸치와 꽈리고추를 간간짭짤한 양념으로 조린 밑반찬.
꽈리고추 대신 풋고추를 잘라넣거나 마늘종을 넣어서 응용해도 좋아요.

재료(4인분)

꽈리고추 100g
멸치(중간 크기) 2컵
식용유 적당량

양념장

국간장 2큰술
설탕 1/2큰술
청주 1큰술
다진 파 1큰술
다진 마늘·생강즙 1작은술씩
참기름·깨소금 조금씩

1 꽈리고추는 꼭지를 뗀 다음 양념장이 잘 배도록 꼬치로 찔러준다. 길이가 긴 것은 어슷하게 반으로 자른다.

2 멸치는 머리와 내장을 정리한 뒤 달군 팬에 식용유를 두르고 바삭하게 볶는다.

3 오목한 팬에 양념장을 넣어 끓이다가 볶은 멸치와 고추를 넣고 뚜껑을 덮어 은근하게 조린다.

••• 꽈리고추조림에 넣을 멸치는 중간 크기의 멸치가 적당해요. 중멸치는 내장을 손질해 쓴맛을 없애는 게 중요합니다.

고구마줄기볶음

고구마줄기를 데쳐 양념해서 볶으면 맛있는 나물 반찬이 돼요.
넉넉히 손질해 말려두었다가 나물이나 육개장 재료 등으로 활용하면 좋아요.

재료(4인분)
고구마줄기 400g
들기름 2큰술

무침 양념
된장·고추장 1큰술씩
다진 마늘 1큰술 실파 1뿌리
붉은 고추 1개
통깨 조금

1 고구마줄기 끝을 꺾어내려 껍질을 벗긴 다음 끓는 물에 삶고 찬물에 헹궈 물기를 꼭 짜서 5cm 길이로 썬다.
2 고구마줄기에 무침 양념을 넣고 조물조물 무친다.
3 팬에 들기름을 두르고 뜨거워지면 양념한 고구마줄기를 넣어 볶는다.
4 실파와 고추를 채 썰어 넣고 통깨를 뿌린다.

••• 말린 고구마줄기는 손질할 때 물에 충분히 불린 다음 삶으면 더 촉촉하고 부드러워요.

미역줄기볶음

꼬들꼬들 씹히는 맛이 좋은 미역줄기를 고소하게 볶은 기본 반찬.
미역줄기를 볶을 때는 기름을 넉넉히 둘러야 부드럽고 맛있게 볶아집니다.

재료(4인분)

염장 미역줄기 300g
식용유 적당량
풋고추 1개

양념

간장 2큰술
다진 마늘 1큰술
청주·통깨 조금씩

1 미역줄기는 물에 충분히 담가 짠맛을 뺀 뒤 맑은 물에 여러 번 헹구어 먹기 좋은 길이로 자른다.
2 손질한 미역줄기에 준비한 양념을 모두 넣어 조물조물 무친다.
3 달군 팬에 식용유를 두르고 양념한 미역줄기를 넣어 볶다가 불을 끄기 직전에 채 썬 풋고추를 넣어 매운맛을 더한다.

••• 염장한 미역은 찬물에 담가 짠맛을 뺀 뒤 조리하세요. 볶음을 할 때는 1시간 정도 담가 짠맛을 빼고, 초무침을 할 때는 끓는 물에 데친 다음 찬물에 헹구면 됩니다.

감자조림

감자를 납작하게 저며 썰어 간장 양념에 조린 반찬.
포슬포슬한 감자에 짭조름한 맛이 배어 밥반찬으로 좋아요.

재료(4인분)

감자 3개
꽈리고추 10개
통깨 조금
식용유 2큰술

조림장
간장·설탕 1큰술씩
물엿·청주 1큰술씩
소금 1작은술
물 1/2컵

1. 감자는 껍질을 벗기고 반달 모양으로 도톰하게 썰어 찬물에 30분 정도 담갔다가 물기를 뺀다.
2. 꽈리고추는 꼭지를 떼고 군데군데 칼집을 넣는다. 큰 것은 반 자른다.
3. 오목한 팬에 식용유를 두르고 센 불에서 감자를 볶다가 조림장 재료를 넣는다. 불을 약하게 줄이고 뚜껑을 덮어 조린다.
4. 감자가 익으면 꽈리고추를 넣어 숨이 살짝 죽을 정도로만 조린다. 마지막에 통깨를 뿌린다.

••• 감자를 조림장에 조리다가 조림장이 조금 남았을 때 물엿을 넣어 볶듯이 조리면 한결 윤기가 나요.

두부조림

손쉽게 준비할 수 있는 영양 밑반찬이 바로 두부조림이죠.
지진 두부를 조리는 대신 두부를 지져서 양념장을 끼얹는 방법도 있어요.

재료(4인분)
두부 2모
식용유 4큰술
물 1컵
어슷 썬 실파 1큰술
실고추·통깨 조금씩

조림장
간장 4큰술
설탕 2큰술
고춧가루 2작은술
다진 파 1큰술
다진 마늘 1/2큰술
깨소금·참기름 조금씩

1 두부는 가로세로 2~3cm 크기로 납작하게 썰어 기름 두른 팬에 지진다.

2 지진 두부를 냄비에 켜켜이 깔고 양념장을 끼얹은 다음 물 1컵을 냄비 가장자리에 흘려 붓고 약한 불에서 조린다.

3 국물이 자작하게 줄어들면 불을 끄고 접시에 담은 뒤 어슷 썬 실파와 짧게 자른 실고추, 통깨를 솔솔 뿌린다.

••• 중간중간 양념국물을 숟가락으로 떠서 두부 위에 끼얹어가며 조려야 간이 잘 배요.

콩자반

검은콩을 삶아 윤기 나게 조린 대표 밑반찬이에요.
오도독 씹히는 식감에 달콤짭조름한 맛이 배어 오래 두고 먹기 좋아요.

재료(4인분)
검은콩 1컵
물 2컵
마른 홍고추 1개
통깨 조금

조림장
간장 4큰술
설탕·물엿·청주 1큰술씩

1 검은콩은 물에 담가 2시간 이상 불린 뒤 냄비에 물 2컵을 부어 끓인다. 콩 익는 냄새가 나면 불을 끈다.

2 마른 홍고추는 반 갈라 씨를 털고 큼직하게 썬다.

3 냄비에 삶은 콩과 마른 홍고추, 간장, 설탕을 넣어 조린다. 약한 불에서 국물이 자작하게 졸아들 때까지 끓인 뒤 물엿과 통깨를 넣고 잘 섞어 준다.

••• 검은콩을 조릴 때는 뚜껑을 열고 조려야 쪼글쪼글하고 윤기 나는 콩자반이 완성됩니다.

마늘종새우볶음

마늘종을 달착지근한 간장 양념에 조리면 밑반찬으로 안성맞춤이에요.
마른 새우를 넣어 맛과 영양을 보완했어요.

재료(4인분)

마늘종 250g
마른새우 1/2컵
식용유 적당량
통깨·후춧가루 조금씩

양념장
간장·청주 2큰술씩
물엿 1큰술
물 3큰술
설탕 조금

1. 마늘종은 깨끗이 씻어 3cm 길이로 썰고 마른새우는 체에 밭쳐 잔가시를 털어낸다.
2. 손질한 새우는 달군 팬에 기름을 두르지 않고 한 번 볶아낸다.
3. 달군 팬에 기름을 두르고 ②의 마른새우와 마늘종을 넣어 중간 불에서 살짝 볶는다.
4. 양념장을 팬에 넣고 끓이다가 ③의 재료들을 넣어 고루 섞으면서 볶는다. 불에 내리기 직전 통깨와 후춧가루로 맛을 더한다.

••• 마늘종은 오래 볶으면 아삭한 맛이 사라져요. 살짝 덜 익었다 싶을 때 불에서 내리면 됩니다.

계절 따라 준비하는 밑반찬·저장음식

매번 새로 만든 음식들로 상을 차리기란 쉽지 않아요. 제철에 나는 재료를 넉넉히 구입해 깨끗이 손질해 저장했다가 1년 사시사철 꺼내 식사 준비에 활용해보세요. 말릴 건 말리고 절일 건 절여서 갈무리해두면 매끼 상 차리는 일이 어렵지 않을 거예요.

봄

마늘 껍질을 벗겨서 작은 쪽마늘로 담그거나 통마늘의 겉껍질을 벗겨서 장아찌를 담근다. 마늘은 식촛물에 삭혔다가 간장, 식초, 설탕을 10:1:1의 비율로 섞은 간장물을 끓여 부어 간장장아찌를 담근다.

마늘종 간장물을 끓여 부어 간장장아찌를 만들거나 고추장에 박아서 고추장장아찌를 만든다.

더덕 꾸들꾸들 말렸다가 고추장에 박아 고추장장아찌를 만든다.

고사리 데쳐서 물기를 짠 다음 햇볕에 바싹 말려두었다가 따뜻한 물에 불리고 끓는 물에 삶아서 사용한다. 보통 국간장으로 양념해서 볶음나물을 한다.

꽃게 봄철 산란기를 맞아 알이 꽉 찬 암게를 손질해 간장게장을 담근다. 간장물에 대파, 마늘, 생강, 마른 홍고추를 넣고 끓여서 식혀 손질한 게에 따라 붓고 서늘한 곳에 보관한다.

조기 배 쪽이 노랗고 머리 부분이 둥근 삼각형이며 지느러미가 짧은 참조기를 구입해 소금을 넉넉히 뿌려서 꾸덕꾸덕 말려두었다가 구워 먹는다.

여름

깻잎 된장에 박아 장아찌를 만들거나 찹쌀풀을 묻혀서 말려두었다가 튀겨 부각을 만들어 먹는다.

오이 소금물에 절여 오이지를 만들거나 간장 또는 고추장으로 장아찌를 담가 양념으로 무친다.

풋고추·꽈리고추 풋고추는 소금물이나 간장물에 삭혀 간장장아찌를 만들거나 고추장에 박아 장아찌를 만든다. 꽈리고추는 밀가루를 묻혀 찜통에 쪄서 무침을 하거나 말려서 기름에 튀겨 부각을 만든다.

가지 찜통에 쪄서 쭉쭉 찢은 다음 채반에 바싹 말려두었다가 물에 불려 볶음나물을 만들어 먹는다.

고구마 줄기 삶아서 물기를 꼭 짠 후 채반에 바싹 말려두었다가 물에 불려 볶음나물을 해먹는다.

애호박 얇게 저며 썰어 바싹 말린 다음 호박고지를 만든다. 누런 호박이나 단호박은 길게 오가리를 만들어 말려두었다가 떡이나 제빵에 이용하면 좋다.

오징어 물오징어를 채 썰어 고춧가루, 소금 양념해 젓갈을 담그거나 햇볕에 말려 밑반찬으로 이용한다.

가을

연근 튀겨서 설탕을 뿌려 정과를 만들거나 간장, 물엿, 설탕으로 조림을 해서 밑반찬으로 이용한다.

토란대 삶아 건진 후 햇볕에 바짝 말려두면 겨우내 먹을 수 있다. 말린 토란대는 물에 불리고 다시 삶아 나물을 해먹거나 육개장에 이용한다.

버섯 표고는 말려서 국물 내기나 불고기 등에 이용한다. 송이는 간장장아찌, 느타리는 볶음을 한다.

고춧잎 햇볕에 바짝 말려두었다가 무말랭이와 함께 무침을 하면 맛있다.

무 간장, 고추장, 된장에 박아 장아찌를 담그거나 가늘게 썰어 햇볕에 말려서 무말랭이를 만든다. 무청 시래기로는 볶음나물이나 국에 이용하면 좋다.

갈치 소금을 넉넉히 뿌려 냉장 또는 냉동 보관해두었다가 구이나 조림을 해먹는다.

고등어·꽁치 손질 후 굵은소금을 넉넉히 뿌려 자반을 만들어서 냉장 또는 냉동 보관한다.

겨울

명란 생 명란으로 간장조림을 하거나 고운 고춧가루, 다진 마늘, 소금으로 양념한 후 두 주일쯤 익혀 명란젓을 담그면 두고두고 먹을 수 있다.

굴 소금에 하룻밤 정도 절였다가 무를 나박나박 썰어 넣고 고운 고춧가루, 소금, 마늘로 양념해 빨갛게 어리굴젓을 담근다.

명태 통째로 끈에 꿰어 바람에 꾸덕꾸덕 말려서 코다리를 만들어두고 조림이나 구이에 이용한다. 또는 소금에 절인 후 엿기름, 고춧가루, 소금으로 양념해서 삭혀 생태식해를 만들어 먹는다.

대구 말려서 대구포를 만들어 밑반찬으로 이용한다.

조개 신선한 조개의 살만 발라 소금을 뿌려 젓갈을 담갔다가 갖은양념으로 무쳐 먹는다.

홍합 바람이 잘 통하는 건조한 곳에서 바짝 말려 간장조림이나 홍합초를 해서 먹는다.

2장

별미음식

손님을 맞이할 때나 기념일에는 특별한 음식이 준비됩니다. 정성 가득한 음식은 식탁을 풍성하게 하고, 함께하는 시간을 더욱 즐겁게 만들어줍니다. 기념일이 아니더라도 주말이나 여유 있는 날 음식 솜씨를 뽐내보세요. 갈비찜, 잡채, 낙지볶음, 두부김치, 해물전골 같은 것들이 특별한 날 준비하기에 좋은 메뉴들입니다.

갈비찜

갈비찜은 명절이나 손님상에 빠지지 않는 대표 메뉴입니다.
소갈비에 무, 밤, 은행 등을 넣고 간장 양념을 해서 무르게 익히면 됩니다.

재료(4인분)
소갈비 800g
물 10컵
청주 2큰술
대파 1뿌리
마늘 6쪽

부재료
무 200g
당근 1개
밤 5개
대추 3개
은행 8알
표고버섯 4장

갈비 양념
간장 4큰술
배 간 것 1/2컵
설탕·다진 파 2큰술씩
다진 마늘·참기름·깨소금 1큰술씩
소금·후춧가루 조금씩

1 소갈비는 5cm 길이로 토막 낸 것으로 준비해 찬물에 담가 핏물을 뺀 뒤 끓는 물에 청주와 대파, 통마늘을 넣고 삶는다. 삶은 갈비는 간이 잘 배게 2cm 간격으로 칼집을 낸다.

2 갈비 삶은 국물을 체에 내려 깨끗한 국물만 받아 식힌다. 굳은 기름은 걷어낸다.

3 무와 당근은 밤톨 크기로 썰고, 밤은 껍질을 벗긴다. 대추는 씻고, 은행은 마른 팬에 구워 껍질을 벗긴다. 표고버섯은 말린 것은 부드럽게 불린 뒤 기둥을 떼고 반 가른다.

4 갈비 양념 재료를 잘 섞어둔다.

5 큰 솥에 갈비를 안치고 양념장을 2/3 정도 넣어 잘 섞어준다. 여기에 ②의 고깃국물을 부어 끓인다.

6 갈비가 익으면 부재료와 남은 양념장을 모두 넣고 자작하게 조린다.

••• 1_ 갈비의 핏물을 충분히 뺀 다음 찜을 해야 누린내가 나지 않아요. 물에 애벌 삶아낸 뒤 양념해서 찜을 하면 고기가 부드럽고 누린내가 가시며 기름이 적당히 빠져나가 한결 더 맛있어요.

3_ 은행의 얇은 속껍질은 기름 두르지 않은 팬에 살짝 볶아서 종이타월에 놓고 살살 비비면 쉽게 벗겨져요.

돼지고기 보쌈

두툼한 돼지고기 편육에 절인 배추와 매콤한 무생채를 곁들여 내는 영양 만점 요리.
푸짐하게 준비할 수 있어 초대 상차림에 올리면 좋아요.

재료(4인분)

돼지고기 보쌈
삼겹살 또는 목살 600g
된장·청주 1큰술씩

절인 배추
배추속대 20장
소금 1큰술

굴무생채
굴 100g
무 200g
미나리 100g
실파 10뿌리
대파 1대
배 1/2개
대추·밤 5개씩
잣 1큰술
통깨 조금

생채 양념
고춧가루 4큰술
멸치액젓 3큰술
물 1/2컵
설탕·다진 파 2큰술씩
다진 마늘 1큰술
다진 생강·소금 1/2큰술씩

1. 끓는 물에 된장과 청주를 넣고 돼지고기를 넣어 속까지 익도록 30분쯤 푹 삶는다.
2. 배추속대는 잎을 떼어 소금에 살짝 절였다가 물에 헹궈 물기를 뺀다.
3. 굴은 체에 담아 소금물에 흔들어 씻어 물기를 뺀다.
4. 무는 채 썰어 소금에 절였다가 물기를 짜고, 미나리와 실파는 3cm 길이로 썰고, 대파는 어슷 썬다. 배와 대추는 곱게 채 썰고, 밤은 저며 썰고, 잣은 고깔을 뗀다.
5. 양념 재료를 모두 섞어 매콤달콤한 생채 양념을 만든 뒤 먼저 절인 무채를 넣어 버무리고, 나머지 생채 재료를 모두 넣어 무친다.
6. 돼지고기를 다시 한번 끓여 두툼하게 한입 크기로 썬다.
7. 고기를 접시에 가지런히 담고 절인 배추속대, 굴무생채를 옆옆이 담는다.

••• **3_** 굴은 사이사이에 껍질이 남아 있기 쉬우니 잘 살펴서 골라내야 해요.
7_ 김발 위에 절인 배추속대를 넓게 펴고 굴무생채를 옆으로 길게 놓은 다음 김밥 말듯이 돌돌 말아 동글동글 썰면 모양도 예쁘고 한입에 먹기도 좋아요.

닭매운찜

먹기 좋게 토막 낸 닭고기에 감자, 당근을 넣고 매콤하게 양념해 푹 익혔어요.
'닭도리탕' 또는 '닭볶음탕'이라고도 하며 별식으로 준비하면 좋아요.

재료(4인분)

닭 1마리(1.2kg)
청주·소금 조금씩
감자 3개
당근 1개
양파 2개
붉은 고추 1개
대파 1뿌리

양념장

고춧가루 5큰술
고추장 3큰술
간장·청주 2큰술씩
설탕·물엿 1큰술씩
다진 파 2큰술
다진 마늘 1/2큰술
다진 생강 1작은술
소금·후춧가루 조금씩

1 닭은 큼직하게 토막 낸 것으로 구입해 물에 헹군 뒤 청주와 소금으로 밑간한다.

2 감자와 당근은 밤톨만 한 크기로 썰고 양파는 4등분한다. 붉은 고추와 대파는 어슷 썰어 준비한다.

3 냄비에 닭과 감자, 당근을 안치고 양념장 재료를 섞어 끼얹은 뒤 냄비 가장자리로 물을 자작하게 부어 익힌다.

4 한소끔 끓으면 양파와 대파, 붉은 고추를 넣고 은근한 불에서 좀 더 끓인다.

••• 1_ 닭에 간이 잘 배게 하려면 중간중간 칼집을 넣어주세요.
   3_ 감자와 당근은 금방 익어요. 채소가 푹 물러지지 않게 하려면 닭이 반쯤 익었을 때 넣는 것이 좋아요.

잡채

잔칫상이나 손님상에 빠지지 않고 올라가는 게 잡채입니다.
쇠고기와 여러 가지 채소가 어우러져 맛도 영양도 만점이에요.

재료(2인분)

당면 50g
쇠고기(우둔살) 100g
시금치 50g
당근 30g
양파 1/4개
표고버섯 2개
소금·식용유 적당량씩

당면 양념

간장 1/2큰술
참기름 1/2큰술
설탕 1작은술

쇠고기 양념

간장 1큰술
설탕 1작은술
다진 파 1/2큰술
다진 마늘 1/2작은술
참기름 1/2작은술
깨소금 1작은술
후춧가루 조금

시금치 양념

참기름 1/2작은술
소금 조금

1. 쇠고기는 가늘게 채 썰어 쇠고기 양념에 10분 정도 재두고, 당면은 미지근한 물에 담가 20분 정도 불린다.
2. 당근과 양파 껍질을 벗기고 곱게 채 썰고, 표고버섯은 갓만 채 썬다. 말린 것은 물에 불려서 사용한다.
3. 시금치는 다듬어 씻어 끓는 물에 데친 뒤 찬물에 헹궈 꼭 짜고 먹기 좋게 썰어 소금, 참기름에 무친다.
4. 달군 팬에 식용유를 두르고 당근, 양파, 표고버섯을 각각 센 불에서 소금으로 간해 재빨리 볶는다.
5. 팬에 식용유를 조금 두르고 양념한 쇠고기를 서로 붙지 않게 저으면서 재빨리 볶는다.
6. 끓는 물에 당면을 삶아 체에 건진다.
7. 달군 팬에 식용유를 두르고 삶은 당면과 당면 양념을 넣어 볶는다.
8. 볶은 당면과 채소, 고기를 고루 섞는다.

••• 각각의 재료를 따로따로 양념해 한데 섞어야 잡채의 제맛을 느낄 수 있어요. 시금치 대신 오이를 채 썰어 살짝 절여서 넣거나 부추를 데쳐서 넣어도 됩니다.

해물매운탕

여러 가지 해물을 넣고 얼큰하고 시원하게 끓인 찌개입니다.
새우와 홍합, 미더덕 등의 해물을 넣어 국물 맛이 좋아요.

재료(4인분)

낙지 2마리
새우 4마리
홍합살 50g
미더덕 100g
모시조개 8개
무 1/5개
콩나물·미나리 200g
호박 1/4개
대파 1뿌리
붉은 고추 1개
소금 조금
물 7컵

매운탕 양념

고춧가루 2큰술
다진 마늘 1/2큰술
간장·생강즙 1작은술씩
소금 조금

1. 낙지는 먹통과 내장을 제거하고 소금을 뿌려 주무른 뒤 찬물에 헹궈 4cm 길이로 썬다.
2. 새우와 홍합살은 각각 소금물에 흔들어 씻고, 미더덕은 소금물에 씻어 건진 뒤 꼬치로 물집을 터뜨린다.
3. 냄비에 모시조개를 넣고 물을 부어 끓여서 국물을 낸 뒤 조개는 건지고 국물은 따로 받는다.
4. 무는 가로세로 2×3cm 크기로 얄팍하게 썰고 콩나물은 머리와 꼬리를 정리한다. 호박은 반달모양으로 납작하게 썰고, 미나리는 줄기를 다듬어 5cm 길이로 썬다. 파는 반 갈라 5cm 길이로 썰고, 붉은 고추는 어슷 썬다.
5. 전골냄비 속에 무와 콩나물을 깔고 낙지, 새우, 미더덕, 모시조개를 올린 뒤 따로 받아둔 조갯국물을 붓고 매운탕 양념을 풀어 끓인다.

••• 1_ 꽃게를 4등분해서 넣으면 더 푸짐하고 국물 맛도 좋아져요.
5_ 해물매운탕은 상에서 보글보글 끓이면서 먹으면 좋아요. 겨자 소스를 만들어 찍어 먹으면 더욱 맛있습니다.

감자탕

돼지등뼈를 삶아 통감자를 넣고 매운 양념으로 끓인 탕이에요.
국물 맛이 진하고 등뼈에서 살을 발라먹는 재미도 좋아요.

재료(10인분)

돼지등뼈 1kg
물 20컵
감자 8개
양파 2개
풋고추 3개
대파 2뿌리
깻잎 10장
들깻가루 2큰술
소금 조금

향신채소

대파 1뿌리
마늘 10쪽
생강 3쪽
마른 홍고추 3개
청주 2큰술

매운 양념

고춧가루 3큰술
고추장·참기름 1큰술씩
물 1/2컵
다진 마늘 2큰술
다진 생강 1작은술
국간장 4큰술
소금 조금

1. 돼지등뼈는 찬물에 담가 핏물을 빼고 10분 정도 삶은 뒤 다시 찬물에 헹궈 누린내를 없앤다.

2. 애벌 삶은 돼지등뼈에 물을 붓고 대파와 마늘, 생강, 마른 홍고추, 청주를 넣어 은근한 불에서 푹 끓인다. 물의 양이 반으로 줄고 국물이 우러나면 불을 끈다.

3. 감자는 적당한 크기로 자르고 양파는 4등분 한다. 깻잎은 가늘게 채 썰고 고추와 대파는 어슷하게 썬다.

4. 등뼈국물에 감자를 넣고 끓이다가 양파와 매운 양념을 넣는다. 한소끔 끓인 뒤 소금으로 간하고 깻잎과 고추, 대파, 들깻가루를 넣어 맛을 더한다.

••• 감자탕을 끓일 때 들깻가루를 넣으면 국물 전체에 고소한 맛과 향이 퍼지면서 누린내도 없어지고 영양도 더 풍부해져요.

알탕

멸칫국물에 명란과 내장을 넣고 얼큰하게 끓인 탕.
술 마신 다음 날, 영양 보충을 위해 끓이는 속풀이 해장국으로 안성맞춤이에요.

재료(4인분)
명란 8개
미더덕 100g
무 1/5개
콩나물·미나리 200g씩
쑥갓 50g
대파 1뿌리
풋고추 2개
붉은 고추 1개

멸칫국물
국멸치 15마리
다시마 10×10cm 2장
물 6컵
마늘 3쪽

매운 양념
고춧가루·국간장 2큰술씩
청주 1큰술
다진 파 2큰술
다진 마늘 1큰술
생강즙·소금·후춧가루 조금씩

1 명란은 흐르는 물에 헹구고, 미더덕은 소금물에 씻은 뒤 꼬치로 물집을 터뜨린다.

2 무는 2~3cm 크기로 납작하게 썰고, 콩나물은 머리와 꼬리를 정리한다. 미나리는 4cm 길이, 쑥갓은 적당한 길이로 썰고 대파와 고추는 어슷 썬다.

3 멸치는 내장을 떼고 다시마는 젖은 행주로 닦아 냄비에 물을 붓고 통마늘을 넣어 끓인다. 중불에서 15분 끓여 국물이 우러나면 체에 거른다.

4 멸칫국물에 무와 콩나물을 넣고 끓이다가 콩나물이 익으면 명란과 미더덕을 넣고 매운 양념을 풀어 끓인다. 한소끔 끓으면 나머지 채소를 모두 넣고 소금으로 간을 맞춘다.

••• 알탕은 간이 되어 있지 않은 생 명란으로 끓이는 게 좋아요. 생선 내장인 고니를 함께 넣으면 더욱 맛있어요.

국수전골

전골냄비에 여러 재료를 돌려 담고 육수를 부어 즉석에서 끓여가면서 먹어요.
끓는 국물에 고기와 국수를 넣었다가 건져서 양념초장에 찍어 먹는 맛이 별미입니다.

재료(4인분)
쇠고기(샤부샤부용 등심) 200g
생면 300g
배춧잎 2장
당근 1/4개
팽이버섯·느타리버섯·쑥갓 50g씩
대파 1뿌리

전골 국물
다시마 20×20cm 1장
물 10컵
간장·청주 1큰술씩
소금·후춧가루 조금씩

전골 양념
다진 파 1큰술
다진 마늘 1/2큰술
간장 1큰술
고춧가루 1/2큰술
참기름 1/2큰술

양념초장
간장·식초·물 5큰술씩
설탕 1큰술
깨소금 1/2큰술

1 배춧잎은 3cm 폭으로 길쭉하게 썰고 당근은 채 썬다. 쑥갓은 짧게 자르고 대파는 어슷하게 썬다.

2 팽이버섯은 밑동을 자른 뒤 가닥을 나누고 느타리버섯은 깨끗이 씻어 굵게 찢는다.

3 다시마를 불린 뒤 물을 붓고 끓여 다시마국물을 낸다. 국물이 우러나면 다시마는 건지고 국물은 간장과 청주, 소금, 후춧가루로 맛을 내 한소끔 끓인다.

4 ③의 장국에 채소와 버섯, 쇠고기를 차례로 넣어 익혀서 양념초장에 찍어 먹는다.

5 국물이 모자라면 더 붓고 전골 양념을 넣어 맛을 낸 뒤 팔팔 끓을 때 국수를 넣는다.

••• 끓는 전골 국물에 고기와 채소를 담갔다가 건져 양념초장에 찍어 먹는 것이 샤부샤부, 다 먹고 난 뒤 고기와 채소, 양념을 더 넣고 국수를 넣어 끓여 먹는 것이 국수전골입니다.

두부김치

노릇하게 부친 두부와 김치돼지고기볶음을 한 접시에 담았어요.
언제든 뚝딱 만들기 좋은 가성비 좋은 술안주입니다.

재료(4인분)

두부부침
두부 1모
참기름 1큰술
식용유 2큰술
소금·통깨 조금씩

김치돼지고기 볶음
배추김치 1/4포기
돼지고기 삼겹살 200g
풋고추 2개
붉은 고추 1개
대파 1뿌리
식용유 적당량
양념
(고춧가루·고추장 1큰술씩
간장·청주 1큰술씩
설탕·다진 파 2큰술씩
다진 마늘 1큰술
깨소금·참기름 1/2큰술씩)

1. 두부는 큼직하고 도톰하게 썰어 소금을 뿌려둔다.
2. 물기가 스며나오면 종이타월로 닦은 뒤 달군 팬에 참기름과 식용유를 함께 두르고 노릇하게 지진다.
3. 잘 익은 배추김치는 소를 털고 3cm 길이로 썰고, 돼지고기는 김치와 같은 크기로 저며 썬다. 풋고추와 붉은 고추는 채 썰고 대파는 어슷하게 썬다.
4. 양념의 반을 덜어 돼지고기를 무친 다음 달군 팬에 기름을 두르고 볶는다. 고기가 살짝 익으면 김치와 나머지 양념을 넣고 볶다가 고추와 대파를 넣는다.
5. 따끈하게 부친 두부를 접시에 돌려 담고 가운데 김치돼지고기 볶음을 올린 뒤 통깨를 뿌린다.

••• 김치볶음을 할 때는 설탕을 조금 넣어야 신맛이 중화되어 더 맛있습니다.

낙지볶음

매콤한 양념 맛이 잘 어우러진 낙지볶음. 살짝 익을 정도로만 볶는 것이 중요해요.
쫄깃하게 삶은 소면을 곁들이면 한 끼 식사로 충분합니다다.

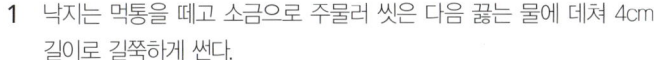

재료(4인분)

낙지 4마리
양파 1개
대파 2뿌리
풋고추 4개
붉은 고추 1개
소면 200g

매운 양념

고추장·설탕·청주 1큰술씩
고춧가루·간장·물 2큰술씩
다진 마늘 1큰술
다진 생강 1/2큰술
참기름·소금·후춧가루 조금씩

1. 낙지는 먹통을 떼고 소금으로 주물러 씻은 다음 끓는 물에 데쳐 4cm 길이로 길쭉하게 썬다.
2. 양파는 반 갈라 채 썰고, 고추와 대파는 어슷하게 썬다.
3. 손질한 낙지에 매운 양념을 넣어 버무린 뒤 달군 팬에 기름을 두르고 볶는다. 낙지가 반쯤 익으면 양파와 파, 고추, 대파를 넣고 조금 더 볶는다.
4. 끓는 물에 소면을 삶아 찬물에 헹궈 건진 뒤 낙지볶음 가운데 사리를 지어 올려서 함께 낸다.

••• 낙지를 그대로 볶으면 물이 나오기 쉬워요. 볶기 전에 데치면 겉물이 나오지 않아 깔끔하고 오래 볶지 않아도 되므로 부드럽게 볶을 수 있습니다.

1

열무보리비빔밥

고슬고슬하게 지은 보리밥에 열무김치와 호박나물을 얹어
고추장 양념에 비벼 먹는 비빔밥.

재료(4인분)

보리밥 4공기
열무김치 2컵

호박나물
애호박 1개
새우젓·다진 파 1큰술씩
다진 마늘·고춧가루 1작은술씩
참기름·깨소금 1작은술씩
물 2큰술

고추장 양념
고추장·간장 1큰술씩
참기름·깨소금 1작은술씩

1 보리쌀과 흰쌀을 반반 섞어 보리밥을 짓는다.
2 애호박을 반달 모양으로 썰어 준비한 양념으로 볶는다.
3 보리밥을 넓은 그릇에 보리밥을 퍼 담고 열무김치와 호박나물을 올린 뒤 양념장을 만들어 비벼 먹는다.

••• 고추장 양념 대신 바특하게 끓인 강된장을 넣고 비벼도 맛있어요.

열무냉면

냉면을 삶아서 잘 익은 열무물김치 국물에 말았어요.
한여름 입맛을 돋게 하는 별식입니다.

재료(4인분)

열무김치 2컵
냉면 400g
다진 쇠고기 100g
오이 1개
삶은 달걀 2개

냉면국물
열무김칫국물 5컵
참기름·깨소금·소금 조금씩

쇠고기 양념
간장·후춧가루 2작은술씩

1. 잘 익은 열무물김치 국물에 참기름, 깨소금, 설탕을 넣고 잘 섞어서 차게 둔다.
2. 다진 쇠고기는 간장과 후춧가루로 양념해 볶고, 오이는 가늘게 채 썰고, 달걀은 삶아서 반 가른다.
3. 냉면을 삶아 건져 물기를 뺀 뒤 냉면기에 담고 열무김치와 채 썬 오이, 볶은 쇠고기, 삶은 달걀을 올린 다음 열무김치 국물을 붓는다.

••• 기호에 따라 겨자 갠 것과 식초, 설탕을 넣어도 좋아요.

김치온면

진하게 끓인 멸칫국물에 소면을 말았어요.
고명으로 김치와 김가루를 뿌려서 따끈하게 준비하세요.

재료(4인분)

소면 400g
배추김치 1/6포기(300g)
참기름 조금
다진 쇠고기 100g
달걀지단 1개분
구운 김 1장
송송 썬 대파 1큰술
통깨 조금

고기 양념
간장 1큰술
다진 마늘·후춧가루 조금씩

멸칫국물
멸치 20마리
물 8컵
통마늘 4쪽
국간장 조금

양념장
간장 4큰술
물·다진 파 2큰술씩
다진 마늘 1작은술
고춧가루·참기름 1작은술씩

1. 멸치를 손질해 통마늘을 넣고 물 8컵을 부어 끓인다. 국물이 진하게 우러나면 국간장으로 간한다.
2. 김치는 잘게 썰어 참기름으로 무치고, 다진 쇠고기는 양념해서 팬에 볶는다.
3. 끓는 물에 소면을 삶아 찬물에 여러 번 헹궈 물기를 뺀다.
4. 삶은 소면을 그릇에 담고 멸칫국물을 부은 뒤 김치와 고기, 채 썬 달걀지단, 부순 김, 송송 썬 대파, 통깨를 올린다.

••• 멸치 대신 다시마나 가다랑어포로 국물을 우려내도 특유의 감칠맛이 나요.

김치비빔국수

김치를 송송 썰어 매콤새콤한 양념장과 함께 비빈 국수
입맛 없을 때 간단하게 만들어 먹을 수 있는 별미요리입니다.

재료(4인분)

소면 300g
배추김치 1/6포기(300g)
참기름·설탕 1작은술씩
풋고추·붉은 고추 1개씩
실파 1뿌리

비빔 양념장
고추장·식초 3큰술씩
간장·설탕·물엿·다진 파 2큰술씩
고춧가루·참기름·깨소금 1큰술씩
다진 마늘 1작은술

1 김치는 소를 털어내고 송송 썰어 참기름·설탕으로 무친다. 고추와 실파는 송송 썬다.
2 준비한 재료를 한데 모아 섞어 매콤한 비빔 양념장을 만든다.
3 끓는 물에 소면을 삶아 찬물에 헹궈 건진 뒤 비빔 양념장과 김치, 고추, 실파를 넣어 비빈다.

••• 초고추장 대신 양념간장으로 무친 국수를 골동면이라고 합니다.

닭칼국수

밀가루로 국수를 빚은 뒤 닭 육수에 넣고 끓인 칼국수.
끓는 육수에 그대로 국수를 넣어 국물 맛이 진한 제물 칼국수입니다.

재료(4인분)

작은 닭 1마리
대파 1뿌리
마늘 3톨
물 15컵

호박 1/2개
대파 1뿌리
양념장 간장 4큰술
다진 풋고추 2큰술
다진 파 1큰술
다진 마늘·고춧가루 1/2큰술씩
깨소금·참기름 1작은술씩

칼국수 반죽
밀가루 3컵
소금 1작은술
물 1½컵

1. 작은 크기의 닭을 깨끗이 손질해 냄비에 물을 붓고 대파, 통마늘과 함께 푹 삶는다.
2. 충분히 삶아지면 건져서 뼈를 발라내고 살은 결대로 찢는다. 국물은 식혀서 기름을 걷어내고 소금으로 간을 맞춘다.
3. 밀가루에 소금과 물을 넣어 반죽한 뒤 비닐로 덮어 30분쯤 두었다가 다시 한번 치대어 반죽해 얇게 밀어서 칼로 썰어 붙지 않게 헤쳐놓는다.
4. 애호박은 가늘게 채 썰고, 파는 어슷하게 썬다.
5. 닭고기 국물을 팔팔 끓이다가 국수를 헤쳐서 넣고 한소끔 끓인다. 국수가 익어 떠오르면 채 썬 호박, 대파, 닭고기를 넣어 조금 더 끓인다.
6. 큰 그릇에 따끈한 칼국수를 담고 양념장을 곁들여 낸다.

••• 국수는 제 물에 그대로 넣어서 끓이는 제물국수, 따로 삶아 건져 장국에 말아 내는 건진국수로 나뉘어요. 대부분 칼국수가 제물국수이고 소면이 건진국수인데, 제물국수는 국물이 걸쭉하고 진한 것이 특징입니다. 제물칼국수의 국물 재료는 지역마다 차이가 있어요. 보통 전라도는 멸치나 바지락으로 국물을 내고 내륙지방은 사골이나 고기로 국물을 냅니다.

아욱수제비

아욱국에 밀가루 반죽을 떼어 넣고 불린 쌀을 넣어 국밥처럼 끓였어요.
아욱은 칼슘과 비타민이 고루 들어있는 가을철 별미 건강식입니다.

재료(4인분)

수제비 반죽
밀가루 2컵
물 1컵
소금 조금

쌀 1/2컵
물 4컵
아욱 200g
애호박 1/2개
풋고추 2개
붉은 고추 1개
된장·고추장 1/2큰술씩
간장·소금 1큰술씩

1 쌀을 씻어서 체에 밭쳐 물기를 뺀다.
2 밀가루를 체에 내려 소금을 섞은 뒤 물을 부어 반죽한다.
3 아욱 줄기 부분의 껍질을 벗겨낸 뒤 손으로 주물러 씻고 물기를 꼭 짜서 4cm 길이로 숭숭 썬다.
4 애호박은 반달썰기하고 풋고추와 붉은 고추는 어슷 썰어 씨를 턴다.
5 물에 된장과 고추장을 풀고 씻은 쌀을 안쳐 끓인다. 국물이 한소끔 끓으면 아욱과 애호박, 고추를 넣고 조금 더 끓인다.
6 쌀알이 푹 퍼지면 밀가루 반죽을 떼어 넣고 저어가며 끓이다가 소금과 간장으로 간하고 불을 끈다.

••• **4_** 다시마나 멸치를 우린 국물에 된장과 고추장을 풀어 아욱수제비를 끓여도 맛있어요.
5_ 간장을 많이 넣으면 아욱수제비의 국물 색이 진하고 탁해져요. 소금과 간장의 양을 적절히 조절해 간을 해야 먹음직스럽게 됩니다.

3

3가지 가지전

달걀물만 입힌 것과 밀가루옷을 입힌 것, 가지전 사이에 소를 끼운 것 등
3가지 스타일로 다르게 준비한 가지전이에요.

재료(4인분)

가지 2개
밀가루 4큰술
식용유 적당량

달걀옷
달걀 2개
소금 조금

밀가루옷
밀가루·물 1/2컵씩
간장·참기름 1/2큰술씩

고기소
다진 쇠고기 100g
다진 파 1/2큰술
다진 마늘 1작은술
소금·후춧 가루 조금씩

1. 가지는 깨끗이 씻어 꼭지를 떼고 0.3cm 두께로 동그랗게 썬 다음 옅은 소금물에 담가 아린 맛을 뺀다.
2. 달걀에 소금을 조금 넣고 거품기로 잘 풀어 달걀옷을 만들고, 밀가루에 물, 간장, 참기름을 섞어 밀가루옷을 만든다. 다진 쇠고기는 파, 마늘, 소금, 후춧가루로 양념해서 고기소를 만든다.
3. 손질한 가지에 밀가루를 앞뒤로 고루 묻혀서 셋으로 나눈다.
4. 밀가루 묻힌 가지 중 1/3은 달걀옷을 입혀서 기름 두른 팬에 지지고, 1/3은 밀가루옷에 담갔다가 건져 지진다.
5. 나머지 1/3은 두 개의 가지 사이에 고기소를 넣고 달걀물에 담갔다가 건져 기름 두른 팬에 앞뒤로 지진다.

••• 3_ 고기소를 납작하게 만들어 가지에 눌러가며 붙여야 부스러지지 않아요.
5_ 3가지 전이 완성되면 접시에 담아 초간장을 곁들이세요.

해물파전

실파와 부추를 밀가루 반죽과 섞어 팬에 떠놓고
그 위에 해물을 듬뿍 얹어 노릇하게 지진 전.

재료(4인분)

굴·조갯살·홍합 50g씩
부추 50g
실파 100g
붉은 고추 1/2개
식용유 적당량

밀가루 반죽

밀가루 2/3컵
멥쌀가루 1/2컵
물 1⅓컵
달걀 1개
소금 1작은술

초간장

간장·식초·물 2큰술씩
설탕·깨소금 조금씩

1. 굴과 조갯살, 홍합은 옅은 소금물에 흔들어 씻어 건진다.
2. 부추와 실파는 다듬어 씻어 15cm 정도로 자른다. 붉은 고추는 씨를 털고 곱게 채 썬다.
3. 밀가루 반죽 재료를 모두 섞어 묽은 파전 반죽을 만든 뒤 준비한 부추와 실파, 붉은 고추를 넣고 다시 한번 섞는다.
4. 뜨겁게 달군 팬에 기름을 두르고 반죽을 국자로 떠서 얇게 편 다음 갖은 해물을 듬뿍 올리고 앞뒤로 노릇하게 지진다.

••• 파전 반죽 위에 해물을 올리고 그 위에 밀가루 반죽을 살짝 발라주면 해물이 떨어지지 않아요.

애호박부추전

애호박을 채 썰어 부추와 함께 밀가루 반죽에 넣었어요.
특별한 재료가 들어가지 않아 손쉽게 준비할 수 있어요.

재료(4인분)

애호박 1개
붉은 고추 1개
부추 200g
식용유 적당량

밀가루 반죽
밀가루·물 2컵씩
달걀 2개
소금 조금

초간장
간장·식초·물 2큰술씩
설탕·깨소금 조금씩

1. 애호박과 붉은 고추는 가늘게 채 썰고 부추는 반으로 자른다.
2. 반죽 재료를 거품기로 잘 풀고 소금으로 간한 다음 애호박과 고추, 부추를 섞는다.
3. 달군 팬에 기름을 두르고 반죽을 얇게 펴서 앞뒤로 노릇하게 지진다.
4. 먹기 좋게 잘라서 접시에 담은 후 초간장을 곁들여 낸다.

••• 부추를 4~5cm 길이로 짧게 잘라 넣으면 먹기 편해요.

깻잎전

깻잎에 양념한 다진 고기를 넣고 달걀물을 입혀 지졌어요.
깻잎의 향과 다진 고기의 맛이 잘 어우러져요.

재료(4인분)

깻잎 30장
밀가루 4큰술
다진 쇠고기(또는 돼지고기) 200g
달걀 2개
소금 조금
식용유 적당량

고기 밑양념
간장 1큰술
설탕·다진 파 2작은술씩
다진 마늘·참기름 1작은술씩
깨소금·소금·후춧가루 조금씩

1. 작은 크기의 깻잎을 골라 깨끗이 씻은 다음 물기를 털고 한쪽에만 밀가루를 얇게 묻힌다.
2. 다진 쇠고기는 간장과 설탕, 다진 파, 다진 마늘, 참기름 등의 재료로 밑간한다.
3. 깻잎 위에 양념한 쇠고기를 얇게 얹고 반으로 접어 밀가루를 묻힌다. 가루가 뭉치지 않게 털어가며 묻힌 뒤 소금을 조금 넣은 달걀물에 담갔다가 건진다.
4. 달군 팬에 기름을 넉넉히 두르고 ③의 깻잎을 노릇하게 지져낸다.

••• 다진 고기를 양념해서 동그랗게 빚어 지지면 육원전(동그랑땡), 깻잎 사이에 넣으면 깻잎전이 됩니다. 고추나 피망, 호박, 가지 등의 속을 파내고 다진 고기를 넣기도 해요.

김치적

잘 익은 김치를 고기, 버섯과 함께 꼬치에 꿰어
밀가루와 달걀옷을 입혀서 고소하게 지진 누름적.

재료(4인분)

쇠고기 200g
배추김치(줄기) 4장
마른 표고버섯 4장
당근 1/3개

고기 양념

간장·다진 파 1큰술씩
설탕·참기름 1/2큰술씩
다진 마늘 1작은술
깨소금·후춧가루 1작은술씩

밑양념

소금·참기름 적당량
중파 5뿌리

지짐 재료

밀가루 1컵
달걀 3개
식용유 적당량

1 고기는 칼로 두드려 부드럽게 한 뒤 1×7cm 길이로 잘라 양념으로 무쳐둔다.
2 김치는 소를 털고 줄기 부분만 6cm 길이, 1cm 폭으로 잘라 참기름에 무쳐둔다.
3 표고버섯은 물에 불려 갓만 1cm 굵기로 썰고, 당근은 6cm 길이로 썰어 데친 뒤 각각 소금과 참기름으로 밑양념한다. 파는 6cm 길이로 썬다.
4 꼬치에 ①, ②, ③의 재료를 가지런히 꿴다.
5 ④에 밀가루를 묻히고 달걀물에 담갔다가 건져 기름 두른 팬에 지진다. 뜨거울 때 꼬치를 빼서 접시에 담고 초간장과 함께 낸다.

••• 적은 산적과 누름적, 화양적으로 나뉘어요. 산적은 익지 않은 재료를 꼬치에 꿴 것, 누름적은 밀가루와 달걀옷을 입혀서 지진 것, 화양적은 다 익힌 재료를 꿴 것을 가리켜요.

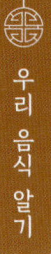

특별한 날, 계획 있게 손님 맞이하기

명절이나 기념일 등 특별한 날에 집으로 손님을 초대해 음식을 대접하게 되는 경우가 있습니다. 이럴 때 계획 있게 준비하면 시간이 훨씬 절약되고 손님맞이가 부담스럽지 않아요. 손님맞이를 위한 체크리스트를 단계별로 정리했어요.

1. 초대계획 세우기

모임의 성격에 따라 초대 날짜와 손님의 규모를 정한다. 단순한 다과 모임인지, 격식 있는 저녁 식사인지, 아이 생일잔치인지에 따라 준비 과정은 달라진다. 초대할 손님의 나이와 성별, 취향을 고려하고, 참석 여부를 확인해 규모에 맞게 계획한다. 특히 특정 음식을 제한해야 하는 손님이나 알레르기가 있는 손님이 있다면 미리 파악해두면 좋다. 이런 세심함이 초대의 진심을 전하는 방법이 된다.

2. 메뉴 정하기

상차림은 모임의 성격과 규모에 따라 달라진다. 티타임처럼 간단한 자리부터 격식을 갖춘 저녁 식사, 여러 가지 음식을 동시에 차려내는 뷔페식까지 다양하다.
메뉴를 정할 때는 손님의 나이대와 기호를 고려한다. 많은 손님을 초대하는 경우에는 뷔페식으로 준비하면 효율적이다. 손님의 식성을 모두 파악하기는 어려우므로 고기, 생선, 채소 요리가 고루 섞이도록 정한다. 차려낸 요리로 균형과 적절한 조화를 이루도록 하며, 다양한 식재료와 조리법을 사용하도록 한다. 식전에 맞는 음식을 준비하는 것도 중요하다.
샐러드나 전채 요리로 입맛을 돋운 뒤 메인 요리를 내고, 마지막으로 후식으로 마무리하면 만족스러운 흐름이 완성된다. 식전주나 간단한 곁들이 음식을 준비하는 것도 좋은 방법이다.

3. 장보기 및 그릇 준비하기

메뉴가 정해졌으면 필요한 재료 목록을 작성한다. 미리 사둘 수 있는 것은 미리 구입하고, 신선해야 하는 재료는 당일에 장을 본다. 냉장고 속 재료를 먼저 점검해 중복 구매를 피하는 것도 중요하다.
음식뿐 아니라 상차림 분위기를 살리는 준비도 필요하다. 주방과 식탁의 센터피스로 활용할 꽃은 식탁을 화사하게 만들고, 개인 접시와 수저 세트는 손님이 편안히 음식을 즐기도록 돕는다. 작은 소품 하나가 모임의 격을 높인다.

4. 손님 맞이하기

가벼운 음료를 준비한다

일찍 온 손님을 위해 주스, 와인, 칵테일 같은 간단한 음료를 미리 준비해둔다. 기다리는 시간이 어색하지 않게 해주는 배려다.

차가운 요리부터 낸다

준비한 음식 중 샐러드나 전채처럼 차가운 요리는 먼저 상에 차려 손님이 가볍게 즐길 수 있도록 한다. 모임의 분위기를 자연스럽게 이어가는 역할을 한다.

적당한 양만큼 음식을 낸다

음식을 한꺼번에 다 내놓지 말고, 식사의 흐름에 맞춰 순서대로 낸다. 그래야 음식이 식거나 맛이 변하지 않는다. 늦게 오는 손님을 위해 일부는 덜어내거나 냉장 보관해두면 좋다.

후식은 바로 낼 수 있게 준비한다

과일은 미리 씻어 먹기 좋은 크기로 잘라두고, 아이스크림은 작은 컵에 덜어 냉동실에 보관했다가 식사 직후 곧바로 내면 편리하다. 커피나 차는 미리 끓여 보온병에 담아두면 언제든 따뜻하게 대접할 수 있다.

날짜별 계획 세우기

손님맞이에서 가장 먼저 해야 할 일은 메뉴를 짜는 것이다. 모임의 성격에 따라 메뉴를 정하고, 그릇과 수저 등 그에 맞는 소품을 준비한다. 식재료 구입은 1차, 2차로 나누어서 하는 것이 좋다.

D-7 메뉴 정하기 손님의 연령, 성별, 성향에 맞춰 음식의 스타일을 정한다. 예산을 책정했다면 여기에 맞춰 식재료 가격을 고려해 세부 메뉴를 확정한다. 메뉴가 확정되면 육류·해물·채소·양념·소스·공산품으로 나누어 꼼꼼하게 장보기 리스트를 작성한다.

D-6~4 소품, 그릇 준비하기 그릇과 수저, 1인용 접시 등을 인원에 맞게 준비한다. 어떤 음식을 어떤 그릇에 담을지도 미리 정해두면 시간이 절약된다. 전체적으로 비슷한 스타일의 그릇으로 통일감을 주면 좋다. 테이블보와 1인용 매트도 준비한다.

D-3~2 1차 장보기 재료 특성에 따라 장 보는 시기를 달리한다. 고기·생선을 제외한 채소·양념 등은 이틀 전쯤 미리 구입해 손질해둔다. 상하지 않는 소스류, 가공식품, 술 등은 2~3일 전쯤 인터넷 쇼핑으로 미리 준비한다.

D-1 2차 장보기 신선도가 유지되어야 하는 고기와 생선류는 하루 전 구입해서 밑손질한 뒤 메뉴별로 분류해둔다. 새우·낙지·생선은 내장을 제거하고 씻은 뒤 밀폐 용기에 담고, 단단한 채소는 씻어서 지퍼백이나 밀폐용기에 보관한다. 양상추 같은 연한 잎채소는 씻지 않고 종이타월로 싸두는 것이 좋다. 마늘·파·고추 등 자주 쓰는 양념은 하루 전 손질해 썰어두거나 갈아두면 편하다.

D Day 음식 준비·세팅 손님을 맞이하기 1시간 전에는 모든 준비를 마칠 수 있도록 한다. 오랜 시간 조리해야 하는 육수나 탕을 먼저 만들고 차갑게 준비하는 전채요리나 후식 등을 준비한다. 그다음으로 따뜻하게 먹어야 하는 볶음 등의 메인요리를 만들어 각각의 요리가 지닌 맛을 제대로 낼 수 있도록 한다.

3장

명절·절기음식

설날과 추석, 대보름, 동지 등 우리나라 고유 명절에는 온가족이 모여 음식을 만들어 먹으며 정을 나눕니다. 맛있는 명절음식은 별미요리로 즐기기에도 좋아요. 설날에 먹는 떡국과 추석에 만드는 송편, 대보름에 먹는 오곡밥과 나물, 동지팥죽 외에도 제삿상에 올릴 탕과 적, 떡 등 다양한 정보를 담았습니다.

떡국

설날 아침 건강과 장수를 기원하며 먹는 명절음식이에요.
떡국은 사골국물로 끓여야 국물 맛이 구수하고 진하답니다.

재료(4인분)
떡국용 흰떡 700g
사골국물 6컵
다진 쇠고기 100g
국간장 4큰술
달걀 1개
김 1장
대파 1뿌리
소금·후춧가루 조금씩

고기 양념
간장 1큰술
다진 파 1/2큰술
다진 마늘 1작은술
참기름·후춧가루 조금씩

1 떡국용 흰떡은 찬물에 헹궈 건진다.
2 다진 쇠고기는 핏물을 꼭 짜낸 뒤 준비한 양념을 넣어 조물조물 무쳐서 동글납작하게 한 덩어리로 만든다.
3 달걀은 노른자와 흰자로 나눠 지단을 부쳐서 마름모꼴로 썬다. 김은 구워서 부수고 대파는 어슷하게 썬다.
4 사골국물을 끓이다가 ②의 양념한 고기를 넣어 익히고 흰떡과 대파를 넣어 조금 더 끓인다. 한소끔 끓으면 국간장과 소금, 후춧가루로 간하고 그릇에 담아 달걀지단과 구운 김을 얹는다.

••• 3_ 달걀을 가볍게 풀어 끓는 국물에 부으면 한결 간편해요.
   4_ 양념한 쇠고기 덩어리는 익으면 건져서 으깨어 놓았다가 그릇에 담을 때 고명처럼 얹어요.

떡산적

떡과 고기, 대파를 가지런히 썰어 양념한 뒤 꼬치에 꿰어 구웠어요.
만드는 과정이 간단해 가볍게 준비할 수 있어요.

재료(4인분)

가래떡(또는 떡볶이 떡) 300g
쇠고기(우둔살) 200g
대파 4뿌리
식용유 적당량
잣가루 조금

기름장

간장·참기름 1작은술씩

양념

간장·설탕·물엿 1큰술씩
다진 파 1큰술
다진 마늘 1/2큰술
깨소금 1큰술
참기름 1/2큰술
소금·후춧가루 조금씩

1 두툼한 가래떡은 6cm 길이로 썰어 세로로 4등분한 다음 기름장을 바른다. 떡볶이용 떡은 6cm 길이로 준비한다.

2 고기는 칼등으로 두드려 부드럽게 한 뒤 7cm 길이, 2cm 폭으로 썬다. 대파는 6cm 길이로 썬다.

3 양념 재료를 모두 섞은 뒤 손질한 고기에 덜어 넣고 간이 잘 배도록 골고루 주무른다.

4 긴 꼬치에 떡, 고기, 파를 번갈아 끼운 뒤 기름 두른 팬에 타지 않게 굽는다. 다 되면 접시에 담고 잣가루를 뿌린다.

••• 1_ 떡이 단단한 경우 끓는 물에 데쳐서 쓰면 부드럽고 간이 잘 배요.
4_ 산적을 굽기 전에 고기에 묻은 양념을 한번 털어내야 구울 때 타지 않아요. 젓가락으로 양념을 훑어내리면 쉽답니다. 구운 떡산적은 길이가 맞도록 아래 위를 잘 정리한 다음 접시에 담도록 하세요.

떡찜

굵은 가래떡에 칼집을 낸 뒤 양념한 소를 채워 넣고 푹 끓이듯이 쪄냈어요.
쫀득한 떡과 고기, 갈비 양념이 잘 어우러진 별미요리입니다.

재료(4인분)

가래떡 500g
쇠고기(사태) 300g
대파 1뿌리
통마늘 4쪽
청주 조금
무 1/5개
당근 1/2개
물 10컵

소 재료
마른 표고버섯 3개
다진 쇠고기 100g

소 양념
간장 5큰술
설탕·물엿 3큰술씩
다진 파 4큰술
다진 마늘 2큰술
참기름·깨소금 1큰술씩
소금·후춧가루 조금씩

고명
달걀 2개
붉은 고추 1개
은행 5알
잣 조금

1 쇠고기 사태는 찬물에 담가 핏물을 뺀 뒤 물 10컵에 대파와 통마늘, 청주를 넣고 푹 삶는다. 중간에 무와 당근을 큼직하게 썰어 넣고 더 익힌 다음 고기와 채소는 건지고 국물은 체에 걸러둔다.

2 가래떡은 5cm 길이로 토막 낸 뒤 가운데 칼집을 넣고 끓는 물에 살짝 데친다.

3 마른 표고버섯은 따뜻한 물에 불려서 갓만 채 썬다.

4 소 양념 재료를 섞은 뒤 채 썬 표고버섯과 다진 쇠고기에 반쯤 덜어 넣고 조물조물 무친다.

5 달걀은 지단을 부쳐서 마름모꼴로 썰고, 은행은 볶아서 속껍질을 말끔히 벗긴다. 붉은 고추는 반 갈라 씨를 뺀 뒤 어슷 썬다.

6 떡의 칼집 사이를 벌려 양념한 버섯과 고기를 채워 넣는다.

7 냄비에 떡과 삶은 고기, 무, 당근을 넣고 걸러둔 쇠고깃국물을 부은 뒤 남은 양념장을 끼얹어 끓인다. 국물이 자작해지면 소금과 후춧가루, 참기름을 넣어 맛을 더한다.

8 그릇에 담고 위에 고명을 얹는다.

••• 1_ 떡찜이나 사태찜처럼 고기를 덩어리로 넣는 요리는 핏물을 잘 빼야 누린내가 나지 않아요. 찬물에 담가 핏물을 제거한 뒤 대파와 통마늘을 넣고 끓여서 사용하세요.

6_ 가래떡은 굵은 것으로 준비해야 칼집 사이에 소를 넣을 수 있어요. 4등분으로 쪼갠 뒤 양념으로 버무려도 좋아요.

궁중떡볶이

쇠고기, 당근, 양파 등의 채소를 넣고 간장 양념으로 볶은 떡볶이입니다.
갖가지 재료가 들어가 빛깔이 화려하고 맵지 않아 어린아이들도 먹기 좋아요.

재료(4인분)

떡볶이 떡 300g
기름장(간장·참기름 1작은술씩)
다진 쇠고기 50g
당근 1/6개
숙주 반 줌
양파 1/2개
마른 표고버섯 2개
호박고지 3장
달걀지단 1개분
식용유 적당량

고기 양념

간장 3큰술
설탕 1큰술
다진 파 1큰술
다진 마늘 1작은술
참기름·깨소금 1작은술씩
후춧가루 조금

1 떡볶이용 떡을 준비해 기름장으로 버무린다. 떡이 단단할 경우 끓는 물에 살짝 데치면 좋다.
2 다진 쇠고기는 핏물을 꼭 짠다.
3 당근은 4cm 정도 길이로 납작하게 썰어 소금물에 데치고, 숙주는 머리를 떼어낸 뒤 끓는 물에 데친다. 양파는 굵게 채 썰고 표고버섯과 호박고지는 미지근한 물에 불려 채 썬다.
4 양념 재료를 한데 섞어 쇠고기와 버섯에 조금 덜어 넣고 조물조물 무친다. 남은 양념장은 따로 둔다.
5 달군 팬에 기름을 두르고 떡을 살짝 볶아서 따로 둔다.
6 같은 팬에 쇠고기와 버섯을 넣고 볶는다. 고기가 익으면 나머지 재료와 양념을 모두 넣고 좀 더 볶는다.
7 여기에 먼저 볶은 떡을 합쳐 다시 살짝 볶고 소금과 후춧가루로 맛을 낸다.

••• 1_ 떡볶이용 떡은 원하는 모양과 크기대로 사용해도 좋아요. 어슷 썰거나 한 입 크기로 썰기도 해요.
    7_ 접시에 담을 때 달걀지단을 곱게 채 썰어 올리면 모양이 예쁘답니다.

송편

추석에 준비하는 대표적인 음식이 송편이죠.
거피팥, 참깨, 검은콩, 밤 등 다양한 재료로 소를 넣으면 더 맛있어요.

재료(4인분)

멥쌀 10컵
소금 2큰술
뜨거운 물 1/2컵

팥소

거피팥 1/2컵
설탕 1큰술
계핏가루 1작은술

1. 멥쌀을 물에 불려 건진 뒤 소금 2큰술을 넣어 곱게 빻아 체에 내린다.
2. 멥쌀가루에 뜨거운 물을 조금씩 넣어가며 익반죽한다. 끈기가 생기도록 여러 번 치대면서 반죽한 뒤 젖은 면보자기로 덮어둔다.
3. 거피팥을 물에 불려 껍질을 벗기고 찜통에 쪄낸다. 푹 익은 팥에 설탕과 계핏가루를 섞고 숟가락으로 눌러가며 체에 내린다.
4. 멥쌀반죽을 조금씩 떼어내 동글납작하게 빚은 뒤 엄지손가락으로 가운데를 눌러 오목하게 만들고 그 속에 ③의 소를 넣어 조개 모양으로 오므린다.
5. 김이 오른 찜통에 솔잎을 고루 펼친 뒤 빚은 송편을 켜켜이 올린다. 송편을 한 켜 올린 다음 솔잎을 얹고 다시 송편을 쌓는다.
6. 송편을 10분쯤 찌고 5분 정도 뜸을 들인 뒤 꺼내서 재빨리 찬물에 헹궈 건진다. 솔잎은 떼어내고 참기름을 골고루 바른다.

••• 1_ 여러 가지 색을 낼 때는 쌀가루에 다른 재료를 섞어 빻아요. 분홍색 송편은 오미자즙을 넣어 물들이고 녹색 송편은 데친 쑥을 섞으면 됩니다.

3_ 밤이나 대추, 참깨, 콩 등도 송편의 소로 많이 쓰여요. 밤이나 대추, 콩 등은 굵직하게 다져 넣는 게 좋고, 참깨는 갈아서 꿀과 섞어 넣으면 달콤하고 맛있어요.

토란국

가을에 나는 토란으로 끓인 대표적인 추석 음식이에요.
쇠고기 국물에 삶은 토란을 넣고 끓여서 구수한 국물 맛이 아주 좋아요.

재료(4인분)
토란 400g
쇠고기(양지머리) 200g
대파 1뿌리
다진 파 2큰술
다진 마늘 1큰술
소금·후춧가루 조금씩
물 6컵

쇠고기 밑양념
국간장 2큰술
참기름 조금

1. 토란은 껍질을 벗기고 1시간쯤 찬물에 담가 건져서 끓는 물에 소금을 넣고 삶는다. 큰 것은 2~3등분한다.
2. 쇠고기는 먹기 좋은 크기로 썰어 핏물을 뺀 다음 국간장과 참기름으로 양념한다. 대파는 어슷하게 썰어 준비한다.
3. 대파는 다듬어서 어슷하게 썰어놓는다.
4. 냄비에 밑간한 쇠고기를 넣고 재빨리 볶는다. 고기가 반 정도 익으면 물을 부어 끓인다.
5. 국물이 한소끔 끓으면 삶은 토란을 넣고 파, 마늘, 소금, 후춧가루로 양념한 뒤 약한 불에서 30분 정도 끓인다.

••• 1_ 토란의 미끄러운 성분 때문에 알레르기가 있는 사람은 가려움증이 생기기도 해요. 소금물이나 쌀뜨물에 토란을 삶으면 독성분을 없앨 수 있어요.
3_ 쇠고기를 덩어리째 삶아서 썰어 넣으면 국물 맛이 더 좋아져요.

수삼떡갈비

소갈빗살을 발라내 곱게 다진 다음 다른 재료와 섞어 양념을 해서 구웠어요.
수삼과 배, 유자절임 등을 넣으면 쌉싸름하면서도 달착지근해요.

재료(4인분)
소갈비 6토막
수삼 1뿌리
잣가루 3큰술
밀가루 조금
식용유 적당량

고기 양념
간장·배 간 것·유자청 1큰술씩
찹쌀가루 3큰술
청주 1/2큰술
다진 파 1큰술
다진 마늘 1/2큰술
참기름 1큰술
소금·깨소금 조금씩

1 소갈비는 기름기를 정리하고 살만 발라내 곱게 다진다. 갈비뼈는 달군 팬에 식용유를 두르고 지져서 식힌다.
2 수삼은 씻어서 채 썰어 곱게 다진다.
3 다진 고기와 채 썬 수삼을 한데 섞고 양념 재료를 모두 넣어 치대면서 반죽한다.
4 팬에 지진 갈비뼈에 밀가루를 조금 바르고 ③의 갈빗살을 붙인 다음, 달군 팬에 식용유를 두르고 굽는다. 앞뒤로 구운 뒤 접시에 담고 잣가루를 고루 뿌린다.

••• 1_ 갈빗살이 부족할 때는 다진 쇠고기를 섞어도 좋아요.
    4_ 그릴에 구워도 맛있어요. 갈빗살을 만들 때 넣은 양념을 조금 남겨두었다가 발라가며 구우면 맛이 더욱 좋아요.

수삼배생채

배와 수삼을 섞어 새콤달콤한 유자 소스로 버무린 생채입니다.
대추나 밤 등의 재료를 섞으면 더욱 달콤하고 맛있어요.

재료(4인분)

수삼 2뿌리
배 2개
오이 1/2개
대추·밤 8개씩
잣 조금

유자 소스
유자청 4큰술
식초 1큰술
소금 조금

1 수삼은 솔로 잘 문질러 씻은 뒤 4cm 길이로 곱게 채 썬다.
2 배는 4등분해서 씨를 도려낸 다음 어슷하게 저며 썰고, 오이는 반 갈라 어슷하게 저며 썬다. 대추와 밤은 곱게 채 썬다.
3 유자청과 식초, 소금을 잘 섞어 유자 소스를 만든다.
4 수삼과 배, 오이를 한데 담아 슬슬 섞어준 다음 유자 소스를 넣고 버무린다. 다 되면 접시에 담고 잣을 솔솔 뿌린다.

••• 1_ 수삼 사이사이에 낀 흙은 주방용 솔로 문질러가며 닦으면 잘 씻겨 내려가요.
   2_ 배는 깎아두면 색이 변하므로 다른 재료를 준비할 동안 설탕물에 담가둡니다. 설탕물에 담그면 색이 변하지 않고 단맛도 유지할 수 있어요.

배홍시채

배와 단감, 오이가 들어가 달콤하면서 아삭한 맛이 좋아요.
주황 빛깔의 홍시 소스로 버무려 달달하면서도 색이 아주 곱답니다.

재료(4인분)

배 1개
단감 1개
오이 1/2개
대추·밤 8개씩

홍시 소스
홍시 1개
꿀·식초 2큰술씩
소금 조금

1. 배는 반 갈라 씨 부분을 도려낸 뒤 껍질을 벗기고 굵게 채 썬다. 감은 4등분해서 어슷하게 저며 썬다.
2. 오이는 반 갈라 어슷 썬다. 대추는 곱게 채 썰고 밤은 납작하게 저며 썬다.
3. 말랑한 홍시를 숟가락으로 눌러가며 체에 내린 다음 꿀, 식초, 소금으로 맛을 낸다.
4. 배와 단감, 오이, 대추, 밤을 한데 섞은 뒤 홍시 소스를 넣어 버무린다.

••• 1_ 배는 속을 넉넉히 도려내야 맛있어요.
2_ 오이는 칼로 껍질을 벗기지 말고 소금으로 문질러 물에 깨끗이 헹구세요.

묵은 나물 (시래기나물·취나물·호박고지나물)

대보름에 오곡밥과 함께 먹는 구수한 나물이에요.
말린 재료들을 물에 불려 양념한 뒤 들기름으로 볶아서 만들어요.

재료(4인분)

시래기 250g
취나물·호박고지 200g씩
들기름 적당량
소금물(물 1컵, 소금 조금)

시래기나물 양념

된장·국간장 1큰술씩
고추장·다진 마늘 1/2큰술씩
다진 파·참기름 1큰술씩
물·깨소금 조금씩

취나물 양념

국간장 2큰술
다진 파·참기름 1큰술씩
다진 마늘 1/2큰술
깨소금 조금

호박고지나물 양념

국간장 2큰술
다진 파·참기름 1큰술씩
다진 마늘 1/2큰술
깨소금 조금

1 시래기와 취나물은 각각 삶아서 찬물에 불린다. 시래기는 하룻밤 정도 물에 불리고, 취나물은 30분 정도만 물에 담갔다가 물기를 꼭 짠다. 호박고지는 미지근한 물에 잠시 불린 다음 물기를 짠다.

2 시래기나물 양념과 취나물·호박고지나물 양념을 각각 다른 그릇에 넣고 섞는다.

3 시래기나물과 취나물, 호박고지나물에 각각의 양념을 넣고 간이 잘 배도록 조물조물 무친다.

4 먼저 취나물과 호박고지나물을 팬에 볶는다. 달군 팬에 들기름을 두르고 양념한 취나물을 넣어 볶는다. 재료에 물기가 없어질 때까지 볶다가 소금물을 넣고 뚜껑을 덮어 익힌다.

5 호박고지나물도 취나물과 같은 방식으로 볶다가 소금물을 넣고 뚜껑을 덮어 익힌다.

6 양념해둔 시래기를 팬에 볶는다. 호박고지나물 볶은 팬을 씻지 않고 그냥 사용해도 좋다.

••• **4_** 호박고지는 애호박나물처럼 새우젓을 넣어 볶기도 해요. 가늘게 채 썬 쇠고기와 새우젓을 넣으면 특유의 감칠맛이 더해집니다.

5_ 정월대보름에 먹는 나물은 모두 아홉 가지입니다. 시래기와 취나물, 호박고지 외에도 도라지, 고구마줄기, 말린 가지, 고사리, 무, 호박오가리, 토란대 등으로 나물을 무쳐요. 완성된 묵은 나물을 구절판에 담아 김에 싸먹어도 좋아요.

오곡밥

찹쌀과 멥쌀, 콩, 팥, 수수, 좁쌀 등 여러 가지 곡식을 섞어서 지은 밥이에요.
정월대보름에는 여러 가지 묵은 나물과 함께 오곡밥을 먹어요.

재료(4인분)

찹쌀 2컵
멥쌀 1컵
콩·팥·수수·차조 1/2컵씩
물 4컵

1 찹쌀과 멥쌀을 한데 섞어 씻은 뒤 물에 1시간 정도 불렸다가 건져둔다. 콩도 씻어 1시간 정도 불린다.

2 냄비에 팥을 안치고 물을 넉넉히 부어 삶는다. 팥 껍질이 터지기 전까지 삶은 뒤 건져낸다.

3 수수는 으깨가면서 씻어 채반에 건진 뒤 끓는 물을 뿌려 텁텁한 맛을 없앤다.

4 차조는 물에 여러 번 씻은 뒤 고운체에 밭쳐 물기를 뺀다.

5 밥솥에 준비한 찹쌀과 멥쌀, 콩, 삶은 팥, 수수, 차조를 섞어 안치고 물을 부어 밥을 짓는다.

••• 오곡밥은 찜통에 안쳐 떡처럼 쪄먹기도 해요. 김이 오른 찜통에 면보자기를 깔고 곡식을 안친 다음 푹 익을 때까지 찌면 됩니다.

약식

찹쌀밥에 간장, 참기름, 설탕을 넣어 고운 갈색이 나는 별미 한과입니다.
쫄깃해서 떡처럼 떼어 먹어도 맛있고 소화도 잘 돼요.

재료(4인분)
찹쌀 6컵
대추 10개
밤 8개
잣 1큰술
황설탕 1½컵
대추내림 4큰술
간장 4큰술
참기름 1/2컵
꿀·계핏가루 조금씩

캐러멜 소스
설탕 6큰술
찬물·뜨거운 물 3큰술씩

1 찹쌀은 씻어서 물에 3시간 정도 불린 뒤 면보자기를 깐 찜통에 안쳐 1시간쯤 무르게 찐다.

2 대추는 씨를 도려내 굵직하게 채 썰고, 밤은 속껍질을 벗겨 6조각으로 썬다. 잣은 고깔을 떼어 준비한다.

3 찐 찰밥이 뜨거울 때 그릇에 쏟아 황설탕을 섞고 참기름, 간장, 계핏가루, 대추내림, 꿀, 캐러멜 소스를 순서대로 넣어 맛과 색을 더한다.

4 찰밥에 대추, 밤, 잣을 섞어 2시간 정도 두었다가 맛이 잘 배면 면보자기를 깐 찜통에 안쳐 40분쯤 찌고 5분 정도 뜸을 들인다.

5 쪄낸 약식을 동글납작하게 빚은 다음 잣을 박는다.

••• 3_ 대추내림은 대추에 물을 섞고 뭉근하게 끓여서 체에 내린 것이에요. 대추를 삶을 때 물의 양은 대추 20개에 1컵 정도가 적당해요.

4_ 간편하게 만들려면 압력밥솥에 재료를 한꺼번에 안쳐요. 찹쌀과 대추, 밤, 잣, 나머지 재료를 모두 섞어 압력밥솥에 안치고 시간을 설정해서 찌면 됩니다.

편수

시원한 장국에 띄워서 내는 여름철 만둣국.
물 위에 조각이 떠 있는 모양이라 편수라는 이름이 붙었어요.

재료(4인분)

다진 쇠고기 100g
마른 표고버섯 2장
호박 1개
숙주 100g

고기·버섯 양념

간장·참기름 1큰술씩
설탕 1/2큰술
다진 파 2작은술
다진 마늘 1작은술
깨소금·후춧가루 조금씩

만두피

밀가루 2컵
물 6큰술
소금 조금

쇠고기 국물

쇠고기 양지머리 200g
물 10컵
대파 1뿌리
마늘 3쪽
통후추 조금

1. 밀가루에 물과 소금을 넣고 치대어 반죽한 뒤 밀대로 얇게 밀어 사방 8cm의 정사각형으로 썬다.
2. 끓는 물에 쇠고기와 파, 마늘, 통후추를 넣고 끓여 국물을 낸 다음 체에 걸러 맑은 장국만 받아 차게 식힌다.
3. 표고버섯은 물에 불려 갓만 채 썰고 다진 쇠고기와 섞어 양념한 뒤 팬에 볶는다.
4. 호박은 가늘게 채 썰어 소금에 살짝 절인 뒤 물기를 꼭 짜서 팬에 볶는다. 숙주는 머리와 꼬리를 정리하고 끓는 물에 데쳐 잘게 썬다.
5. 볶은 재료들을 모두 섞어 만두소를 만든 뒤 만두피에 소를 얹고 네 귀퉁이를 모아 만두를 빚는다. 사각의 모서리를 모아 이어준 후 맞닿은 자리에 물을 묻히면 반죽이 서로 잘 붙는다.
6. 빚은 만두는 끓는 물에 삶아 속을 익힌 다음 찬물에 건진다.
7. 차게 식혀둔 ②의 쇠고기 국물에 삶은 만두를 띄워 낸다.

••• 편수는 보통 끓는 물에 삶아내지만 김이 오른 찜통에 찌기도 해요. 찐 만두는 초간장에 찍어 먹으면 맛있어요.

삼색전(고기전·생선전·애호박전)

쇠고기, 생선, 호박으로 색을 낸 삼색전은 명절이나 잔칫상에 빠지지 않는 음식이죠.
전을 부칠 때는 모양을 일정하게 하고 밀가루와 달걀옷은 살짝만 묻혀야 깔끔해요.

재료(4인분)

달걀 6개
밀가루 2컵
식용유 적당량

고기전
다진 쇠고기 200g
두부 1/4모
간장 1큰술
다진 파 1큰술
다진 마늘 1작은술
참기름·깨소금 1작은술씩
소금·설탕 조금씩

생선전
생선살(포 뜬 동태) 200g
소금·후춧가루 조금씩

애호박전
애호박 1개
소금 조금

초간장
간장·식초·물 2큰술씩
잣가루 1큰술
설탕 조금

1. 두부는 곱게 으깨서 물기를 꼭 짠 뒤 다진 쇠고기와 잘 섞는다. 두부와 쇠고기가 한 덩어리로 뭉쳐지면 남은 양념을 넣어 반죽한다.
2. 포 뜬 동태는 가로 3cm, 세로 4cm 크기로 잘라 소금과 후춧가루로 밑간한다.
3. 애호박은 0.5cm 두께로 둥글게 썰어 소금을 뿌려 20분 정도 둔다. 간이 배면 살짝 짜서 물기를 없앤다.
4. 고기전 반죽을 조금씩 떼어 동글납작하게 빚고 밀가루를 묻힌 다음 달걀물에 담갔다가 건진다. 생선과 호박도 밀가루와 달걀옷을 입힌다.
5. 생선과 호박에 각각 밀가루와 달걀옷을 입힌다.
6. 뜨겁게 달군 팬에 식용유를 두르고 전을 지진다. 달걀옷을 입혀가면서 바로 지져야 튀김옷이 벗겨지지 않는다.
7. 노릇하게 지진 전은 접시에 담고 초간장을 만들어 곁들인다.

••• **2_** 생선전을 만들 때는 흰 살 생선을 주로 써요. 동태살이 가장 많이 쓰이고 도미나 대구, 조기로 생선전을 만들기도 합니다.

5_ 지진 전을 뜨거운 상태로 겹쳐 놓으면 튀김옷이 벗겨져요. 채반이나 소쿠리에 종이타월을 깔고 그 위에 전을 펼쳐 한 김 식힌 후 먹기 직전에 다시 데워요.

동지팥죽

동짓날에는 팥죽을 쑤어 잡귀를 쫓아낸다는 풍속이 있어요.
팥과 찹쌀을 섞어서 죽을 쑤고 찹쌀로 빚은 경단을 띄우면 제맛이 납니다.

재료(4인분)

팥 5컵
찹쌀가루 2컵
뜨거운 물 1/2컵
소금 조금
불린 쌀 2컵

1. 팥에 물을 넉넉히 붓고 팥이 으깨질 때까지 삶는다. 삶은 팥은 물을 적당히 부어가며 체에 내린 뒤 앙금을 가라앉힌다.

2. 찹쌀가루에 소금을 섞어 체에 내리고 뜨거운 물로 익반죽한다. 반죽이 뭉쳐지면 조금씩 떼어내 지름 1cm 정도 되는 둥근 경단을 만든다.

3. ①의 윗물을 냄비에 붓고 불린 쌀을 넣어 쌀이 퍼질 때까지 끓인다. 중간에 팥 앙금을 넣고 죽이 눌어붙지 않도록 나무주걱으로 잘 저어가며 푹 끓인다.

4. 뭉근하게 끓인 팥죽에 경단을 넣고 냄비 뚜껑을 닫은 채로 10분쯤 더 끓인다. 불을 끈 뒤 5분 정도 뜸을 들이고 그릇에 담는다.

••• 팥을 삶는 도중 물이 끓어오르면 찬물을 조금씩 부어가며 끓이면 넘치지 않아요.

단팥죽

삶은 팥을 곱게 으깨어 끓인 단팥죽.
겨울에 달달한 단팥죽 한그릇이면 추위가 물러간답니다.

재료(4인분)

팥 2컵
물 10컵
설탕 1/2컵
소금 조금
호두 2개
잣 2큰술

1 냄비에 통팥과 물 10컵을 안쳐 팥알이 무르게 익을 때까지 푹 삶는다.
2 삶은 통팥을 그대로 체에 쏟아 숟가락으로 눌러가며 체에 내리고 팥 삶은 물과 잘 섞어준다. 체에 남은 팥 껍질은 버린다.
3 체에 내린 팥을 냄비에 넣고 나무주걱으로 저어가며 끓인다. 걸쭉해질 때까지 끓이다가 소금과 설탕으로 간한다.
4 푹 끓은 단팥죽을 그릇에 담고 호두를 적당히 쪼개어 잣과 함께 죽 위에 올린다.

••• 동지팥죽처럼 찹쌀경단을 빚어 넣어도 좋아요. 호두나 잣 외에도 씹히는 맛이 좋고 달콤한 밤을 삶아서 올리기도 해요. 계핏가루를 조금 섞으면 색다른 맛이 좋아요.

삼탕(육탕·소탕·어탕)

제삿상이나 차례상에 올리는 쇠고기(육탕)와 두부(소탕), 북어(어탕).
무를 넣고 끓여 국물 없이 탕기에 담아내는 것이 특징이에요.

어탕   소탕   육탕

재료(4인분)

쇠고기(양지머리) 600g
북어 1마리
두부 1/2모
무 1/3개
다시마 20×20cm 1장
물 10컵
국간장 조금

1. 양지머리는 찬물에 담가 핏물을 뺀다.
2. 북어는 따뜻한 물에 불려 지느러미를 정리하고 먹기 좋은 크기로 썬다.
3. 두부는 3×4cm 크기로 도톰하게 썰어 달군 팬에 노릇하게 지진다.
4. 무는 3×4cm 크기로 도톰하게 썰고, 다시마는 물에 불려 끓인 뒤 다시마만 건져서 사방 2cm 크기로 썰어둔다.
5. 다시마 끓여낸 국물에 양지머리와 무를 넣고 끓이다가 두부와 북어를 넣고 국간장으로 간을 맞춘다.
6. 탕기 3개에 고기와 두부, 북어를 각각 담고 다시마와 무도 각각의 탕에 나눠 올린 뒤 국물을 조심스럽게 흘려 붓는다.

••• 육탕, 소탕, 어탕을 한 그릇에 담아도 좋아요.
제삿상에는 메(밥)와 갱(국)을, 차례상에는 떡국(설날)이나 송편(추석)을 탕과 함께 올려요.

삼적(어적·육적·봉적)

제삿상이나 차례상에서 중요하게 여기는 음식.
생선과 쇠고기, 닭고기를 각각 구워서 순서대로 올려요.

재료(4인분)

어적
조기 3마리
소금 2큰술
식용유 적당량

육적
쇠고기(홍두깨살) 600g
양념(간장 4큰술, 설탕 3큰술, 참기름 1큰술, 깨소금·후춧가루 조금씩)
식용유 적당량

봉적
닭 1마리
양념(간장 2큰술, 설탕 1/2큰술, 청주 1큰술)
물 1컵
달걀지단(달걀 3개, 소금 적당량)

1. 조기는 칼등으로 비늘을 긁어내고 내장을 없앤 다음 소금을 뿌려 하루 정도 꾸덕하게 둔다.
2. 조기가 꾸덕하게 마르면 달군 팬에 기름을 두르고 굽는다.
3. 두툼한 산적용 고기를 준비해 칼등으로 여러 번 두드려 부드럽게 한다. 고기가 부드러워지면 가로 30cm, 세로 15cm가 되도록 썰어 고기 양념을 한 다음 달군 팬에 굽는다.
4. 고기에 양념이 잘 배면 달군 팬에 앞뒤로 굽는다.
5. 닭은 배를 갈라 위에서 눌러 평평하게 편 뒤 간장과 설탕, 청주를 골고루 발라가며 양념을 한다.
6. 닭고기에 간이 잘 배면 냄비에 물과 함께 넣어 익힌다.
7. 구운 조기는 머리가 오른쪽, 꼬리가 왼쪽으로 오도록 하고 배는 위쪽을 향하게 담는다. 그 위에 고기를 올리고, 맨 위에 닭고기를 배 부분이 위로 향하게 해서 올린다. 마지막에 달걀지단을 곱게 채 썰어 얹는다.

••• 5_ 닭고기 배를 가른 뒤 위에서 힘을 주어 누르면 납작하게 펴져요.
  7_ 어적과 육적, 봉적은 보통 각각의 제기(적틀)에 올려요. 함께 담을 때는 어적을 제일 아래에 두고 육적, 봉적 순으로 올린 다음 지단채를 골고루 뿌려요.

시루떡

거피팥으로 흰색 고물을 만들어 쌀가루와 켜켜이 안쳐 찐 담백한 떡.
잔칫날이나 제사에 주로 등장하는 떡이랍니다.

재료(4인분)
멥쌀가루 5컵
찹쌀가루 1컵
설탕 1/2컵
소금 조금
물 4큰술

흰 팥고물
거피팥 3/4컵
소금 1/2작은술

1 멥쌀가루와 찹쌀가루, 설탕과 소금을 한데 넣고 뒤섞는다. 잘 섞인 가루는 물을 조금 넣고 손으로 비비면서 체에 내려준다.

2 거피팥은 물을 충분히 부어 하룻밤 불린 뒤 껍질을 벗겨 찜통에 찐다. 팥이 무르게 삶아지면 절구에 찧고 소금으로 간을 맞춰 체에 내린다.

3 김이 오른 찜통에 젖은 면보자기를 깔고 팥고물과 쌀가루를 켜켜이 안쳐서 찐다. 40분쯤 찐 뒤 불을 끄고 5분간 뜸을 들인다.

4 푹 쪄낸 시루떡은 도마 위에 쏟아 한 김 내보낸 뒤 적당하게 잘라 넓적한 제기(편틀)에 올린다.

••• 1_ 고물 없이 찐 하얀 떡을 백설기라고 하는데, 멥쌀가루를 찜통에 안쳐 쪄서 만들어요. 들어가는 재료에 따라 콩시루떡, 팥시루떡, 대추시루떡 등의 이름이 붙는답니다. 찹쌀가루를 섞으면 떡이 더 부드럽고 쫄해요.

3_ 팥고물과 쌀가루를 안칠 때 가장 위쪽은 팥고물이 올라오게 해야 합니다.

매듭자반

다시마를 길게 잘라서 매듭을 짓고 그 안에 잣과 통후추를 넣어 튀긴 작은 튀각.
죽에 곁들이거나 술안주로 내면 좋아요.

재료(4인분)
다시마 100g
잣 2큰술
통후추·설탕 1큰술씩
식용유 1/2컵

1 다시마는 젖은 행주로 깨끗이 닦은 다음 폭 1.5cm, 길이 12cm 정도 되도록 자른다.
2 다시마의 가운데에 잣과 통후추를 한 알씩 올린 다음 빠지지 않게 조심하면서 양쪽 끝을 모아 매듭을 짓는다.
3 리본처럼 묶은 다시마를 150℃의 기름에 넣고 타지 않게 튀긴다.
4 바삭하게 튀긴 매듭자반은 종이타월에 올려 기름을 빼고 열기가 식기 전에 설탕을 솔솔 뿌린다.

••• 김이나 다시마, 미역 등을 잘라서 기름에 튀긴 반찬을 튀각이라고 해요.

다시마·깻잎부각

다시마에 찹쌀밥을 붙여 튀긴 다시마부각, 깻잎에 찹쌀풀을 발라 튀긴 깻잎부각.
부각은 튀각의 한 종류로 찹쌀풀을 발라 튀긴 것을 가리킵니다.

다시마부각

재료(4인분)

다시마 20×20cm 5장
찹쌀 1/2컵
식용유 적당량

1. 다시마는 두툼한 것으로 골라 5×6cm 크기로 자르고, 찹쌀은 물에 불려 찜통에 젖은 면보자기를 깔고 안쳐서 푹 찐다.
2. 다시마 조각에 찹쌀로 만든 밥을 드문드문 붙이고 채반에 넓게 펴서 햇볕에 말린다.
3. 잘 말린 다시마 조각을 170℃로 가열시킨 기름에 넣고 바삭하게 튀겨 건진 다음 종이타월 위에 올려 기름을 뺀다.

••• 찹쌀을 찜통에 찌는 것이 번거롭다면 밥솥에 안쳐 고슬고슬한 밥을 지어도 됩니다.

깻잎부각

재료(4인분)

깻잎 50장

식용유 적당량

찹쌀가루 반죽
찹쌀가루 1컵
물 2컵
볶은 참깨 2작은술
고춧가루·소금 조금씩

1. 깻잎은 깨끗이 씻어 건진 뒤 물기를 턴다. 찹쌀가루는 물에 잘 갠 뒤 볶은 참깨와 고춧가루, 소금을 넣고 섞는다.
2. 깻잎에 찹쌀가루 반죽을 앞뒤로 발라 비닐을 깐 채반에 펼쳐서 햇볕에 바싹 말린다.
3. 170℃ 정도로 끓인 기름에 말린 깻잎을 한 장씩 넣고 튀긴다.

••• 깻잎을 말릴 때 지나치게 오그라들면 촉촉하게 해준 뒤 편편하게 펴주세요.

김·감자부각

김에 찹쌀풀을 발라 튀기거나 감자를 썰어서 부각을 만들어도 맛있어요.
명절음식으로 준비해도 좋고 술안주로도 환영받는답니다.

김부각

재료(4인분)

김 10장
식용유 적당량
통깨 1큰술
고춧가루 조금

찹쌀풀
찹쌀가루 1컵
소금 2작은술
물 2컵

1 찹쌀가루를 물에 개어 소금으로 간한 뒤 약한 불에서 끓여 찹쌀풀을 쑨다.
2 김을 4등분해서 찹쌀풀을 발라 4장을 앞뒤로 이어붙인 뒤 채반 위에 펼쳐 놓고 햇볕에서 말린다. 김이 쪼그라들면 펴서 바싹 말린다.
3 150℃ 정도로 가열한 기름에 말린 김을 넣고 바삭하게 튀겨 통깨와 고춧가루를 뿌린다.

••• 찹쌀가루 반죽에 간장과 고춧가루를 섞어 김에 발라 튀기면 밥반찬으로 좋아요.

감자부각

재료(4인분)

감자(큰 것) 2개
소금 1큰술
물·식용유 적당량

1 감자는 껍질을 벗겨 얇게 저며 썬 뒤 물에 담가 전분기를 빼고 끓는 물에 소금을 넣어 데친다.
2 채반에 데친 감자를 펼쳐 놓고 햇볕에 말린다.
3 170℃ 정도로 가열한 기름에 말린 감자를 넣고 바삭하게 튀긴다.

••• 끓는 기름의 온도를 확인하려면 감자 조각을 넣어보세요. 감자 조각이 반쯤 가라앉았다가 다시 위로 올라오면 알맞은 온도입니다.

쑥콩가루국

쑥이 푸르게 돋아나는 봄철, 춘분 무렵에 끓여 먹는 절기음식.
콩가루에 버무린 쑥을 쇠고기 장국에 넣어 끓여 향긋하고 고소해요.

재료(4인분)

쑥 300g
콩가루 1컵
쇠고기 100g
된장 2큰술
어슷 썬 파 2큰술
다진 마늘 1작은술
소금 조금
물 6컵

고기 양념

다진 파 2큰술
다진 마늘·국간장 1큰술씩
참기름 조금

1. 쑥은 연한 것으로 준비해 시든 부분을 떼어내고 깨끗이 씻은 다음 체에 밭친다.
2. 쇠고기를 얇게 저며 고기 양념으로 무친 뒤 냄비에 볶다가 물을 붓고 끓여 장국을 만든다. 장국에 된장을 체에 걸러 풀어준 다음 좀 더 끓인다.
3. 국물이 끓으면 물기가 묻은 쑥을 콩가루에 버무려 국에 넣는다. 쑥 향이 퍼지기 시작하면 어슷 썬 파와 다진 마늘을 넣고 좀 더 끓이다가 소금으로 간한다.

••• 1_ 쑥은 몸을 따뜻하게 해서 생리불순이 있는 여성에게 좋다고 해요.
2_ 쇠고기 대신 멸치로 장국을 끓여도 좋아요. 쌀뜨물에 손질한 멸치를 넣고 된장을 풀어 끓이면 됩니다.

송화밀수

단오절에는 소나무 꽃가루인 송홧가루로 송화밀수를 만들어 먹던 풍습이 있어요.
송홧가루는 특유의 쌉쌀하고 매력적인 맛이 식욕을 돌게 해줘요.

재료(4인분)

송홧가루 1큰술
꿀물 3컵
잣 조금

1 꿀에 송홧가루를 넣고 수저로 잘 개어 한 덩어리로 만든다.
2 송홧가루 갠 것에 물을 부어 고루 풀어준다.

••• 1_ 송홧가루와 꿀을 섞어 만든 덩어리로 송화다식을 만들기도 해요. 다식판에 박아내 차와 곁들이면 좋답니다.

2_ 꿀물은 기호에 따라 농도를 달리하세요. 보통은 물과 꿀의 비율이 2:1 또는 3:2가 되는 것이 적당해요.

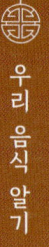
우리 음식 알기

일 년 열두 달 즐기는 명절·절기음식

계절마다 달마다 그리고 때마다 특색있게 만들어 먹는 음식을 '시절식'이라고 해요. 사계절의 영향을 받아 자연스럽게 형성된 전통적인 음식들은 보기에도 먹음직스럽고 우리 몸에도 좋습니다. 계절과 절기, 명절에 즐기는 전통음식을 모아보았어요.

1월

설날 새해에는 건강하게 장수하라는 의미로 길게 뽑은 가래떡으로 만든 떡국을 먹는 게 전통이다.

대표 음식 | 떡국, 만두국, 편육, 전유어, 잡채, 약식, 강정, 정과, 식혜, 수정과

대보름 한 해의 첫째 달 15일을 이르는 명절. 여러 가지 곡물로 지은 오곡밥과 아홉 종류의 묵은 나물을 준비해 이웃과 나눠 먹고 부럼을 깨물기도 한다.

대표 음식 | 오곡밥, 아홉 가지 묵은 나물, 김구이, 나박김치, 원소병, 유밀과, 부럼, 귀밝이술

2월

중화절 농사철의 시작을 기념하는 음력 2월 초하루를 일컫던 이름이다. 이날 농가에서는 그 해의 풍년을 기원한다. 떡과 술을 빚어 나누어 먹었다.

대표 음식 | 약주, 생과일(밤·대추), 포(육포·어포), 유밀과

3월

삼짇날 음력 3월 3일째 되는 날이다. 날씨가 따뜻해지면서 꽃이 피기 시작할 무렵이어서 산과 들로 나가 진달래꽃 화전을 부쳐 먹으며 자연을 즐겼다.

대표 음식 | 진달래화전, 진달래화채, 탕평채, 절편, 술

4월

한식 음력 2월 말이나 3월 초에 해당. 이날 조상의 묘를 살피며 제사를 지낸다. 한식(寒食)이라는 이름처럼 불을 쓰지 않고 찬 음식을 먹는 것이 전통이다.

대표 음식 | 쑥떡, 쑥탕, 식혜, 콩국수술, 포(어포, 육포), 술

5월

단오 5월 5일을 단오, 수릿날, 중오절이라고 한다. 초여름 단오절에 모내기를 끝내고 풍년을 기원하며 음식을 나눠 먹었다. 창포물에 머리 감는 풍습도 있다.

대표 음식 | 증편, 수리취떡, 앵두화채, 제호탕, 준칫국

6월

유두 음력 6월 보름을 일컫는다. 유두날에 맑은 개울물에 나가 목욕하고 머리를 감으며 하루를 보내면 나쁜 기운을 쫓고 여름에 더위를 먹지 않는다고 전해졌다. 수단이나 건단, 유두면을 만들어 먹었다.

대표 음식 | 편수, 어선, 구절판, 밀쌈, 복분자화채, 보리수단

7월

칠석 음력 7월 7일, 견우 직녀가 오작교에서 만나는 날. 바쁜 농사일이 어느 정도 끝나고 더위와 장마가 쉬어갈 때여서 잠시 몸과 마음을 쉬는 날로 삼았다.

대표 음식 | 깨찰편, 밀전병, 밀국수, 주악, 규아상, 흰떡국, 어채, 열무김치, 생과일(참외)

삼복 초복, 중복, 말복을 통틀어 삼복이라 한다. 삼복 기간은 그 해 더위가 절정을 이루는 때여서 보신을 목적으로 육개장, 개장국, 삼계탕을 끓여 먹었다.

대표 음식 | 육개장, 팥죽, 잉어구이, 오이소박이, 보신탕

8월

추석 설과 함께 가장 큰 명절로 꼽힌다. 추수를 해서 곡식과 과일이 풍부하다. 삼색 햇과일, 포와 적, 송편, 밤단자, 토란탕 등을 준비해 제사를 지낸다.

대표 음식 | 송편, 토란탕, 산적, 닭찜, 잡채, 밤단자, 배화채, 배숙

9월

중양절 음력 9월 9일을 가리키며 국화주를 마시고 국화전을 먹으며 즐기는 풍습이 있다.

대표 음식 | 송편, 물호박떡, 인절미, 밤단자, 유자화채, 배화채, 국화주

10월

상달 가을이 깊어가는 계절로 수확이 끝나고 곳간이 넘쳐나 1년 중 첫째 가는 달이라 해서 상(上)달이라 했다. 한 해 농사를 마치고 햇곡식으로 술과 떡을 빚고 갖가지 과일을 준비하여 제사를 지냈다.

대표 음식 | 팥죽, 동치미, 경단, 식혜, 수정과

11월

동지 1년 중 낮이 가장 짧고 밤이 긴 날을 의미한다. 동지만 지나면 곧 따뜻해지기 때문에 붉은 빛, 따뜻한 기운을 상징하는 팥으로 죽을 쑤어 먹었다.

대표 음식 | 시루떡, 무시루떡, 애탕, 감국화전, 강정, 김치

12월

섣달그믐 1년의 마지막 날. 잡귀의 출입을 막고 복을 받는다고 집안 구석구석에 밤새 불을 밝히고 자지 않았다. 그날 저녁에는 남은 음식을 해를 넘기지 않는다는 뜻으로 비빔밥을 만들어 먹었다.

대표 음식 | 비빔밥, 식혜, 수정과, 주악, 완자탕, 떡국, 장김치

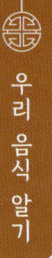

우리 음식 알기

한눈에 알 수 있는 제삿상 차리기 기본 이론

조상을 기리는 전통의식을 제사라고 하며, 돌아가신 날 지내는 기제사와 설날·추석 등 명절에 지내는 차례로 나뉘어요. 제삿상과 차례상 차리기는 전통과 지방의 풍습에 따라 조금씩 다르지만, 기본적인 제삿상 차림 방법을 소개합니다.

제수는 어떻게 차리나?

제사에 쓰이는 제물을 '제수'라고 한다. 제수는 지방과 집안에 내려오는 풍습에 따라 다르지만 형편에 맞게 준비하면 된다. 기제사는 조상의 돌아가신 첫 새벽 12~1시에 지냈으나, 요즘에는 주로 전날 밤에 지내고, 차례는 명절날 아침 밝은 날 지낸다. 기제사는 메(밥), 갱(국:국물이 있는 탕국)을 올리지만, 차례는 설날엔 떡국, 추석엔 송편을 올린다. 기제사는 술을 세 번 올리고, 차례 때는 한 번 올린다. 또한 집안에 따라서는 차례상에 탕(국)이나 편(떡)을 빼기도 한다. 가장 기본적인 제수 준비 원칙을 간추려보면 다음과 같다.

- 꽁치, 갈치, 삼치, 멸치 등 끝자가 '치'로 된 비늘 없는 생선은 쓰지 않는다. 잉어도 쓰지 않는다.
- 붉은 팥고물 시루떡은 쓰지 않고 하얀 고물을 쓴다.
- 복숭아는 제수로 쓰지 않는다.
- 숙과, 유과, 생과 등의 과일은 괴어 올려 담고, 적이나 전은 괴어 담되 과일류보다는 얇게 담는다.
- 재료가 고기, 생선, 닭 등 땅에 뿌리를 두지 않은 것은 하늘이 내린 음식, 곧, 천산(天産)이라 하여 홀수로 준비한다(예:탕, 적, 전). 과일, 곡식처럼 땅에 뿌리를 둔 음식은 지산(地産)이라 하고 짝수로 준비한다.

제수의 종류

메 밥을 뜻한다. 설 차례상은 메 대신 떡국, 추석 차례상에는 밥 대신 송편을 올린다.

편 떡을 뜻한다. 보통 떡은 시루떡처럼 네모지게 썰어 사각제기에 담는다. 차례상에는 송편을 올리기 때문에 편을 생략하기도 한다.

갱 탕국을 가리킨다. 보통은 쇠고기와 무, 두부를 깍둑 썰어 끓인 국물을 넉넉히 해 국그릇에 담는다. 집안에 따라서 추석 차례상에는 국을 빼기도 한다.

탕 건더기만 건져서 수북하게 담는 것을 말한다. 탕의 수는 1, 3, 5 홀수로 올리는데 삼탕의 경우는 재료가 고기, 생선(주로 북어), 무나 당근 등이 있고 간소하게 할 때에는 고기 한 가지만 올리기도 한다.

적 일종의 구이로 보통 고기(육), 생선(어), 닭(봉) 등의 삼적을 올린다. 고기는 산적용으로 준비해 양념해 굽는다. 생선은 조기를 많이 쓴다. 닭은 한 마리를 통째로 찜을 해서 올린다. 어적(생선적)을 제기에 담을 때는 동두서미라 하여 머리가 동쪽으로 가게 하고 꼬리는 서쪽을 향하도록 놓는다.

전 제전은 보통 두부, 호박, 생선, 고기 등이 기본으로 사용되는데 두부는 빠지지 않는 재료다. 그 외에 버섯전 등을 준비하기도 한다.

숙채 익힌 나물로 도라지, 고사리, 시금치 등 삼색 나물을 담는다. 한 그릇씩 따로 담기도 하고 어울려 담기도 한다. 고춧가루는 사용하지 않는다.

침채 김치를 뜻하며 하얗게 담근 물김치나 동치미를 올리는데 건더기만 건져 소복하게 담는다.

포 안주, 북어포, 육포, 문어포를 주로 사용한다.

혜 식혜를 밥알 건더기만 건져 소복하게 담는다.

과실 생실과 대추, 곶감, 밤, 사과, 배, 약과, 산자, 다식 등을 올리며 홀수로 담는 것이 기본이다. 밤은 껍질을 벗기고 가장 자리를 모양 있게 쳐서 담고, 사과와 배는 위아래만 잘라내고 담는다.

집집마다 조금씩 다른 진설 방법

제수를 젯상에 배열하는 것을 '진설(陳設)'이라고 한다. 제수 진설 방식은 지방 혹은 집안 전통에 따라 다르다. 진설 위치를 말할 때는 제사 지내는 신위를 향하여 우편을 동쪽, 좌편을 서쪽으로 정한다.
북쪽에는 병풍을 치고 병풍 앞에 신위를 모실 위패(位牌)와 촛대를 마련한다. 식어도 괜찮은 음식부터 제물을 차리고 진설이 다 되면 사진 혹은 미리 써둔 지방을 위패에 붙인다. 제삿상 앞 가운데 위치한 향상에는 축문, 향로, 향합을 올려 놓으며 그 밑에 모사(茅沙)그릇, 퇴주그릇, 제주(술) 등을 놓는다.

제1열은 술잔과 메, 떡국, 송편을 놓는 줄 앞에서 보아 메, 갱, 떡국(송편)은 우측에, 술잔은 좌측에 차린다. 시접(수저와 대접)은 단위제의 경우에 앞에서 보아 왼쪽에 올리며, 양위합제의 경우 중간 부분에 올린다.

제2열은 적(炙)과 전(煎)을 놓는 줄 대개는 3적으로 육적(육류 적), 어적(어패류 적), 소적(두부 채소류 적)의 순서로 올린다.

제3열은 탕을 놓는 줄 대개는 3탕으로 육탕(육류탕), 소탕(두부·채소류탕), 어탕(어패류탕)의 순으로 올리며, 5탕으로 할 때는 봉탕(닭·오리탕), 잡탕 등을 더 올린다. 한 가지 탕으로 하는 경우도 있다.

제4열은 포와 나물을 놓는 줄 좌측 끝에는 포(북어, 대구, 오징어포)를, 우측 끝에는 식혜나 수정과를 올린다. 중간에 나물반찬은 콩나물, 숙주나물, 무나물 순으로 올리고 삼색나물이라 하여 고사리, 도라지, 시금치나물 등을 쓰기도 한다. 김치와 간장, 동치미는 그 다음에 올린다.

제5열은 과실을 놓는 줄 좌측부터 대추, 밤, 감(곶감), 배(사과)의 순서로 차리며 그 이외의 과일들은 정해진 순서가 따로 없으나 나무과일, 넝쿨과일 순으로 차린다. 과일 줄의 끝에는 과자(유과)류를 놓는다.

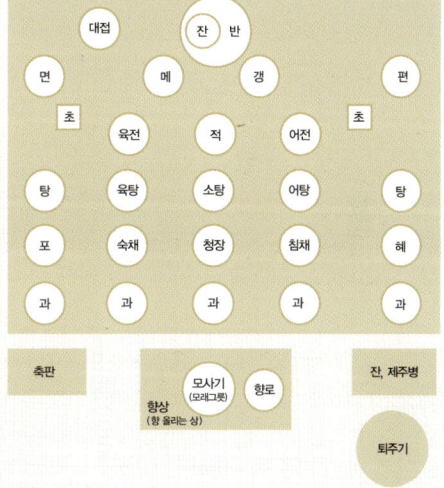

〈진설 방법〉

4장

궁중음식

색이 화려하고 정갈한 맛이 느껴지는 왕실의 음식. 최고의 재료로 고유의 맛을 살려 조리하는 게 특징입니다. 조선시대의 궁중음식은 문헌으로 잘 전해져 내려와 특별한 날 별미요리로 응용되곤 합니다. 신선로나 두부전골, 구절판, 규아상 등 정통 조리법으로 만드는 다양한 음식들을 소개합니다.

구절판

아홉 칸으로 나뉜 그릇 가운데 밀전병을 담고 가장자리에 쇠고기, 채소, 지단 등을 담아서
골고루 싸서 먹는 음식. 색이 화려하고 맛이 산뜻해 전채음식으로 잘 어울려요.

재료(4인분)

쇠고기 120g
마른 표고버섯 5장
석이버섯 3장
오이 1개
당근 1/3개
숙주 100g
달걀 3개
소금·참기름 조금씩
식용유 적당량

고기 양념

간장·설탕·다진 파 2큰술씩
다진 마늘 1큰술
참기름 1/2큰술
깨소금·후춧가루 조금씩

밀전병

밀가루 1컵
물 1¼컵
소금 조금

겨자초장

겨잣가루 2큰술
물·식초·설탕 1큰술씩

1. 쇠고기는 얇게 저며 길이대로 가늘게 채 썬다. 마른 표고버섯은 물에 불려 갓만 곱게 채 썬다. 석이버섯은 물에 불려 물기를 뺀 뒤 돌돌 말아 채 썬다.

2. 오이는 4cm 길이로 돌려 깎아 가늘게 채 썬 뒤 소금에 살짝 절여 물기를 짠다. 당근은 같은 길이로 채 썰어 끓는 물에 데친다. 숙주는 머리와 꼬리를 떼고 끓는 물에 데쳐 물기를 꼭 짠다.

3. 쇠고기와 버섯은 각각 고기 양념으로 무쳐 팬에 볶는다. 오이와 당근, 석이버섯도 각각 뜨거운 팬에 기름을 두르고 소금 간을 해서 재빨리 볶아낸다. 숙주는 소금과 참기름으로 무친다.

4. 달걀은 노른자와 흰자를 나누어 얇게 지단을 부쳐서 4cm 길이로 곱게 채 썬다.

5. 밀가루, 물, 소금을 잘 섞어 밀전병 반죽을 만든다. 달군 팬에 반죽 1큰술씩을 떠 올려 지름 7~8cm정도의 동그란 전을 부친다.

6. 구절판의 가운데에 밀전병을 담고 나머지 8칸에 볶아낸 재료를 각각 색 맞추어 담아 겨자초장과 함께 낸다.

••• 5_ 밀전병 반죽은 묽게 해서 부드럽게 부치는 게 좋아요. 밀가루에 소금과 물을 넣어 잘 섞은 뒤 멍울이 생기지 않도록 체에 한 번 내려주세요. 반죽에 시금치즙이나 치자즙, 백년초 등을 넣으면 색색의 밀전병을 만들 수 있어요.

6_ 밀전병은 잘 찢어지기 때문에 서로 붙지 않도록 담아야 해요. 밀전병을 놓고 사이사이에 잣을 끼워넣으면 달라붙는 것을 방지할 수 있어요.

화양적

고기구이와 볶은 표고, 도라지, 오이, 지단을 번갈아 꼬치에 꿰었어요.
색색의 조화가 화려해 궁중 연회나 임금님의 주안상에 올렸답니다.

재료(4인분)

쇠고기(우둔살) 150g
표고버섯 3장
도라지 2개
당근 1/3개
오이 1개
달걀지단 2개분
식용유 적당량

고기 양념

간장·참기름 1큰술씩
다진 파 1큰술
다진 마늘 1작은술
소금·깨소금·후춧가루 조금씩

채소 양념

소금·참기름 조금씩

잣 소스

잣가루 2큰술
쇠고기 국물 3큰술
소금 1/2작은술

1. 쇠고기는 칼집을 넣어 1×6cm 크기로 납작하게 썰고, 표고버섯은 마른 것은 불려서 같은 크기로 썬 뒤 고기 양념으로 무친다.
2. 도라지, 당근은 1×6cm 크기로 납작하게 썰어 끓는 물에 데친다. 오이도 같은 크기로 썰어 소금물에 살짝 절인다.
3. 달군 팬에 쇠고기와 표고버섯을 볶는다. 도라지와 당근, 오이도 각각 소금과 참기름으로 간해서 팬에 살짝 볶는다.
4. 달걀은 흰자와 노른자로 나누어 0.7cm 두께의 지단을 부친 뒤 1×6cm 크기로 썬다.
5. 긴 꼬치에 재료들을 색 맞춰 꿰고 접시에 담아 잣 소스를 뿌린다.

••• 잣 소스는 꼬치용 고기 자르고 남은 자투리 고기를 끓여서 잣가루와 소금을 섞어서 만들어요. 꼬치의 맨 끝은 볶은 은행을 꽂아 장식하면 멋스러워요.

사슬적

흰 살 생선을 막대모양으로 썰어 꼬치에 꿰고 다진 쇠고기를 붙여서 구운 산적이에요.
사슬처럼 이어 붙여서 만들었다 해서 이름 붙였어요.

재료(4인분)
포 뜬 동태 300g
다진 쇠고기 100g
두부 1/4모
밀가루·식용유 조금씩
잣가루 2큰술

생선살 양념
간장·참기름 1/2큰술씩
소금·청주·생강즙 1작은술씩
후춧가루 조금

고기 양념
간장·참기름 1/2큰술씩
다진 파 2작은술
다진 마늘 1작은술
소금·깨소금·후춧가루 조금씩

초간장
간장·식초·설탕·물 1큰술씩

1 포 뜬 동태는 1×6cm로 썰어 소금을 뿌려두었다가 물기를 닦고 생선 양념으로 버무린다.
2 두부는 칼등으로 으깨어 꼭 짠 다음 다진 쇠고기와 섞어 고기 양념으로 무친다.
3 생선에 밀가루를 묻힌 뒤 양념한 쇠고기와 번갈아가며 꼬치에 끼운다.
4 달군 팬에 기름을 두르고 앞뒤로 노릇노릇하게 지진 다음 접시에 담아 잣가루를 뿌리고 초간장을 곁들인다.

••• 1_ 동태 대신 대구살을 준비해도 좋아요. 얼린 생선은 충분히 녹여 물기를 잘 닦아서 사용하세요.
   3_ 생선과 산적을 번갈아 끼우는 대신 생선을 촘촘히 꼬치에 꿰고 그 윗면에 양념한 쇠고기를 붙이기도 합니다.
   4_ 지질 때 자주 뒤집으면 생선살이 부서지니 조심하세요.

겨자채

편육과 죽순, 오이, 배 등 각종 재료를 섞어 매콤한 겨자 소스로 버무린 냉채.
톡 쏘면서 새콤달콤한 맛이 있어 고기 음식과 잘 어울려요.

재료(4인분)

양배추 2장
당근 1/4개
오이 1/2개
죽순 50g
쇠고기(양지머리) 50g
배 1/4개
밤 3개
달걀 1개
소금·잣 조금씩

겨자 소스

겨잣가루·연유 2큰술씩
물·식초 1큰술씩
설탕 1/2큰술
소금 조금

1 양배추와 당근은 폭 1cm, 길이 4cm 크기로 납작하게 썰고 오이는 반 갈라 어슷하게 썬다. 죽순도 비슷한 크기로 납작하게 썰어 끓는 물에 살짝 데친다.

2 쇠고기는 끓는 물에 삶아 무거운 것으로 누른 뒤 얇게 저며 썬다.

3 배는 1×4cm로 썰고 밤은 납작하게 썬다. 달걀은 황백지단을 부쳐 1×4cm 크기로 썬다.

4 겨잣가루를 물에 개어 불린 다음 식초와 설탕, 소금, 연유를 넣어 잘 섞는다.

5 준비한 재료를 한데 담아 모두 섞은 다음 겨자 소스를 넣어 무친다.

6 겨자채를 접시에 담고 위에 잣을 뿌려준다.

••• 1_ 죽순은 옅은 소금물이나 쌀뜨물에 삶아서 아린 맛을 빼야 해요.
　　 5_ 겨자 소스로 버무릴 재료들은 차게 식혀 보관하세요. 쇠고기 편육 대신 닭고기, 새우, 오징어로 대신해도 좋아요.

대하찜

감칠맛이 좋은 대하와 편육, 죽순, 오이, 밤을 넣고 잣 소스로 버무린 냉채.
잣 소스를 넣어 맛이 고급스럽답니다.

재료(4인분)

대하 8마리
소금·흰 후춧가루 조금씩
쇠고기(사태) 70g
죽순 50g
오이 1/2개
밤 4개
식용유 적당량

잣 소스
잣가루 4큰술
새우국물 3큰술
참기름 2작은술
소금 1작은술

1. 대하는 껍질을 벗기고 내장을 빼낸 뒤 끓는 물에 삶는다. 삶은 대하는 반으로 저미고 소금, 후춧가루로 밑간한다. 대하 삶은 국물은 따로 둔다.
2. 쇠고기는 납작하게 저며 썬 뒤 끓는 물에 익혀서 건져 식힌다.
3. 죽순은 끓는 물에 삶아 찬물에 헹군 뒤 빗살 모양을 살려 얇게 저며 썬다. 밤은 얄팍하게 저며 썰고 오이는 반 갈라 어슷 썰어 소금에 살짝 절인다.
4. 소금에 절인 오이는 물기를 꼭 짠 다음 팬에 살짝 볶는다. 삶은 죽순도 팬에 볶는다.
5. 잣 소스를 만들어 준비한 부재료와 대하를 고루 섞고 위에 끼얹는다.

••• 삶은 재료는 찬물에 헹구고 볶은 재료는 펼쳐서 식힌 다음 차갑게 준비해야 제 맛을 낼 수 있어요.

탕평채

다양한 식재료가 어우러진 탕평채는 조선 영조 때 '탕평책'의 상징으로 알려졌어요.
다진 쇠고기볶음을 솔솔 뿌려주면 더욱 고급스러운 맛이 납니다.

재료(4인분)

청포묵 1모
미나리·숙주 100g씩
붉은 고추 1/2개
달걀지단 조금(달걀 1개분)
구운 김 1장

묵 밑양념
참기름 2큰술
소금 1작은술

초간장
식초 4큰술
물 2큰술
설탕 1큰술
간장 1/2큰술
소금 조금

1. 청포묵은 나무젓가락 굵기로 채 썰어 끓는 물에 데쳐서 찬물에 헹군 다음 소금과 참기름으로 무친다.
2. 미나리는 끓는 물에 데쳐 찬물에 헹구고 4cm 길이로 썬다. 숙주는 머리와 끝을 잘라내고 끓는 물에 데쳐서 찬물에 헹궈 건진다. 붉은 고추와 달걀지단은 곱게 채 썬다.
3. 준비한 재료를 섞어 초간장을 만든다.
4. 청포묵과 숙주, 미나리, 고추를 살살 버무린 뒤 초간장을 뿌려 섞어준다. 접시에 담고 구운 김을 잘게 찢어 지단채와 함께 위에 얹는다.

••• 2_ 미나리를 데칠 때 소금을 조금 넣으면 미나리의 색이 선명해져요.
    4_ 식초를 빼고 소금, 참기름으로 무치면 청포묵무침이 됩니다.

두부선

속을 채운 뒤 찌거나 삶아서 간을 한 음식을 '선'이라고 해요.
으깬 두부에 색색의 고명을 얹은 두부선은 담백한 맛이 좋은 궁중음식이에요.

재료(4인분)

두부 1모
닭가슴살 50g
표고버섯 1장
석이버섯 3장
달걀지단 1개분
잣 1큰술
실고추 조금

찜 양념

간장·참기름 1큰술씩
소금·생강즙 1/2작은술씩
다진 파 1큰술
다진 마늘·설탕·깨소금 1작은술씩
후춧가루 조금

겨자초장

겨자·물 2큰술씩
식초·설탕 1큰술씩
간장 1작은술
소금 조금

1 두부는 칼등으로 으깨고 닭가슴살은 곱게 다진다.
2 표고버섯은 마른 것은 미지근한 물에 불려 기둥을 떼낸 뒤 채 썰고, 석이버섯은 물에 불려 씻은 다음 돌돌 말아 채 썬다.
3 달걀지단은 3cm 길이로 곱게 채 썰고, 잣은 고깔을 떼고, 실고추는 3cm 길이로 잘라놓는다.
4 으깬 두부와 다진 닭가슴살을 한데 섞어 찜 양념으로 양념을 한 뒤 한 덩어리로 만든다.
5 찜통에 젖은 면보자기를 깔고 ④의 반죽을 1cm 두께로 고르게 펴서 안친 다음 표고와 석이채, 지단채, 실고추, 잣을 얹어 10분쯤 찐다.
6 익으면 한 김 식힌 후 겨자초장을 만들어 곁들인다.

••• 1_ 두부의 물기를 제거하려면 칼등으로 눌러 곱게 으깬 다음 면보자기에 싸서 물기를 꼭 짜도록 하세요.

5_ 찜통에 찔 때 밑에서 물이 올라와 음식의 모양이 흐트러지기 쉬워요. 면보자기를 깔면 수증기가 흡수되어 음식이 깔끔해요.

5

오이선

아삭하고 새콤한 맛이 매력인 궁중식 채소 요리입니다.
칼집 넣은 오이를 살짝 볶아서 속에 고명을 채워 넣고 단촛물을 끼얹어 만들어요.

재료(4인분)

오이 2개
소금물(소금 1큰술, 물 1컵)
쇠고기 50g
마른 표고 버섯 1개
달걀 1개
실고추 조금

고기 양념

간장 1/2큰술
다진 파 2작은술
다진 마늘·설탕 1작은술씩
참기름·깨소금 1작은술씩
후춧가루 조금

단촛물

식초 1½큰술
설탕 1큰술
물 1/2큰술
소금 조금

1 오이는 길게 반 갈라 1cm 간격으로 비스듬히 칼집을 넣어 4cm 길이로 토막 낸다. 토막낸 오이는 소금물에 절여서 물기를 꼭 짠 뒤 기름 두른 팬에 볶아 식힌다.

2 쇠고기는 채 썰고 표고버섯은 불려서 곱게 채 썰어 고기 양념으로 양념한 뒤 팬에 볶아 식힌다.

3 달걀은 지단을 부쳐 2cm 길이로 곱게 채 썬다.

4 오이 사이사이에 쇠고기, 버섯, 지단을 끼우고 실고추를 얹은 다음 단촛물을 붓는다.

••• 껍질 쪽에 1cm 간격으로 비스듬히 칼집을 세 번 넣고 네 번째에서 끊어 4cm 길이로 맞추면 됩니다.

배추선

배춧잎 사이사이에 쇠고기와 버섯을 켜켜이 넣고 익힌 배추선.
새콤달콤한 맛이 입맛을 돋워요.

재료(4인분)
배추속대 4장
무 1/4개
다진 쇠고기 250g
마른 표고 버섯 4장
국간장 조금
물 3컵

고기 양념
간장·다진 파 2큰술씩
다진 마늘·생강즙 1큰술씩
깨소금·참기름·후춧가루 조금씩

고명
석이채·지단채·파채·실고추 조금씩

겨자초장
겨자·물 2큰술씩
식초·설탕 1큰술씩
간장 1작은술
소금 조금

1. 배추속대는 세로로 반 갈라 끓는 물에 반쯤 익혀서 찬물에 헹구고 물기를 살짝 짠다. 무는 0.5cm 두께의 은행잎 모양으로 썬다.
2. 표고버섯은 미지근한 물에 불려 갓만 곱게 채 썬 뒤 쇠고기와 잘 섞어 고기 양념으로 무친다.
3. 배춧잎 사이사이에 고기소를 끼워 넣고 냄비에 물을 붓고 무와 함께 끓이다가 국간장으로 간을 한다.
4. 다 되면 4cm 길이로 잘라 접시에 담고 석이채와 지단채, 파채, 실고추를 얹은 뒤 겨자초장을 곁들인다.

••• 고명 재료 중 석이버섯은 불려서 돌돌 말아 곱게 채 썰고, 달걀은 노른자와 흰자로 나누어 지단을 부쳐서 채 썰어요. 대파는 푸른 잎 부분만 채 썰어 사용합니다.

죽순채

저민 죽순과 쇠고기, 버섯을 볶아서 단촛물로 맛을 낸 채소요리.
단촛물로 간을 해 새콤달콤한 맛이 좋아요.

재료(4인분)
죽순(통조림) 2개
풋고추 1개
붉은 고추 1/2개
쇠고기 100g
마른 표고버섯 2장
식용유 적당량
소금·후춧가루 조금씩

고기·버섯 양념
간장 1큰술
설탕 1/2큰술
다진 파 1큰술
다진 마늘 1작은술
참기름·깨소금 조금씩

단촛물
식초·물 1/2컵씩
설탕 4큰술
간장 3큰술
소금 조금

1 죽순은 끓는 물에 데쳐 찬물에 헹군 뒤 빗살 모양을 살려 얇게 저며 썬다. 풋고추와 붉은 고추는 반 갈라 씨를 털고 채 썬다.

2 쇠고기는 채 썰고 마른 표고버섯은 불려서 기둥을 떼어낸 다음 채 썰어 함께 양념을 해둔다.

3 손질한 죽순을 기름 두른 팬에 볶다가 고추를 넣어 좀 더 볶고 소금 간을 한다. 쇠고기와 버섯도 팬에 볶아 식힌다.

4 볶은 죽순과 고추, 쇠고기, 버섯을 섞어서 접시에 담은 뒤 단촛물을 만들어 끼얹는다.

••• 통조림 죽순은 물에 깨끗이 씻어 데치도록 하세요. 생 죽순을 사용할 경우 쌀 뜨물에 삶으면 아린 맛이 사라져요.

죽순찜

죽순에 칼집을 내고 색색의 소를 채운 뒤 장국을 부어 끓였어요.
아작아작 씹히는 맛이 매력인 특별한 채소찜이에요.

재료(4인분)

죽순(통조림) 4개
다진 쇠고기 50g
마른 표고버섯 1장
석이버섯 2장
달걀 1개
실고추·국간장 조금씩

고기·버섯 양념

간장 1/2큰술
설탕·참기름 1작은술씩
다진 파 1작은술
다진 마늘 조금
깨소금·후춧가루 조금씩

겨자초장

겨자·물 1큰술씩
식초 1/2큰술
간장·설탕 1작은술씩

1 죽순은 끓는 물에 데쳐 찬물에 헹군 뒤 반 갈라 등 쪽에 어슷하게 칼집을 넣는다.

2 표고버섯은 불려서 채 썰어 다진 쇠고기와 합해 양념한 뒤 칼집 낸 죽순 사이에 채워 넣는다.

3 석이버섯은 불려서 돌돌 말아 채 썰어 끓는 물에 데치고, 달걀은 흰자와 노른자로 나눠 얇게 지단을 부쳐 채 썬다. 실고추는 짧게 끊어둔다.

4 냄비에 죽순을 안치고 국간장으로 간을 한 국물을 넣어 끓인 다음 ③의 고명을 올리고 겨자초장을 끼얹는다.

••• 다진 쇠고기 대신 닭가슴살을 넣어도 맛있어요. 삶은 닭가슴살을 잘게 찢어 소금과 후춧가루로 밑간한 뒤 죽순 사이에 넣어요.

섭산삼

납작하게 두들겨 편 더덕에 찹쌀가루를 묻혀 튀긴 쌉쌀한 맛의 더덕튀김.
조선시대 요리책 〈음식디미방〉에 나오는 음식이에요.

재료(4인분)

더덕 100g
물 1컵
소금 1작은술
찹쌀가루 1/3컵
식용유 적당량

꿀 조금

1 더덕은 껍질을 벗기고 반으로 갈라 방망이로 두들겨 납작하게 편 다음 소금물에 담가 쓴맛을 빼낸다.
2 손질한 더덕은 물기를 닦아 찹쌀가루를 묻힌다.
3 160℃ 정도로 끓는 기름에 찹쌀가루 묻힌 더덕을 넣고 바삭하게 튀긴다.
4 튀긴 더덕은 꿀과 함께 낸다. 또는 식초와 간장, 설탕, 물을 입맛대로 배합해 찍어 먹어도 된다.

••• 찹쌀가루를 고루 묻힌 다음 뭉친 부분은 손으로 살살 털어내야 덩어리가 지지 않아요.

타락죽

곱게 간 쌀과 우유를 함께 걸쭉하게 끓여 특유의 고소한 맛이 별미인 죽.
궁중에서 임금님의 보양식으로 올릴 만큼 영양가가 풍부해요.

재료(4인분)

쌀 1컵
물 3컵
우유 3컵

꿀·소금 적당량
잣 조금

1 쌀을 여러 번 헹궈 씻은 다음 물에 충분히 불려 물기를 뺀다.
2 불린 쌀을 물 1컵과 함께 믹서에 곱게 갈아 체에 거르고 물만 따로 받아둔다.
3 냄비에 곱게 간 쌀을 넣고 물 2컵을 부어 끓인다. 한소끔 끓으면 따로 받은 쌀물을 붓는다.
4 죽이 걸쭉해지면 우유를 조금씩 붓고 잘 저어준 뒤 좀 더 끓인다.
5 다 되면 그릇에 담고 고깔을 뗀 잣을 고명으로 올린 다음 꿀과 소금을 곁들인다.

••• 3_ 나무주걱으로 잘 저어가면서 끓여야 멍울이 생기지 않아요.
    5_ 그릇에 담을 때는 고깔을 뗀 잣을 고명으로 올려야 깔끔해요.

대합구이

조갯살, 쇠고기, 두부를 양념한 뒤 대합 껍데기에 채워 구웠어요.
쫄깃하고 씹히는 맛이 좋은 대합구이는 임금님 주안상에 오르던 음식이에요.

재료(4인분)

대합 3개
조갯살 100g
청주 1/2컵
다진 쇠고기 50g
두부 1/4모
밀가루 3큰술
달걀 1개
식용유 적당량

소 양념

다진 파 1큰술
다진 마늘 1작은술
참기름 1작은술
설탕·소금·깨소금·후춧가루 조금씩

초간장

간장·식초·물 1큰술씩
잣가루 조금

1. 대합은 해감을 빼내고 끓는 물에 삶아 살만 발라내고 껍질은 따로 씻어서 둔다.
2. 조갯살을 냄비에 넣고 청주를 조금 부어 살짝 익힌 다음 대합살과 합해 곱게 다진다.
3. 두부를 으깨어 다진 쇠고기, 다진 조갯살과 섞고 소 양념을 넣어 반죽한다.
4. 대합 껍데기 안쪽에 기름과 밀가루를 살짝 묻힌 다음, ③의 소를 채워 표면을 고르게 하고 다시 밀가루를 얇게 묻힌다.
5. ④를 달걀물에 담갔다가 건져 기름 두른 팬에 소 부분이 아래로 가도록 올려 지진다. 완성된 대합구이는 초간장과 함께 낸다.

••• 4_ 소를 넣은 면만 팬에 지지는 것이므로 소 부분만 달걀물을 묻혀요.
5_ 팬에 지져낸 다음 석쇠나 전자레인지에 구우면 속까지 익히기 쉬워요.

새우전유어

새우에 밀가루와 달걀옷을 입혀 노릇하게 지진 전.
새우의 달큰한 감칠맛과 고소한 맛을 함께 느낄 수 있어요.

재료(4인분)

새우(중) 10마리
소금·흰 후춧가루 조금씩
밀가루 1/2컵
달걀 2개
식용유 적당량

초간장
간장·식초·물 1큰술씩
잣가루 조금

1. 새우는 씻어 건져 꼬리 부분만 남겨둔 채 껍질을 벗기고 내장을 빼낸 뒤 등 쪽에 칼집을 넣어 넓게 편다.
2. 손질한 새우는 소금과 후춧가루로 밑간해서 간이 배게 두었다가 밀가루를 고루 묻힌다.
3. 밀가루옷 입힌 새우를 달걀물에 담갔다가 꺼내어 기름 두른 팬에 노릇하게 지진다.
4. 새우전유어를 접시에 담고 초간장을 곁들인다.

••• 1_ 새우 등 마디마디에 가늘고 검은 줄처럼 보이는 내장이 있는데, 이쑤시개로 살짝 꺼내면 잘 빠져나와요.

2_ 밀가루는 앞뒤로 돌려가며 골고루 묻히고 뭉친 곳은 손으로 살살 털어주세요.

홍합초

홍합을 조림장으로 바특하고 윤기나게 조린 볶음이에요.
달달하고 짭조름해서 고급스런 밑반찬으로 준비하면 아주 좋아요.

재료(4인분)

홍합살 1컵
쇠고기 50g
저민 마늘 2쪽분
저민 생강 1쪽분
참기름·잣가루 1작은술씩
후춧가루 조금

조림장
간장 3큰술
물 2큰술
설탕 1큰술

녹말물
녹말가루 1작은술
물 1큰술

1 홍합은 옅은 소금물에 흔들어 씻어 끓는 물에 살짝 데치고, 쇠고기는 한 입 크기로 납작하게 저며 썬다.
2 냄비에 조림장 재료를 모두 넣어 끓이다가 저며 썬 쇠고기를 넣는다.
3 조림장 국물이 바특하게 졸아들면 마늘과 생강을 넣고 홍합을 마저 넣어 볶다가 녹말물을 부어 덩어리지지 않도록 잘 뒤섞는다.
4 참기름과 후춧가루로 맛을 낸 뒤 접시에 담고 잣가루를 솔솔 뿌린다.

••• 1_ 말린 홍합으로 초를 만들어도 맛있어요. 쫄깃하게 씹히는 맛을 원한다면 말린 홍합을 손질해 조림을 하면 됩니다.
3_ 국물이 바특하게 줄었을 때 녹말물을 넣으면 전체적으로 윤기가 생겨요. 참기름 또한 윤기를 더하기 위해 조금 넣어요.

삼색 북어보푸라기

북어포를 솜처럼 부풀려서 셋으로 나눈 후 3가지 색의 양념으로 무친 마른반찬.
부드럽고 고소해 죽이나 미음과 함께 내면 좋답니다.

재료(4인분)

북어포 1마리

소금 양념
소금·참기름 2작은술씩

간장 양념
간장 2작은술
설탕·참기름 1작은술씩
깨소금·후춧가루 조금씩

고춧가루 양념
고춧가루·참기름·소금·설탕 1작은술씩
깨소금 조금

1 북어를 강판이나 분마기에 갈아서 준비한다.
2 각각의 양념 재료를 섞어 3가지 색의 양념을 준비한다. 흰색 양념은 소금으로, 갈색 양념은 간장으로, 붉은색 양념은 고춧가루로 만든다.
3 곱게 살을 부풀린 북어를 3등분해 그릇에 나눠 담고 각각의 양념으로 무친다.
4 3가지 색으로 무친 북어보푸라기를 커다란 접시에 한 줌씩 담는다.

••• 1_ 북어는 살이 통통하게 오른 것이 좋아요. 단단한 것보다 부드럽게 말린 황태가 살이 잘 떨어져요.
3_ 간장 양념으로 무치면 북어의 부피가 다른 것보다 줄어드니 나눌 때 간장 양념 북어살을 조금 넉넉히 준비하는 게 좋아요.

무갑장과

간장에 절인 무를 쇠고기, 표고버섯과 섞어 팬에 볶아낸 숙장아찌.
짭조름한 맛과 아삭한 질감이 잘 어우러진 궁중식 밥반찬이에요.

재료(4인분)

무 1/3개
간장 4큰술
쇠고기 50g
마른 표고버섯 1장
참기름 1작은술
깨소금 조금
미나리 5줄기

고기 양념

간장 1/2큰술
다진 파 2작은술
다진 마늘 1작은술
설탕·깨소금·참기름 1작은술씩
후춧가루 조금

1 무는 4cm 길이의 굵은 막대 모양으로 썬 뒤 간장에 2시간쯤 절여서 물기를 꼭 짠다. 간장물은 따로 받아둔다.

2 쇠고기는 곱게 다지고 표고버섯은 물에 불려 채 썬 다음 합쳐서 고기 양념으로 무친다.

3 미나리는 3cm 길이로 썬다.

4 냄비에 ①의 간장물을 부어 끓이다가 고기와 버섯 양념한 것을 넣는다. 고기가 익고 국물이 자작해지면 무와 미나리, 참기름, 깨소금을 넣고 좀 더 익힌다.

••• 무갑장과 위에 채 썬 석이버섯과 실고추를 고명으로 올려도 좋아요.

오이갑장과

오이는 다진 쇠고기와 함께 볶음을 해도 아삭하고 맛있어요.
오이를 소금에 살짝 절였다가 쇠고기, 표고버섯과 함께 볶으면 가볍게 완성됩니다.

재료(4인분)

오이 2개
다진 쇠고기 50g
마른 표고버섯 2장
참기름·깨소금 1/2큰술씩
소금·실고추 조금씩
식용유 적당량

고기 양념

간장 1/2큰술
설탕·참기름 1작은술씩
다진 파 1/2큰술
다진 마늘 1/2작은술
깨소금·후춧가루 조금씩

1. 오이를 6cm 길이의 막대 모양으로 썬 뒤 씨 부분을 도려내고 소금을 뿌려 20분쯤 절여서 물기를 꼭 짠다.
2. 표고버섯은 물에 불려 갓만 채 썰어 다진 쇠고기와 함께 고기 양념으로 무친다.
3. 달군 팬에 기름을 두르고 절인 오이를 센 불에서 재빨리 볶아 식힌다.
4. 팬에 양념한 쇠고기와 표고버섯을 볶다가 익으면 볶은 오이를 넣어 좀 더 볶고 깨소금과 참기름으로 맛을 더한다.

••• 채소를 장류에 절여 볶은 장아찌를 갑장과 또는 숙장아찌라고 해요. 무나 오이 외에도 미나리, 열무, 배추속대 등 다양한 채소로 만들 수 있어요.

미나리강회

데친 미나리로 쇠고기, 고추, 지단을 감아 초고추장을 곁들이는 숙회입니다.
상큼한 미나리 향이 입맛을 돋우고 색이 화려해서 손님상에 내면 좋아요.

재료(4인분)

미나리 300g
달걀 2개
붉은 고추 2개
잣 1큰술

쇠고기 편육
쇠고기 양지머리 또는 우둔살 150g
대파 1/2뿌리
마늘 1개
물 적당량

초고추장
고추장·식초·설탕 2큰술씩
물 1큰술

1. 미나리는 연한 것으로 골라 잎을 떼고 끓는 물에 데친 뒤 찬물에 헹궈 물기를 꼭 짠다.
2. 쇠고기는 찬물에 담가 핏물을 뺀 뒤 대파와 마늘, 물을 넣어 삶는다. 속까지 완전히 익으면 건져서 1.5×4cm 크기로 납작하게 저민다.
3. 달걀을 흰자와 노른자로 나눠 도톰하게 지단을 부친 뒤 1.5×4cm 크기로 썬다. 고추는 반 갈라 씨를 털어내고 3cm 길이로 굵게 채 썬다.
4. 편육과 황백지단, 붉은 고추를 순서대로 쌓고 데친 미나리로 가운데를 돌돌 만 뒤 접시에 가지런히 담아 초고추장을 곁들인다.

••• '강회'는 데친 채소로 쇠고기와 고추, 지단 등을 돌돌 감아 초고추장에 찍어 먹는 음식을 가리켜요. 미나리강회 외에도 파강회, 두릅회 등이 있어요.

무송송이(숙깍두기)

무를 작게 송송 썰어 데친 다음 고춧가루 양념으로 버무린 궁중 깍두기.
단단하지 않아서 이가 약한 어른들이 드시기에 좋답니다.

재료(4인분)
무 1개(1.5kg)
쪽파 1/4단
미나리 100g

양념
고춧가루 1/2컵
새우젓 1/3컵
다진 마늘 2큰술
다진 생강 1작은술
소금 2큰술
설탕 1큰술

1 무는 껍질째 문질러 씻어 1.5cm 크기의 주사위 모양으로 썬 다음 끓는 물에 반 정도 익혀서 건져 찬물에 헹군다.
2 쪽파와 미나리는 다듬어 씻어 3cm 길이로 자른다.
3 데친 무에 고춧가루로 물을 들인 다음 다진 마늘, 생강, 젓갈, 소금을 넣어 섞는다. 여기에 쪽파, 미나리를 넣어 가볍게 버무린다.
4 설탕을 조금 넣어 맛을 내고 김치통에 담아 익혀서 냉장고에 두고 먹는다.

••• 2_ 겨울에는 무송송이에 제철 재료인 생굴을 넣기도 해요. 굴을 넣으면 맛이 더 풍부해져요.
3_ 고춧가루를 따뜻한 물에 불리면 색이 더욱 선명해져요.

초교탕

닭고기, 도라지, 미나리를 달걀물에 섞어 끓는 육수에 익힌 궁중 닭국이에요.
식초가 들어간 맑은 국물 요리를 초교탕이라고 하는데, 따뜻한 국에는 식초를 빼도 좋아요.

재료(4인분)

닭 1/2마리
생강 1쪽
물 6컵

마른 표고버섯 2장
다진 쇠고기 100g
도라지 50g
미나리 3줄기
소금·참기름 조금씩
밀가루 1/2컵
달걀 1개

닭고기 양념
다진 파 1큰술
다진 마늘 1작은술
참기름·소금 1/2큰술씩
흰 후춧가루 조금

쇠고기 양념
국간장 1/2큰술
다진 파 1큰술
다진 마늘 1작은술
참기름·후춧가루 조금씩

1. 냄비에 닭과 저민 생강을 넣고 물을 부어 푹 삶는다. 익으면 건져서 살을 발라내고 국물은 체에 거른다. 닭고기 살은 잘게 찢어서 닭고기 양념으로 무친다.
2. 말린 표고버섯은 물에 불려 채 썬 뒤 다진 쇠고기와 섞어 양념한다.
3. 도라지는 가늘게 찢어 박박 주물러 씻고 미나리는 끓는 물에 데쳐 3cm 길이로 썬 다음 소금·참기름으로 밑간한다.
4. ②와 ③을 합한 후 밀가루, 달걀을 넣고 고루 섞는다.
5. 닭고기 국물을 끓이다가 ④의 반죽을 숟가락으로 조금씩 떠 넣는다. 익으면 국간장으로 간하고 참기름, 후춧가루로 맛을 낸다.

••• 여름철에는 초교탕 대신 닭국을 차게 식혀서 식초와 깨국물을 섞은 초계탕을 만들어 먹어요.

어알탕

흰 살 생선으로 완자를 빚어 맑은 장국에 띄워 끓인 탕입니다.
모양과 정성이 돋보여 궁중에서는 주로 주안상에 올렸다고 해요.

재료(4인분)
쇠고기(등심) 100g
달걀 1개
실파 1뿌리
국간장 4큰술
물 8컵

쇠고기 양념
국간장 2작은술
다진 파 2작은술
다진 마늘 1작은술
참기름·후춧가루 조금씩

생선 완자
포 뜬 동태 150g
양념(다진 파 2작은술
다진 마늘·참기름 1작은술씩
소금·생강즙·후춧가루 조금씩
녹말가루 1/2컵
잣 1/2큰술)

1 쇠고기는 납작납작 썰어서 양념한 뒤 냄비에 볶는다. 고기가 익으면 물을 붓고 끓인다. 간은 국간장으로 맞춘다.

2 포 뜬 동태는 분마기에 양념과 함께 간 뒤 녹말가루 1큰술을 섞고 잣을 하나씩 넣어 지름 1.5cm 크기의 완자를 빚는다.

3 완자에 녹말가루를 묻혀 젖은 면보자기를 깐 찜통에 찐다.

4 달걀은 황백지단을 부쳐 마름모 모양으로 썰고 실파는 3cm 길이로 썬다.

5 ①의 장국을 끓이다가 완자와 실파를 넣고 좀 더 끓인다. 다 되면 그릇에 담고 지단과 남은 잣을 띄운다.

••• 녹말가루 묻힌 완자를 찬물에 담갔다가 다시 녹말가루를 묻히는 과정을 3번 정도 반복해야 어알의 모양이 단단하게 잡혀요.

애탕

다진 쑥과 다진 쇠고기로 완자를 빚어 맑은 고기장국에 넣어 끓인 국.
쑥의 향이 은은하게 퍼져나와 음식의 깊이가 있어요.

재료(4인분)

쑥 100g
다진 쇠고기 100g
밀가루 2큰술
달걀 1개
쇠고기 국물 6컵
국간장 2큰술
후춧가루 조금
달걀지단(달걀 1개)

완자 양념

소금·참기름 1작은술씩
다진 파 2작은술
다진 마늘 1작은술
후춧가루 조금

1. 연한 쑥을 다듬어 씻어 끓는 물에 데친 뒤 찬물에 헹구고 물기를 꼭 짜 곱게 다진다.
2. 다진 쇠고기와 다진 쑥에 완자 양념을 넣고 주물러 지름 1.5cm의 동그란 완자를 빚는다. 빚은 완자는 밀가루에 굴리고 달걀 푼 물에 담갔다가 건진다.
3. 쇠고기 국물을 끓이다가 ②의 완자를 넣고 더 끓인다. 완자가 떠오르면 국간장으로 간하고 후춧가루를 조금 넣는다.
4. 달걀지단을 부쳐서 탕국 위에 띄운다.

••• 상에 낼 때는 국그릇에 애탕을 담고 황백지단을 마름모 모양으로 작게 썰어 띄우면 좋아요.

어만두

포 뜬 흰 살 생선에 만두소를 넣고 녹말가루를 묻혀 쪄낸 별미 만두입니다.
겨자장에 찍어 먹으면 담백하면서도 깔끔해요.

재료(4인분)

포 뜬 대구 300g

생선 밑양념
소금·흰 후춧가루 조금씩
녹말가루 적당량

만두소
다진 쇠고기(우둔살) 100g
마른 표고버섯 2장
목이버섯 3장

고기 양념
간장 1큰술
설탕 1/2큰술
다진 파 1큰술
다진 마늘 1/2큰술
깨소금·참기름 1작은술씩
후춧가루 조금
숙주 100g
오이 1/4개
소금 조금

1 포 뜬 생선을 7cm 길이로 잘라 소금과 후춧가루로 밑간한다.
2 표고버섯과 목이버섯은 미지근한 물에 불려 곱게 채 썰고, 다진 쇠고기와 섞어 고기 양념으로 무친다.
3 숙주는 머리와 꼬리를 잘라내서 끓는 물에 데쳐 송송 썰고, 오이는 돌려 깎아서 곱게 채 썬 뒤 소금에 절였다가 달군 팬에 살짝 볶는다.
4 ②와 ③에서 준비한 모든 재료를 한데 섞어 소를 만든다.
5 포 뜬 생선의 안쪽에 녹말가루를 묻히고 ④의 소를 올려 돌돌 말아 오므린 다음 겉에 녹말가루를 고루 묻힌다.
6 김이 오른 찜통에 젖은 면보자기를 깔고 어만두를 찐다.

••• 3_ 오이는 속의 씨를 도려내고 겉만 돌려 깎아 썰어야 모양이 깔끔해요.
    6_ 찜통에 젖은 면보자기를 깔아야 만두가 질척하지 않고 서로 달라붙지 않아요.

두부전골

두부소박이와 버섯, 미나리, 무 등 각종 채소를 전골냄비에 돌려 담고
장국을 부어 끓이면서 먹는 담백한 맛의 궁중전골입니다.

재료(4인분)

마른 표고버섯 4장
채 썬 쇠고기 100g
다진 쇠고기 50g
무 1/6개
당근 1/3개
실파 3뿌리
미나리 10줄기
잣·호두 조금씩

두부부침
두부 1모
소금 조금
녹말가루 3큰술
식용유 적당량

고기 양념
국간장 2큰술
다진 파 2큰술
다진 마늘·참기름 1큰술씩
소금·후춧가루 조금씩

전골 국물
물 4컵
국간장 4큰술
소금 조금

1 두부는 3×5cm 크기로 도톰하게 썰어 소금에 살짝 절인다. 물기가 묻어나오면 종이타월로 닦아준다.
2 준비한 두부에 녹말가루를 묻혀서 기름 두른 팬에 앞뒤로 노릇하게 지진다.
3 마른 표고버섯은 미지근한 물에 불려 갓만 채 썬다.
4 고기 양념을 만들어 표고버섯, 채 썬 고기, 다진 고기에 나누어 각각 양념한다.
5 무와 당근은 5cm 길이로 굵게 채 썰고 실파는 5cm 길이로 썬다. 미나리는 10cm 길이로 썰어 끓는 물에 살짝 데친다.
6 지진 두부 사이에 양념한 다진 쇠고기를 넣고 데친 미나리로 묶는다.
7 냄비에 두부묶음과 채 썰어 양념한 쇠고기, 각각의 채소를 예쁘게 돌려 담고 전골 국물을 부은 뒤 소금과 국간장으로 간해 끓이면서 먹는다. 재료가 익으면 잣과 호두를 띄운다.

••• 5_ 숙주나물을 데쳐서 소금, 참기름으로 밑간해 다른 채소와 함께 넣으면 씹는 맛이 좋아져요.

6_ 쇠고기에 두부를 다져 넣고 밀가루를 조금 섞어 반죽하면 끈기가 생겨 두부소박이가 흐트러지지 않아요.

신선로

연회상의 메인 음식. '입을 즐겁게 한다'는 뜻에서 '열구자탕'이라고 불렀답니다.
갖은 채소와 고기, 전 등을 보기 좋게 돌려 담고 육수를 부어 끓이면서 먹는 것이 특징이에요.

재료(4인분)

삶는 재료
쇠고기 사태 150g
무 1/6개
당근 1/3개
대파 1뿌리

고기 양념
국간장 1½큰술
다진 파 1/2작은술
다진 마늘·참기름·후춧가루 조금씩

고기완자
다진 쇠고기 50g
으깬 두부 30g
다진 파 1작은술
다진 마늘 1/2작은술
소금·참기름·후춧가루 조금씩

전 재료
처녑·생선살·미나리 50g씩
달걀 4개(달걀옷 2개, 지단 2개)
밀가루 적당량

마른 표고버섯 2장
마른 홍고추 1/2개
호두 3알
은행 12개
잣 1작은술
식용유 적당량
소금·후춧가루 조금씩

1 사태와 무, 당근은 대파와 함께 삶아 각각 1.5×4cm 크기로 얄팍하게 썬다. 사태는 고기 양념으로 무치고 육수는 따로 둔다.

2 다진 쇠고기는 으깬 두부와 섞어 양념해서 지름 1.2cm의 완자를 빚은 뒤 밀가루·달걀옷을 입혀 기름 두른 팬에 굴리면서 지진다.

3 처녑과 생선살은 손질 후 소금·후춧가루로 간해 밀가루·달걀옷을 입혀 지진다.

4 미나리는 꼬치에 끼워 밀가루·달걀옷을 입혀 지진다.

5 달걀 2개를 흰자와 노른자로 나눠 지단을 부친다.

6 준비한 전은 모두 1.5×4cm 크기로 썬다.

7 표고버섯은 물에 불려 갓만 저며 썰고, 마른 홍고추는 반 갈라 씨를 빼내고 다른 재료와 같은 크기로 썬다. 호두와 은행은 속껍질까지 잘 벗긴다.

8 사태 무친 것을 신선로 아래에 안치고 그 위에 색색의 재료를 가지런히 돌려 담는다. 맨 위에는 고기완자와 호두, 은행, 잣 등을 고명으로 얹고 ①의 육수를 붓는다.

••• **1_** 쇠고기 국물을 우려낼 때 대파 외에 통마늘, 말린 고추, 청주 등을 넣으면 잡내가 사라집니다.
　　3_ 황백지단 외에 한 가지 색을 더 추가해도 좋아요. 흰자에 석이버섯 다진 것을 섞으면 검은색 지단을 만들 수 있어요.

명란두부찌개

명란젓과 두부를 넣고 새우젓으로 간을 해서 끓인 맑은 찌개.
명란젓의 톡톡 터지는 맛이 별미입니다.

재료(4인분)

명란젓 200g
두부 1/2모
실파 4뿌리
붉은 고추 1개
새우젓 2큰술
저민 마늘 2쪽분
소금·참기름 조금씩

1. 명란젓은 먹기 좋은 크기로 토막을 내고 두부는 사방 1.5cm 정도의 주사위 모양으로 썬다. 실파는 4cm 길이로 썰고, 고추는 씨를 털고 채 썬다.
2. 냄비에 물을 붓고 끓이다가 소금과 새우젓, 저민 마늘을 넣어 간한다.
3. 끓는 국물에 두부와 명란젓을 넣고 재료가 익어 떠오르면 고추와 실파를 넣는다. 불을 끄고 참기름 몇 방울을 떨어뜨린다.

••• 명란젓찌개처럼 맑은 찌개는 국간장을 넣으면 국물의 색이 탁해지므로 국간장 대신 소금으로 간을 맞추는 것이 좋아요.

굴두부조치

궁중에서는 맑은 찌개나 국을 '조치'라고 했어요.
굴의 담백한 맛이 우러난 굴두부조치는 대표적인 맑은 찌개입니다.

재료(4인분)

굴 200g
소금 1큰술
두부 1/2모
실파 4뿌리
붉은 고추 1개
저민 마늘 2쪽분
새우젓·참기름 조금씩

1 굴은 옅은 소금물에 흔들어 씻어 건지고 두부는 1.5cm 정도의 주사위 모양으로 썬다. 실파는 4cm 길이로 썰고, 고추는 씨를 털고 채 썬다.

2 냄비에 물을 붓고 끓이다가 저민 마늘을 넣고 소금과 새우젓으로 간 한다.

3 국물이 끓을 때 두부를 넣고 익으면 굴과 고추를 넣는다. 굴이 익어 떠오르면 실파를 넣고 좀 더 끓이다가 불을 끄고 참기름을 넣는다.

••• 굴은 너무 익히면 단단해져서 맛이 없어요. 두부를 먼저 익히고 마지막에 굴을 넣어야 굴의 부드러운 맛을 살릴 수 있어요.

절미된장조치

쇠고기와 버섯을 볶다가 물을 붓고 바특하게 끓인 된장찌개.
짭짤하면서도 구수한 맛이 대단히 맛있다고 '절미'라는 이름이 붙었답니다.

재료(4인분)
쇠고기 100g
두부 1/2모
마른 표고버섯 2장
풋고추 2개
붉은 고추 1개
대파 1/2뿌리
된장 2큰술
고춧가루 1/2큰술
물 2컵

고기 양념
간장 1큰술
다진 파 1큰술
다진 마늘 1작은술
참기름·후춧가루 조금씩

1

1 쇠고기는 먹기 좋은 크기로 썰어 고기 양념으로 무친다.

2 두부는 깍둑 썰고, 표고버섯은 물에 불려 기둥을 떼고 저며 썬다. 버섯 불린 물은 따로 둔다. 풋고추와 붉은 고추는 송송 썬다.

3 뚝배기에 양념한 고기와 표고버섯을 볶다가 버섯 불린 물과 찬물 2컵을 붓고 된장을 덩어리지지 않게 풀어 끓인다.

4 국물이 한소끔 끓으면 두부, 고추, 파와 고춧가루를 넣고 불을 줄여서 오랫동안 서서히 끓인다.

••• 3_ 된장 덩어리가 뜨지 않게 하려면 된장을 체에 걸러 풀어주세요.
    4_ 찌개가 너무 짤 경우 밀가루 풀이나 감자 간 것, 두부 으깬 것을 넣으면 더 맛있어요.

오이감정

'오이지지미'라고도 불리는 고추장찌개.
오이와 양념한 쇠고기를 섞고 국물을 자작하게 해서 끓이면 상큼한 오이 향이 나요.

재료(4인분)
오이 1개
쇠고기 100g
고추장 3큰술
된장 1작은술
물 3컵
풋고추 4개
붉은 고추 1개
대파 1뿌리
다진 마늘 2작은술
소금 조금

고기 양념
국간장·다진 마늘 1작은술씩
참기름·후춧가루 조금씩

1 오이는 소금으로 문질러 깨끗이 헹군 다음 돌려가며 삼각 모양으로 도톰하게 썬다. 고추는 어슷 썰어 씨를 털고, 파는 어슷하게 썬다.
2 준비한 재료를 모두 섞어 고기 양념을 만든다.
3 쇠고기를 납작하게 썰어 양념으로 무쳐서 냄비에 달달 볶는다.
4 ③에 물을 붓고 고추장과 된장을 풀어 한소끔 끓인다. 국물이 우러나면 오이와 고추, 파, 다진 마늘을 넣고 좀 더 끓이다가 소금으로 간을 조절한다.

••• 오이가 너무 익으면 물컹해서 맛이 없어요. 오이가 살짝 익을 정도로만 끓여야 아삭한 맛이 살아납니다.

골동반

고슬고슬한 밥과 삼색나물, 생선전, 볶은 쇠고기 등을 고루 섞어 약고추장으로 비빈 밥.
'골동'이라는 말 그대로 갖은 재료의 맛이 잘 어우러진 한 그릇 음식입니다.

재료(4인분)

흰밥 4공기
쇠고기 200g
마른 표고버섯 4개
생선전 3조각
달걀 1개
오이나물 50g
고사리나물 50g
도라지나물 50g
다시마 10×10cm 2장
약고추장 적당량

고기 양념

간장 3큰술
설탕 1큰술
다진 파 2큰술
참기름·깨소금 1큰술씩
후춧가루 조금

1. 쇠고기는 가늘게 채 썰고 표고버섯은 미지근한 물에 불려 갓만 채 썬 뒤 함께 양념을 해서 팬에 볶는다.
2. 노릇하게 지진 생선을 준비하고, 나물은 색이 겹치지 않는 삼색나물로 준비한다.
3. 달걀은 노른자와 흰자로 나눠 얇게 지단을 부친 뒤 가늘게 채 썬다. 다시마는 젖은 행주로 닦은 뒤 기름에 바삭하게 튀겨 곱게 부순다.
4. 따뜻한 밥에 쇠고기 표고버섯볶음을 넣고 고루 섞어 그릇에 담고 생선전과 삼색나물, 채 썬 달걀지단, 다시마튀각을 올린 뒤 약고추장을 얹는다.

••• 오이는 소금에 절여 물기를 뺀 다음 살짝 볶고 고사리와 도라지는 소금과 참기름으로 양념해 담백하게 볶아서 준비합니다.

골동면

삶은 소면에 볶은 고기와 버섯을 넣고 간장 양념으로 버무린 비빔국수.
여러 가지 재료를 섞어 만들어 '골동면'이라는 이름이 붙었어요.

재료(4인분)

소면 300g
쇠고기 100g
마른 표고버섯 3장
오이 1개
달걀 2개
소금·식용유·실고추 조금씩

양념장
간장·참기름 4큰술씩
깨소금 1큰술
설탕 1/2큰술

1. 쇠고기는 가늘게 채 썰고 표고버섯은 미지근한 물에 불려 갓 부분만 썬 뒤 양념장을 조금 덜어 무쳐서 팬에 볶는다.
2. 오이는 돌려 깎아 곱게 채 썰고 소금에 살짝 절여서 물기를 꼭 짠 다음 기름 두른 팬에 볶는다.
3. 달걀은 흰자와 노른자로 나누어 얇게 지단을 부쳐 곱게 채 썬다.
4. 끓는 물에 소면을 삶아 찬물에 헹군 뒤 사리를 지어 체에 밭쳐둔다.
5. 삶은 국수를 남은 양념장으로 먼저 버무린 뒤 그릇에 담고 쇠고기, 표고버섯, 오이볶음, 달걀지단을 올린다.

••• 비빔국수는 먹기 직전에 면을 삶아 무치는 게 가장 좋아요. 간장 양념 대신 새콤달콤한 고추장 양념으로 비벼도 맛있답니다.

난면

밀가루에 달걀을 섞어 반죽한 국수를 고기장국에 끓인 따끈한 온면.
물 대신 달걀을 넣고 빚어 면발이 부드럽고 쫄깃해요.

재료(4인분)

호박 1/2개
석이버섯 2장
달걀지단 1개분
식용유 적당량
국간장·소금·실고추 조금씩

면 반죽
밀가루 2컵
달걀 1⅓개
소금 조금

쇠고기 국물
쇠고기(양지머리) 200g
물 10컵
대파 1/2뿌리
통마늘 3개
통후추 조금

1 밀가루와 소금, 달걀을 비율대로 배합해 면 반죽을 한다. 여러 번 치대서 찰기가 생기면 밀대로 얇게 밀어 가늘게 채 썬다.

2 호박은 돌려 깎아 채 썬 뒤 소금에 살짝 절였다가 꼭 짜써 기름에 볶는다. 석이버섯은 뜨거운 물에 불렸다가 채 썰고, 달걀은 황백의 지단을 부쳐 채 썬다.

3 쇠고기는 끓는 물에 대파, 통마늘, 통후추와 함께 푹 삶아 국간장으로 간한다. 익힌 고기는 얇게 저며 썰고 국물은 체에 거른다.

4 끓는 물에 면을 삶아 찬물에 여러 번 헹군 뒤 체에 받쳐 물기를 뺀다.

5 그릇에 삶은 면을 담고 편육과 볶은 호박, 석이버섯, 지단, 실고추를 얹은 다음 쇠고기 국물을 붓는다.

••• 재료 준비할 동안 쇠고기 국물이 식었다면 다시 한소끔 끓여서 부어요. 쇠고기 대신 꿩고기로 국물을 내기도 합니다.

규아상

'미만두'라고도 불리는 규아상은 궁중의 수라상에 오르던 여름철 별미 만두입니다.
채 썬 오이를 넣어 상큼한 맛이 나고 아삭아삭 씹는 맛이 식욕을 돋워요.

재료(4인분)

소 재료
다진 쇠고기 100g
마른 표고버섯 3장
오이 2개
소금 조금

고기 양념
간장·참기름 1큰술씩
설탕 1/2큰술
다진 파 2작은술
다진 마늘 1작은술
깨소금·후춧가루 조금씩

만두피
밀가루 2컵
물 6큰술
소금 조금

1. 밀가루에 물과 소금을 넣고 반죽한 뒤 밀대로 밀어 지름 8cm 크기로 동그랗게 자른다.
2. 표고버섯은 물에 불려 채 썬 뒤 다진 쇠고기와 함께 양념해서 팬에 볶는다. 오이는 돌려 깎아 곱게 채 썬 뒤 소금에 절여 물기를 짜고 팬에 볶는다.
3. 재료를 섞어 소를 만들어 만두피 가운데에 올리고 물을 묻혀가며 오므린 다음 엄지와 검지로 여러 번 집어 주름을 잡는다.
4. 김이 오른 찜통에 면보자기를 깔고 ③의 만두를 안쳐 10분 정도 찐 다음 초간장과 함께 낸다.

••• 3_ 만두는 모양에 따라 이름이 달라요. 쪼글쪼글하게 주름을 잡은 만두가 규아상, 석류 모양으로 빚으면 석류만두, 골무처럼 빚으면 골무만두라고 부릅니다.
4_ 찜통에 쪄낸 규아상은 참기름을 발라 달라붙지 않게 해요.

궁중유자화채

가을이 제철인 시원한 배와 새콤한 유자로 만든 궁중 화채.
마시고 나면 입안에 향이 오래 머물러 기분이 좋아지는 음료입니다.

재료(4인분)

유자 1개
배 1/2개

화채 국물
물 5컵
설탕 1컵
석류 1/2개
잣 1큰술

1. 유자는 깨끗이 씻어 4등분한 다음 껍질을 벗긴다. 유자 과육과 껍질을 따로 준비한다.
2. 유자 과육에서 씨를 빼낸 다음 설탕 1컵에 절이고, 껍질은 가늘게 채 썬다.
3. 배는 껍질을 벗기고 속을 도려낸 다음 가늘게 채 썬다. 석류는 알맹이를 하나씩 떼어낸다.
4. 끓여서 식힌 물이나 생수에 설탕을 넣고 잘 녹여서 화채 국물을 만든다.
5. 화채 그릇에 유자 과육과 채 썬 유자껍질, 배를 보기 좋게 담고 준비한 화채 국물을 붓는다.
6. 랩을 덮어 냉장고에 차게 식혔다가 유자향이 나면 꺼내서 작은 그릇에 담는다. 작은 그릇에 담을 때는 석류 알맹이와 잣을 띄운다.

••• 늦가을 수확한 유자를 채 썰어 설탕에 절이면 유자청이 완성됩니다. 유자청은 뜨거운 물을 부어 차로 즐길 수 있고, 여름에는 시원한 설탕물을 부어 화채를 만들어도 좋아요. 요리를 할 때 꿀이나 설탕 대신 넣어 단맛을 내기도 합니다.

서여향병

서여향병은 마를 이용해서 만든 전통 병과입니다.
마에 꿀과 찹쌀가루를 입혀 지져내 사각거리면서도 달콤한 맛이 일품이에요.

재료(4인분)

마 300g
꿀·찹쌀가루 1/2컵씩
식용유 적당량
잣가루 1/2컵

1 마를 깨끗이 씻어 껍질을 벗긴 다음 0.5cm 두께로 동그랗게 썬다.
2 동글동글 도톰하게 썬 마를 김이 오른 찜통에 젖은 면보자기를 깔고 그대로 안쳐 10분 정도 찐다.
3 쪄낸 마를 20분간 꿀에 재웠다가 찹쌀가루를 묻힌다.
4 기름 두른 팬에 앞뒤로 노릇하게 지져서 접시에 담고 잣가루를 솔솔 뿌린다.

••• 잣가루 대신 팥고물이나 콩고물 등 다양한 고물을 묻혀도 맛이 좋아요.

마찜

곱게 간 마와 다진 버섯, 송송 썬 실파를 섞어 찜통에 쪄낸 마찜.
마는 위를 보호하고 속을 편안하게 해 꾸준히 먹으면 보약이 따로 없다고 해요.

재료(4인분)

마 400g
마른 표고버섯 2장
실파 2뿌리

양념장
간장 1/2큰술
참기름 1큰술
물 4큰술
다진 마늘 1/2작은술
소금 조금

1. 마는 껍질을 벗기고 물에 헹군 뒤 강판에 곱게 간다.
2. 마른 표고버섯은 따뜻한 물에 불린 뒤 갓만 굵직하게 다진다. 실파는 송송 썬다.
3. 곱게 간 마와 버섯, 실파를 한데 넣고 물을 부어 섞은 뒤 나머지 양념 재료를 모두 넣어 다시 한번 섞는다.
4. 섞은 찜 재료를 뚜껑이 있는 찜기에 담아 김이 오른 찜통에 10분 정도 익힌다.

••• 마의 미끄러운 점액에 알레르기를 유발하는 성분이 있다고 해요. 마를 손질할 때는 꼭 비닐장갑을 끼도록 하세요.

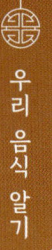
우리 음식 알기

특별한 날의 별미, 궁중음식

우리 역사에서 음식문화가 가장 발달했던 곳은 바로 궁궐이죠. 특히 조선시대의 궁중음식은 문헌으로 잘 전해져 현대 상차림에도 많이 응용됩니다. 임금님 상에 오르던 음식들로 특별한 날 별미요리를 준비해보세요.

궁중에서는 이른 아침에 초조반상, 점심의 낮것상, 아침과 저녁에 수라상을 올렸다. 수라상은 찬이 12가지 정도 올라가는 반상으로 밥 2가지, 탕 2가지, 조치 2가지, 전골 1가지 외에 장류와 구이 종류, 편육, 생채, 마른 반찬, 젓갈 등을 3개의 상에 차린다.

궁중음식의 기본, 주식·반찬·후식

주식 수라상에 올릴 주식으로는 흰 쌀밥과 팥밥, 오곡밥 중 2개를 선택한다. 초조반상이나 낮것상에는 잣죽, 흑임자죽, 콩죽, 장국죽, 타락죽 등을 올리고 조미음, 대추미음, 속미음 등을 내기도 한다. 손님이 왔을 때는 열무냉면과 온면, 비빔국수, 콩국수, 편수, 규아상, 떡국 등을 계절에 맞게 준비한다.

반찬 김치를 기본으로 생채, 숙채를 고루 준비한다. 버섯·해조류·채소를 섞어 탕과 조치, 전골, 찜 요리를 한다. 전이나 적을 만들 때도 각종 재료를 고기나 생선과 섞어서 지진다. 고기나 생선은 굽거나 쪄도 좋고 찌개나 국물요리에 넣기도 한다.

후식 궁중 연회나 손님상에 내놓는 음식. 떡과 과자, 음료, 차 등이 해당된다. 떡은 찌는 떡과 치는 떡, 지지는 떡으로 나뉜다. 백설기와 시루떡, 송편 등은 찌는 떡에 속하고 인절미나 가래떡, 절편 등은 치는 떡에 속한다. 지지는 떡으로 주악과 화전, 전병 등이 있다. 음료는 오미자나 수박, 유자 같은 새콤달콤한 화채와 녹차, 계피차 등이 있다.

대표적인 궁중요리 5가지

신선로 신선로에 저민 고기와 전, 여러 채소를 색 맞춰 안치고 고기완자, 지단, 표고버섯, 호두, 은행, 밤, 잣 등을 얹은 다음 장국을 붓고 끓이면서 먹는 음식. 잔칫날이나 명절에 궁중에서 마련했던 탕이다.

구절판 주안상에 자주 올라가던 요리. 아홉 칸으로 나뉜 찬합과 그 찬합에 담아내는 음식을 통틀어 가리킨다. 둘레의 여덟 칸에 고기와 버섯, 채소 등 여덟 가지 음식을 색색으로 담고, 가운데 둥근 칸에는 얇게 부친 밀전병을 담아 음식을 전병에 싸 먹는다.

전복초 마른 전복을 물에 불려서 간장과 꿀, 기름으로 조린 뒤 잣가루를 뿌려 내는 음식으로 궁중에서 밑반찬이나 술안주로 이용했다. 요즘에는 폐백 음식으로 올리는 경우가 많다.

섭산적 쇠고기를 잘게 다져서 갖은양념을 하고 모양을 빚어 석쇠에 구운 음식. 이것을 다시 네모지게 썰어 간장에 조린 밑반찬을 장산적이라고 한다.

유자화채 동짓날 임금님에게 귤과 함께 올렸던 과일이 바로 유자다. 새콤한 유자와 단맛 나는 배를 먹기 좋은 크기로 썰어 섞은 다음 설탕으로 단맛을 낸 화채 국물을 부어 시원하게 즐긴다.

수라상에 올리는 기본 메뉴

기본 음식
첩에 포함되지 않는 기본 음식으로 밥 외에 국과 찌개, 찜, 김치, 장류 등을 각각에 맞는 용기에 담는다.

밥_ 흰밥, 팥밥, 오곡밥 (2가지)
국_ 미역국, 곰탕, 설렁탕, 육개장, 어알탕, 북어국, 초교탕, 배추속대국, 콩나물국 (2가지)
찌개_ 절미된장조치, 두부젓국조치, 김치찌개, 생선찌개 (2가지)
찜_ 갈비찜, 닭찜, 도미찜, 대하찜, 어만두, 양배추찜, 떡찜, 떡볶이, 무왁저지 (1가지)
전골_ 신선로, 버섯전골, 두부전골, 생선전골, 고기전골 (1가지)
김치·깍두기_ 배추김치, 열무김치, 나박김치, 섞박지, 장김치, 동치미, 송송이, 보쌈김치 (3가지)
장_ 국간장, 초간장, 초고추장, 겨자 소스 (3가지)

찬품
12첩에 속하는 반찬 종류로, 기본 음식을 제외한 나머지 찬이다. 구이나 전, 편육, 나물, 생채·숙채, 젓갈, 마른 찬, 회, 수란 등을 쟁첩에 담는다.

육류·어류 구이(더운 구이)_ 너비아니, 섭산적, 화양적, 누름적, 닭산적, 대합구이
채소 구이(찬 구이)_ 송이산적, 파산적, 두릅적, 김치적, 더덕구이, 김
전유어(전)_ 굴전, 파전, 풋고추전, 호박전, 가지전, 김치전
편육_ 돼지머리 편육, 양지머리 편육, 우설편육
숙채(나물)_ 고사리나물, 도라지나물, 시금치나물, 숙주나물, 잡채, 구절판, 미나리강회
생채_ 삼색무생채, 겨자채, 죽순채, 묵채
조림_ 쇠고기장조림, 장똑똑이, 홍합초, 생선조림, 두부조림, 감자조림, 고추조림
장아찌_ 무갑장과, 오이갑장과, 송이장아찌, 산초장아찌, 풋고추장아찌
젓갈_ 새우젓, 조개젓, 가자미식해, 꼴뚜기젓, 멸치젓, 어리굴젓, 명란젓
마른 찬_ 약포(쇠고기 포), 마른 오징어, 포쌈, 김자반, 미역자반, 다시마튀각, 매듭자반, 김부각, 콩자반
별찬_ 육회, 생선회, 어채, 죽순회, 두릅회
별찬_ 수란

5장

건강음식

음식에는 다양한 영양소가 들어있어 재료의 특성을 잘 살려 조리하면 건강에 도움이 됩니다. 도라지나 쑥, 황기 등의 약재는 물론이고 일상적으로 자주 접하는 채소와 곡물로도 몸을 이롭게 하는 건강음식을 만들 수 있어요. 원기를 높여주는 보양요리와 다양한 효능이 있는 건강요리를 배워보세요.

삼계탕

여름철, 약해진 기운을 보충하기 위해 삼계탕을 끓여 먹곤 합니다.
영계 안에 찹쌀, 수삼, 마늘, 대추 등을 넣고 푹 끓여 구수하고 진한 국물 맛이 나요.

재료(4인분)

영계(500g) 4마리
물 20컵

닭 속에 채우는 재료
찹쌀 2컵
수삼 4뿌리
밤·은행 4개씩
대추 10개
마늘 12쪽

1. 닭은 흐르는 물로 속을 깨끗이 씻어내고 꼬리 쪽의 노란 기름덩어리는 잘라낸다.
2. 찹쌀은 찬물에 2시간 정도 불린 뒤 체에 밭쳐 물기를 뺀다.
3. 수삼과 대추는 솔로 문질러 씻고 밤과 마늘은 속껍질까지 벗긴다. 은행은 팬에 살짝 볶아 껍질을 벗긴다.
4. 닭 뱃속에 찹쌀을 한 숟가락 넣고 수삼과 밤, 대추, 은행, 마늘을 채워 넣는다. 남은 찹쌀은 거즈 주머니에 넣어 같이 끓이거나 찹쌀밥을 따로 짓는다.
5. 냄비에 닭을 안치고 물을 부어 끓인다. 센 불에서 한소끔 끓이다가 불을 줄이고 무르게 퍼지도록 40분 정도 끓인다.

••• 3_ 은행은 마른 팬에 살짝 볶아서 뜨거울 때 껍질을 벗겨야 해요. 열기가 식지 않은 은행을 종이타월에 놓고 살살 비비면 껍질이 쉽게 벗겨져요.
   4_ 끓이는 도중에 닭 속에 있는 재료가 빠져나오지 않게 하려면 벌어진 부분을 꼬치로 꿰거나 실로 꿰매줘야 해요. 다리를 서로 엇갈리게 꼬아서 끓여도 찹쌀밥이 잘 빠져나오지 않아요.

장어구이

몸에 좋은 불포화지방산이 풍부한 고단백 영양 식품이에요.
애벌구이 한 장어에 양념을 발라 구우면 체력 보강에 도움이 됩니다.

재료(4인분)

장어 4마리
생강 1쪽
마늘 4쪽

기름장

간장 1큰술
식용유 2큰술

매운 양념

붉은 고춧가루 1컵
고추장 1/4컵
간장·청주·소금 2큰술씩
설탕·물엿 1큰술씩
다진 파 2큰술
다진 마늘 1큰술
다진 생강 1작은술

1   장어는 등 쪽에 칼집을 넣어 한 장으로 편 다음 내장과 뼈를 발라내고 껍질 쪽에 칼집을 넣어준다.

2   생강은 곱게 채 썰어 물에 담갔다가 건지고, 마늘은 얇게 저며 썬다.

3   손질한 장어에 기름장을 발라 애벌구이 한다.

4   애벌구이 한 장어에 양념장을 발라가며 앞뒤로 굽는다.

5   구워진 장어는 접시에 먹기 좋은 크기로 잘라 가지런히 담고 생강채와 저민 마늘을 곁들인다.

••• **3_** 애벌구이 할 때는 석쇠나 에어프라이어에 굽는 것이 좋아요. 에어프라이어에 구울 때는 철망 위에 무거운 것으로 눌러줘야 장어가 익으면서 도르르 말리는 것을 막을 수 있습니다.

    4_ 장어구이는 매운 양념 외에도 간장 양념, 소금구이 등 다양한 맛으로 즐길 수 있습니다. 간장 양념은 간장과 설탕, 청주를 2:1:1로 비율로 섞어 만들고 소금구이는 담백하게 소금을 뿌려가며 구워서 참기름에 찍어 먹으면 좋아요.

육개장

얼큰하고 진하게 끓인 육개장 한 그릇이면 체력을 보충하는 데 그만이죠.
고기와 나물 등 영양의 균형이 잡혀 있어 한 그릇만 먹어도 속이 든든해요.

재료(4인분)
쇠고기 양지머리 300g
물 8컵
대파 2뿌리
통마늘 1통
청주 1큰술
숙주·고사리·토란대 50g씩
달걀 1개
소금·후춧가루 조금씩

무침 양념
고추장 1큰술
고춧가루·참기름 2큰술씩
국간장 4큰술
다진 파 1큰술
다진 마늘 1작은술

1. 쇠고기 양지머리는 큼직하게 잘라 핏물을 뺀 다음 끓는 물에 대파, 통마늘, 청주와 함께 삶는다.
2. 숙주는 끓는 물에 데쳐 찬물에 헹구고, 고사리와 토란대는 삶아서 4cm 길이로 자른다. 대파는 푸른 잎만 잘라서 끓는 물에 데친 뒤 찬물에 헹궈놓는다.
3. 양념 재료를 한데 섞어 무침 양념을 만든 뒤 반쯤 덜어 고기를 무치고 나머지로 손질한 나물을 무친다.
4. 냄비에 양념한 고기와 나물을 넣고 양지머리 삶은 국물을 부어 푹 끓인다. 중간 불에서 30분쯤 끓인 뒤 소금과 후춧가루로 간한다.

••• 육개장은 국물이 겉돌면 맛이 없어 보여요. 고기와 나물을 양념으로 무쳐서 끓이면 국물이 잘 어우러져 맛있습니다.

불낙전골

불고기와 매콤한 낙지를 전골냄비에 돌려 담아 끓이면서 먹는 음식입니다.
불고기와 해물, 버섯이 어우러져 시원하면서도 감칠맛이 나요.

재료(4인분)

낙지 4마리
쇠고기 200g

느타리버섯·숙주·쑥갓 100g씩
양파·풋고추·붉은 고추 1개씩
대파 1뿌리
물 4컵
국간장 적당량
소금 조금

낙지 양념
고춧가루 5큰술
고추장 2큰술
간장·설탕·다진 파 1큰술씩
다진 마늘 1/2큰술
다진 생강·청주·깨소금·참기름 1큰술씩

쇠고기 양념
간장 1큰술
설탕 1/2큰술
다진 파 1작은술
참기름·깨소금·후춧가루 조금씩

1. 낙지는 굵은소금을 뿌려 주물러 씻고 여러 번 헹군 뒤 4~5cm 길이로 썬다. 쇠고기는 먹기 좋은 크기로 썬다.
2. 느타리버섯은 길이로 두세 번 찢고 숙주는 머리를 떼어내고 씻는다. 양파는 반 갈라 채 썰고 고추, 대파는 어슷 썬다. 쑥갓은 4~7cm 길이로 자른다.
3. 쇠고기와 낙지는 각각의 양념으로 무쳐 둔다.
4. 전골냄비에 느타리버섯과 숙주, 양파를 돌려 담고 양념한 쇠고기와 낙지를 올린 뒤 물 4컵을 붓고 국간장으로 간을 해서 끓인다.
5. 전골이 끓으면 고추와 대파, 쑥갓을 올리고 부족한 간은 소금으로 맞춘다.

••• 1_ 낙지는 소금을 뿌려 주물러가며 씻고 찬물에 여러 번 헹구면 미끌거리는 성분을 없앨 수 있어요.
4_ 양념한 고기를 먼저 익히다가 낙지를 넣으면 낙지가 질겨지지 않아요. 낙지 대신 오징어나 주꾸미를 넣어도 좋아요.

전복찜

전복은 면역력을 강화하고 간을 보호하는 효능이 있어 예로부터 보양식품으로 꼽혀왔어요.
몸에 좋은 전복에 쇠고기와 표고버섯, 은행 등을 넣고 찜을 해 맛과 영양을 높였습니다.

재료(4인분)

전복 4개
쇠고기 100g
표고버섯 4개
국간장 1큰술
물 2컵

무침 양념

간장 1큰술
설탕 1/2큰술
다진 파 2작은술
다진 마늘 1작은술
깨소금·참기름 1작은술씩
후춧가루 조금

고명

은행 12개
잣 1작은술
달걀 1개

1 전복을 솔로 문질러 씻은 다음 숟가락으로 살을 떼어 사선으로 칼집을 넣는다.

2 쇠고기는 납작하게 저며 썰고 표고버섯은 불려서 갓만 넓적하게 저며 썬 다음 무침 양념으로 무친다.

3 양념한 쇠고기와 표고버섯을 냄비에 담고 전복을 올린 뒤 물을 붓고 국간장을 넣어 끓인다. 재료가 끓어오르면 불을 약하게 줄여 서서히 끓인다.

4 은행은 팬에 볶아 종이타월로 비벼서 껍질을 벗기고, 잣은 고깔을 뗀다. 달걀은 황백지단을 부쳐 마름모꼴로 썬다.

5 전복이 무르게 익으면 은행을 얹고 잠시 후 김이 오르면 그릇에 담는다. 마지막에 잣과 지단을 올린다.

••• 전복을 말랑하게 만들려면 약한 불에서 오랜 시간 조려야 해요. 압력솥에 쪄도 좋아요.

전복죽

원기 회복을 돕는 전복으로 죽을 끓이면 입맛도 돋울 수 있고 소화도 잘 된답니다.
전복을 얇게 저며 썬 다음 참기름에 볶다가 쌀과 함께 끓여보세요.

재료(4인분)

전복 3개
불린 쌀 2½컵
물 15컵
참기름 1큰술
소금 조금

1 전복은 숟가락으로 살을 떼어낸 뒤 솔로 문질러 깨끗이 씻고 얇게 저며 썬다.
2 뜨겁게 달군 팬에 참기름을 두르고 전복을 넣어 볶는다. 전복이 살짝 익으면 불린 쌀을 넣고 좀 더 볶는다.
3 물을 붓고 나무주걱으로 잘 저어가며 끓이다가 불을 약하게 줄이고 30분 정도 끓인다.
4 쌀알이 푹 퍼지도록 끓인 다음 입맛에 맞게 소금을 넣는다.

••• 1_ 전복 내장을 죽에 넣어도 맛있어요. 내장을 터지지 않게 따로 떼어 끓는 물에 살짝 데쳐서 죽에 넣으면 됩니다.
   4_ 따로 간하지 않고 소금이나 간장을 종지에 담아 곁들이는 게 좋아요.

잣죽

곱게 간 멥쌀과 잣을 섞어 부드럽고 고소하게 끓인 죽.
어린이 건강식이나 몸이 약하고 입맛 없을 때 보양식으로 준비하면 좋아요.

재료(2인분)

불린 멥쌀 1컵
잣 1/2컵
물 6컵
소금 조금

1   쌀은 물에 5시간 정도 불려서 믹서에 물과 함께 넣어 곱게 간다.
2   잣은 고깔을 정리한 다음 믹서에 물과 함께 넣어 곱게 간다.
3   돌솥에 곱게 간 쌀을 넣고 끓이다가 ②의 잣즙을 넣는다. 멍울이 지지 않게 나무주걱으로 잘 저으면서 끓인다.
4   색이 투명해지고 죽이 잘 어우러지면 불을 끄고 그릇에 담은 뒤 입맛에 맞게 소금을 곁들인다.

••• 1_ 멥쌀과 잣을 섞어서 갈면 죽에 점성이 생기지 않고 묽은 국처럼 되니 반드시 따로 갈아서 준비하세요.
4_ 그릇에 담을 때 잣이나 호두 등을 고명처럼 얹으면 모양도 좋고 씹는 즐거움도 있어요.

콩죽

흰콩을 삶아서 곱게 간 뒤 고슬고슬한 밥을 넣고 은근한 불에서 끓인 죽.
한 끼 식사도 되고 콩의 고소한 맛이 느껴져 더욱 맛있어요.

재료(4인분)

콩물
대두(흰콩) 4컵
물 30컵

쌀밥
불린 쌀 2컵
물 3컵

1 콩은 깨끗이 씻어서 하룻밤 정도 물에 불린 뒤 살짝 삶는다. 삶은 콩은 찬물에 담가 손으로 비벼가며 껍질을 벗긴다.
2 껍질 벗긴 콩을 믹서에 넣고 물과 함께 간다.
3 불린 쌀에 물 3컵을 부어 흰쌀밥을 짓는다.
4 곱게 간 콩물을 냄비에 넣고 나무주걱으로 저어가며 끓인다.
5 끓는 콩죽에 ③의 밥을 넣고 푹 퍼질 때까지 끓인다.

••• 3_ 밥을 지어 죽을 끓이는 대신 쌀을 곱게 갈아서 콩 간 것과 섞기도 합니다.
  4_ 죽이 다 되면 소금으로 간을 하는데, 뜨거울 때 소금을 넣으면 두부처럼 뭉쳐 덩어리가 생기기 쉬우니 한 김 식힌 후 섞는 게 좋아요.

검은깨죽

검은깨와 쌀을 곱게 갈아서 체에 내려 부드럽게 끓이는 고소한 검은깨죽.
흑임자죽이라고도 하며 흰머리를 검게 하고 탈모를 예방해준다고 알려져 있어요.

재료(4인분)

쌀 1컵
볶은 검은깨 1/2컵
물 6컵
소금·설탕 조금씩

1. 쌀을 물에 충분히 불린 뒤 물과 함께 믹서에 곱게 간다. 검은깨도 물을 넣고 믹서에 간다.
2. 믹서에 간 쌀과 검은깨를 각각 체에 내려 고운 입자만 받는다.
3. 곱게 간 쌀에 물 6컵을 붓고 나무주걱으로 잘 저어가며 끓인다.
4. 한소끔 끓어오르면 검은깨를 넣고 좀 더 끓인 뒤 불을 약하게 줄여 뭉근하게 끓인다. 다 되면 그릇에 담고 입맛에 따라 소금과 설탕을 곁들인다.

••• 검은깨죽은 부드럽게 끓이는 것이 중요해요. 검은깨를 곱게 갈아서 체에 내리면 까끌까끌한 깨 껍질이 남지 않아요.

녹두죽

녹두는 몸속의 열을 식히고 떨어진 입맛을 되살려주는 것으로 알려져 있어요.
더운 여름날 건강식으로 만들면 좋답니다.

재료(2인분)

녹두 1컵
물 25컵
불린 쌀 1컵
소금 1½큰술

1 녹두를 깨끗이 씻은 뒤 물 15컵을 부어 녹두가 푹 퍼질 때까지 삶는다. 녹두 알갱이가 푹 퍼지면 불을 끈다.

2 삶은 녹두는 체에 쏟아서 물기를 뺀 다음 주걱으로 눌러가며 내린다. 체 위에 남은 껍질을 잘 주물러 남은 알갱이를 다 빼낸다.

3 으깬 녹두에 물 10컵을 붓고 나무주걱으로 저어가며 끓이다가 불린 쌀을 넣고 쌀알이 푹 퍼질 때까지 끓인다.

4 죽이 다 되면 소금으로 간을 맞춘다.

••• 1_ 녹두를 삶을 때 압력밥솥을 이용하면 시간을 단축할 수 있어 편해요.
   2_ 녹두는 지나치게 곱게 으깨는 것보다 알갱이가 씹힐 정도로 으깨는 것이 좋아요.

마죽

불린 쌀에 마를 굵직하게 갈아서 넣고 푹 퍼지게 끓인 죽.
부드럽고 소화가 잘 돼 입맛이 없고 기운이 떨어졌을 때 체력을 보강할 수 있답니다.

재료(2인분)

쌀 1컵
물 7컵
마 200g
식촛물 적당량
참기름 2큰술

1. 쌀을 씻어서 물에 30분 정도 불린 다음 분쇄기에 굵직하게 간다.
2. 마는 필러로 껍질을 벗기고 반 갈라 식촛물에 20분쯤 담가 미끈거림을 제거한 다음 쌀알 크기로 잘게 다진다.
3. 냄비에 굵게 간 쌀을 넣고 물을 부어 중간 불에서 끓이다가 다진 마를 넣고 고루 저어가며 죽을 쑨다. 쌀알이 푹 퍼지면 참기름을 넣어 섞어 주고 소금으로 간한다.

••• 소금 간을 한 것은 바로 먹지 않으면 삭아서 물처럼 되므로 주의하세요.

굴전

신선한 굴에 밀가루와 달걀옷을 입혀 노릇하게 지진 전.
감칠맛이 좋고 영양도 풍부해 어르신 영양식이나 어린이 간식으로 좋아요.

재료(2인분)

굴 100g
소금 1/2큰술
밀가루 1/3컵
달걀 2개
식용유 적당량

초간장
간장·식초·물 1큰술씩
잣가루 조금

1 굴은 체에 담은 채 옅은 소금물에 흔들어 씻어 물기를 뺀다.
2 손질한 굴에 밀가루를 묻히고 달걀물에 담갔다가 건진다.
3 달군 팬에 기름을 두르고 전옷 입힌 ②를 올려 앞뒤로 노릇노릇하게 지진다.
4 노릇하게 지진 굴전은 종이타월에 받쳐 기름을 뺀 뒤 접시에 담고 초간장을 곁들인다.

••• 손질한 굴은 물기를 닦은 뒤 밀가루옷을 입혀야 덩어리지지 않고 깔끔해요.

조기찜

간장 양념에 고춧가루를 넣고 칼칼하게 조린 조기찜.
조기는 맛이 담백하고 원기를 회복시켜주는 것으로 알려진 생선이에요.

재료(2인분)

조기 8마리
무 500g, 대파 2뿌리
풋고추 4개
붉은 고추 1개
쑥갓 100g
물 2컵

양념장

간장·고춧가루 4큰술씩
식초 2큰술
설탕·청주 1큰술씩
다진 마늘 1큰술
다진 생강 1작은술

1 조기는 비늘을 긁고 배를 갈라 내장을 빼낸다. 꼬리와 지느러미도 정리한다.

2 무는 3cm 두께의 은행잎 모양으로 썰고 쑥갓은 5cm 길이로 썬다. 대파와 고추는 어슷하게 썬다.

3 양념장 재료를 한데 섞은 뒤 냄비에 삶은 무를 깔고 양념장을 반 덜어 넣는다. 그 위에 조기를 올리고 나머지 양념장을 끼얹는다.

4 냄비 가장자리로 물을 흘려 붓고 국물을 끼얹으면서 끓인다. 한소끔 끓으면 대파와 고추, 쑥갓을 올려 좀 더 끓인다.

••• 생선의 비린 맛은 식초, 청주, 고추장, 된장을 넣으면 없앨 수 있어요. 무 대신 호박이나 감자를 넣어도 좋습니다.

콩국수

각종 영양소가 풍부하게 들어있는 고소하고 시원한 냉국수입니다.
삶은 흰콩을 갈아서 콩국물을 만들어두고 그때그때 국수를 말아내면 좋아요.

재료(4인분)

칼국수 300g
소금 조금

콩국
흰콩 2컵
물 8컵

고명
오이 1/2개
토마토 2개
달걀 2개

1 흰콩을 충분히 불려 삶은 뒤 손으로 비벼 껍질을 벗기고 믹서에 물과 함께 곱게 갈아 체에 내려 차게 보관한다.
2 오이는 채 썰고, 토마토는 저며 썰고, 달걀은 삶아 반 가른다.
3 끓는 물에 국수를 삶아 찬물에 헹궈 건져서 그릇에 담고 오이와 토마토, 달걀을 얹은 다음 찬 콩국물을 붓는다.
4 기호에 따라 소금 양을 조절해서 넣는다.

••• 콩국수는 보통 노란 메주콩으로 하지만 검은콩으로 하기도 해요. 참깨, 잣을 같이 넣거나 잣만 갈아서 잣국수를 만들기도 합니다. 콩국물은 차게 두고 두유처럼 마셔도 좋아요.

우무냉국

채 썬 우무에 새콤달콤한 국물을 부어 만든 우무냉국은 여름 별미입니다.
우무는 칼로리가 거의 없어 다이어트 식품으로 아주 좋아요.

재료(4인분)

우무 1모
오이·붉은 고추 1개씩
풋고추 2개
실파 4뿌리

다시마국물
다시마 10×10cm 2장
물 8컵
국간장·식초 1/2컵씩
설탕 1/4컵

1. 다시마는 물 8컵에 담가 30분쯤 불린 다음 그대로 냄비에 부어 5분 정도 끓인다.
2. 국물이 우러나면 다시마를 건져낸 뒤 국간장으로 간하고 식초와 설탕으로 맛을 내 냉장고에 넣어 차게 식힌다.
3. 우무와 오이는 5cm 길이로 곱게 채 썰고, 고추는 반 갈라 씨를 털고 잘게 다진다. 실파는 송송 썰어둔다.
4. 큰 그릇에 채 썬 우무와 오이, 고추, 실파를 넣고 간해둔 다시마국물을 붓는다. 시원하게 얼음을 띄워도 된다.

••• 우무는 자체의 맛이 별로 없기 때문에 다른 재료와 섞어 무침을 하거나 냉국을 하면 좋아요. 묵냉국에 밥을 말아 양념장으로 간을 해서 묵밥처럼 준비해도 좋아요.

들깨미역국

불포화지방산이 풍부한 들깨로 끓인 영양 만점 국.
불린 미역을 들기름에 볶다가 들깨와 곱게 간 쌀, 물을 넣고 끓여서 만들어요.

재료(4인분)

불린 미역 2컵
들깨 1컵
멥쌀 1/3컵
들기름 2큰술
물 7컵
국간장 4큰술
소금·후춧가루 조금씩

1 들깨는 깨끗이 씻어 건진다. 멥쌀은 물에 불려서 믹서에 곱게 간 뒤 체에 밭쳐 물기를 뺀다.
2 물에 충분히 불린 미역은 바락바락 주물러 씻은 뒤 짧게 잘라서 물에 헹궈 건진다.
3 달군 냄비에 들기름을 두르고 불린 미역을 볶다가 물을 부어 끓인다. 국물이 끓으면 들깨와 쌀가루를 넣고 약한 불에서 20분 정도 끓인다.
4 국간장과 소금으로 간을 맞추고 그릇에 담는다.

••• 1_ 들깨를 곱게 갈아 찹쌀과 섞어 죽을 끓여도 좋아요. 고소한 들깨죽은 병을 앓고 난 뒤 체력이 떨어진 사람에게 좋습니다.
2_ 미역국은 쇠고기 양지머리로 국물을 내서 끓여도 좋고 홍합이나 조개로 국물을 내서 끓여도 시원하고 맛있어요.

머위 들깨볶음

삶은 머윗대에 들깨즙을 넣고 양념해 푹 익힌 나물입니다.
부드럽게 씹히는 머윗대의 질감과 들깨즙의 고소한 향이 아주 좋아요.

재료(4인분)

머위 삶은 것 400g
들깨 2컵
불린 쌀 3큰술
들기름·소금 조금씩

머위 양념
국간장 1큰술
다진 파 1큰술
다진 마늘 2작은술

1 머위는 끓는 물에 삶아 껍질을 벗기고 적당한 길이로 먹기 좋게 썬다.
2 들깨는 분쇄기에 곱게 간다.
3 불린 쌀은 물과 함께 믹서에 간 뒤 체에 밭쳐서 고운 쌀물만 받는다.
4 손질한 머위를 국간장으로 먼저 무친 다음 다진 마늘과 다진 파를 넣고 고루 섞어준다.
5 냄비에 들기름을 두르고 머위나물을 볶다가 쌀물과 들깨 간 것을 넣어 익힌다. 중간 불에서 부드럽게 뜸을 들이고 모자라는 간은 소금으로 맞춘다.

••• 1_ 머위를 데칠 때, 뜨거운 물에 넣어 연두색으로 변하면 꺼내서 바로 찬물에 헹궈요.
5_ 들깨 대신 된장이나 고추장으로 버무리면 색다른 맛이 나고 으깬 두부를 넣으면 담백한 맛이 납니다.

두릅회·죽순회

봄철의 별미인 두릅과 죽순을 살짝 데쳐서 초고추장에 찍어 먹는 숙회입니다.
향이 좋은 두릅과 죽순이 초고추장과 어울려 입맛을 돋우고 피로를 풀어줘요.

재료(4인분)

두릅 10개
죽순 2개
소금 조금

초고추장
고추장·식초 2큰술씩
물·설탕 1큰술씩
고춧가루 1/2큰술

1 두릅은 소금을 넣은 끓는 물에 데쳐 찬물에 헹군다. 데친 두릅은 물기를 꼭 짠 뒤 반으로 가른다.
2 죽순을 끓는 물에 넣어 데친 후 껍질을 벗겨 반으로 가르고 길이대로 납작하게 썰어 빗살 모양이 되게 한다.
3 준비한 양념 재료를 한데 섞어 초고추장을 만든다.
4 두릅과 죽순을 접시에 가지런히 담고 초고추장을 곁들인다.

••• 두릅 숙회 대신 초고추장으로 무침을 해보세요. 미리 무쳐놓으면 물이 생기기 쉬우니 먹기 전에 바로 무치는 것이 좋아요.

두릅적

두릅을 살짝 데쳐 고기와 함께 꼬치에 꿰어 누름적을 해도 맛있어요.
쌉싸래한 맛과 향이 춘곤증을 없애는 데 효과가 있습니다.

재료(4인분)
두릅 300g
쇠고기(살코기) 150g
꼬치·식용유 적당량

두릅 밑양념
소금 1작은술
참기름 1/2큰술
후춧가루 조금

쇠고기 양념
간장 1½큰술
설탕·다진 파 2작은술씩
다진 마늘·깨소금·참기름
1작은술씩

전옷
밀가루 3큰술
달걀 2개

초간장
간장·물·식초 2큰술씩
잣가루 1작은술

1. 두릅은 끓는 물에 소금을 조금 넣고 데친 뒤 밑양념해 둔다.
2. 쇠고기는 0.7cm 두께로 큼직하게 저며서 잔칼질을한 다음 6cm 길이의 막대모양으로 썰어 양념한다.
3. 대꼬치에 두릅과 고기를 번갈아 꿴 다음, 꼬치 양면에 밀가루를 고루 묻히고 달걀 푼 물에 담갔다가 기름 두른 팬에 앞뒤로 지져낸다.
4. 간장에 식초, 물을 섞고 잣가루를 뿌려서 초간장을 만든 후 따끈한 두릅적과 함께 낸다.

••• 꼬치에 꿰는 음식은 크기와 굵기가 일정해야 고르게 익고 보기도 좋아요. 너무 굵은 두릅은 반 가르고 긴 것은 끝을 적당히 잘라 고르게 크기를 맞추세요.

산초장아찌

산초나무 열매에 간장물을 달여서 부어 만든 산초장아찌.
사찰에서 많이 해먹는 대표적인 절임 반찬입니다.

재료(4인분)
산초 600g
소금 조금

간장 절임 물
간장 3컵
매실청·설탕 1/2컵씩
물 1컵

1 산초는 끓는 물에 소금을 조금 넣고 데쳐서 찬물에 6시간 정도 담가 아린 맛을 뺀다. 데친 산초는 가지째 뚝뚝 떼어낸다.
2 준비한 재료를 분량대로 섞어 간장 절임 물을 만든 뒤 한소끔 끓여서 식혀둔다.
3 손질한 산초를 유리병에 넣고 간장물을 부은 뒤 뚜껑을 덮어 서늘한 곳에 둔다.
4 7일 정도 지나서 간장을 따라내고 다시 한번 끓인 뒤 식혀서 붓는다.

••• 다시 끓여서 식힌 장아찌는 한 달쯤 지난 다음에 꺼내 먹으면 맛있어요.

죽순장아찌

대나무의 새순인 죽순은 대표적인 사찰 음식입니다.
식이섬유가 풍부해 장 건강에 좋고, 면역력 강화에도 도움이 됩니다.

재료(4인분)

죽순 1kg
쌀뜨물·된장 적당량씩
마른 홍고추 1개

간장 절임 물
간장 1½컵
국간장 1/2컵
물엿 1/2컵
다시마 10×10cm 1장
생강 1쪽
물 1/2컵

1. 죽순은 세로로 반 갈라 된장 푼 쌀뜨물에 마른 홍고추를 넣고 삶은 뒤 찬물에 2~3시간쯤 담가 아린 맛을 뺀다.
2. 간장 절임 물 재료를 모두 넣고 손질한 다시마를 넣어 끓이다가 죽순을 넣어 살짝 데친다. 죽순과 다시마는 건지고 간장물은 식혀둔다.
3. 다시마를 먹기 좋은 크기로 잘라 죽순과 함께 유리병에 담고 식힌 간장물을 부어 10일 정도 그대로 둔다.
4. 죽순에 간장 맛이 잘 배면 하나씩 꺼내서 빗살 모양을 살려 썰고 그릇에 담는다.

••• 빗살 모양으로 썬 죽순을 참기름과 깨소금으로 양념하면 더욱 고소하고 맛있어요.

생맥산

생맥산은 원기 회복에 도움을 주는 대표적인 여름 음료입니다.
맥문동에 인삼과 오미자를 함께 달여 쌉싸름하면서도 새콤달콤해요.

재료(4인분)

인삼 30g
맥문동 30g
오미자 15g
물 5컵

1. 말린 인삼을 굵게 부순 뒤 유리냄비에 물을 붓고 맥문동과 함께 달인다. 한번 끓으면 약한 불로 줄여서 50분 정도 달인다.
2. 끓으면 약한 불로 줄여서 50분 정도 달인다.
3. 달인 물에 깨끗이 씻은 오미자를 넣고 10분쯤 더 달인 뒤 불을 끈다.

••• 감초나 황기, 인삼 등의 약재를 넣고 함께 끓여도 좋아요. 감초를 넣으면 약재 특유의 쓴맛이 사라지고 단맛이 난답니다.

쑥차

쑥은 은은한 향이 머릿속을 맑게 하고 몸을 따뜻하게 해주는 쑥차.
혈액순환을 촉진하고 냉증을 개선해 생리통, 생리불순 완화에 효과적이에요.

재료(4인분)

쑥 500g
물 적당량

1. 쑥은 여린 잎으로 잘 골라 깨끗이 씻은 뒤 소쿠리에 받쳐 물기를 뺀다.
2. 쑥을 소쿠리에 넓게 펴서 그늘진 곳에서 바싹 말린다.
3. 찻잔에 말린 쑥 2g을 넣고 뜨거운 물을 부어 천천히 우려서 마신다.

••• 2_ 말린 쑥은 한지나 무명천으로 만든 주머니에 담고 습기가 없는 곳에 매달아 보관하세요.
3_ 3분 정도 차를 우려 마시고 한 번 더 물을 부어 마셔도 좋아요.

계피차

계피는 몸을 따뜻하게 해 혈액순환을 좋게 하는 것으로 알려져 있어요.
겨울에는 따뜻하게, 여름에는 차게 해서 음료로 마시면 좋아요.

재료(4인분)

계피 30g
물 5컵
잣 1작은술
꿀 조금

1 계피를 잘게 잘라서 찬물에 재빨리 씻은 다음 건져서 물기를 없앤다.
2 주전자에 물과 계피를 넣고 은근한 불에서 20분 정도 달인다.
3 계피의 맛이 충분히 우러나면 찻잔에 따르고 잣을 조금 띄워서 마신다. 기호에 따라 꿀을 곁들인다.

••• 계피를 달일 때 생강을 함께 넣기도 해요. 둘 다 몸을 따뜻하게 해서 잘 어울립니다.

제호탕

조선시대 양반가에서 여름철 갈증 해소와 더위 예방을 위해 마시던 한방 음료.
매실 · 오미자 · 사인 등 약재를 달여 새콤달콤하고 향긋한 맛이 특징입니다.

재료(4인분)

오매육 600g
초과 40g
백단향 20g
축사인 20g
물 3컵
꿀 적당량

1. 오매육과 초과, 백단향, 축사인은 각각 굵게 갈아서 준비한다.
2. 내열유리로 된 냄비에 물 3컵을 붓고 ①의 재료를 넣어 물의 양이 1컵 정도가 될 때까지 달인 뒤 체에 거른다.
3. ②의 음료를 냉장고에 차게 보관했다가 꿀을 타서 마신다.

••• 오매육은 '검은 매실'이란 뜻으로 매실 껍질을 벗기고 불에 그을려 말린 것, 초과는 신맛을 내는 약재, 백단향은 백단향나무 줄기를 톱으로 썰어 말린 것, 축사인은 생강과에 속하는 열매입니다.

약이 되는 건강 식재료

제철에 나는 신선한 식품들로 식탁을 차리는 것은 건강관리의 기본입니다. 그밖에 식용과 약용으로 효능이 있다고 알려진 식재료들이 있어요. 구하기 쉬우면서도 몸에 좋은 대표 식재료를 모아 재료의 성분과 효과를 살릴 수 있는 조리법을 알려드려요.

자양강장에 좋은 구기자

뛰어난 자양강장 효과를 지닌 약재로 알려져 있다. 한방에서는 회복기에 있는 환자에게 구기자죽을 권한다. 구기자술, 구기자차, 구기자화채 등으로 다양하게 먹는다. 다만, 소화가 잘 안 될 수 있으므로 위가 약한 사람은 양을 줄여 섭취하는 것이 좋다.

미네랄의 보물 창고, 다시마

미네랄이 풍부한 대표적인 알칼리성식품으로 산성식품인 육류나 쌀밥 등과 함께 먹으면 체질이 산성화되는 것을 막아 인체의 균형을 맞춰준다. 고혈압에도 효과가 있어 짜지 않게 손질해서 다양한 방법으로 음식에 이용하면 좋다.

우울증·불면증 해소, 대추

대추에서 단맛을 내는 갈락토오스, 수크로오스, 맥아당 등의 성분들이 긴장을 풀어주고 신경을 완화시키는 역할을 한다. 신경이 예민하거나 우울증, 불면증이 있는 경우에 특히 좋다. 대추는 차로 많이 마시는데, 대추 10알에 감초 3~4g 정도를 물에 넣고 달여 마시면 신경이 안정된다.

기관지에 좋은 도라지

기관지천식이나 감기에 특히 효능이 있다. 가래가 심하다면 음식에 도라지를 자주 이용하고, 도라지가루나 도라지차를 마신다. 도라지에는 사포닌 성분이 많이 함유돼 있는데, 사포닌은 인삼의 대표적인 약리 성분이기도 하다. 한방에서는 기관지염, 호흡곤란, 편도선염, 복통, 지혈 등에 도라지가 사용된다.

위를 편안하게 해주는 마

마에는 사포닌 성분과 칼륨, 비타민 C 등이 풍부하게 들어있다. 마를 갈면 끈적끈적하게 되는데 사포닌과 알기닌 때문이다. 사포닌은 염증을 억제하며 콜레스테롤을 줄여주고 혈압을 낮추는 기능도 있다. 마즙은 숙취 해소 효과가 있어 술 마신 다음날 마시는 것도 좋고, 마의 전분에는 소화 효소가 들어있어 소화를 잘되게 하고 위를 편안하게 해준다.

피로 없애고 식욕을 돋우는 매실

만병통치약으로 불리며 구연산의 함량이 높아 피로 해소에 탁월한 효과가 있다. 또한 카테킨이강한 해독작용과 살균작용을 해 이질균, 장티푸스균, 대장균, 비브리오균 등을 억제한다. 매실을 꾸준히 복용하면 만성설사나 변비를 예방, 치료할 수 있다. 매실은 주스나 차, 술, 장아찌 등으로 많이 먹는다. 매실청을 만들어 놓으면 다양하게 활용할 수 있다.

다이어트·항암 효과 높은 버섯

칼로리가 거의 없어 다이어트 식품으로 좋다. 다양한 종류의 비타민이 들어있고, 그중 비타민 B_2, 비타민 D가 풍부하며 최근 항암 효과가 밝혀지기도 했다. 송이버섯은 구이, 찜, 수프 등에 많이 이용된다. 표고버섯은 말리지 않은 생 표고와 말린 표고버섯으로 나뉘며 생 표고는 볶음요리, 말린 표고는 물에 불려서 찌개, 잡채, 튀김 등에 많이 이용된다. 표고버섯에는 콜레스테롤을 억제하는 구아닐산 성분이 풍부해 고혈압이나 심장병 환자에게 좋다. 팽이버섯은 찌개나 볶음에 고명처럼 넣는다. 칼슘과 인, 철분이 비교적 많은 느타리버섯은 찌개에 넣기도 하고 볶거나 무쳐 먹기도 한다.

우리나라에는 지역마다 오래도록 전해 내려온 맛이 있습니다. 예전에는 직접 찾아가야만 맛볼 수 있었지만, 이제는 어디서든 재료를 쉽게 구할 수 있어 집에서도 손쉽게 만들 수 있어요. 강원도의 메밀전병, 함경도의 가자미식해, 충청도의 메밀묵밥처럼 각 고장의 유명한 향토음식을 소개합니다.

메밀전병(총떡)

메밀가루로 부친 빈대떡에 무나물을 넣고 돌돌 만 강원도 향토음식.
구수한 메밀지짐과 무나물이 잘 어울려 담백하게 즐길 수 있어요.

재료(4인분)

메밀가루 2컵
물 3½컵

무나물
무 1/5개
소금·깨소금·참기름 1/2큰술씩

양념장
간장·물 2큰술씩
고춧가루·참기름 1/2큰술씩
다진 파 1큰술
다진 마늘 1/2작은술
식용유 적당량

1. 메밀가루를 물과 섞어 거품이 생기도록 휘젓는다. 적당한 끈기가 생길 때까지 같은 방향으로 잘 저어야 한다.
2. 달군 팬에 식용유를 두르고 ①의 메밀반죽을 얇게 펴서 지름이 15cm 정도 되는 전을 부친다.
3. 재료를 모두 섞어 양념장을 만든 뒤 둘로 나누어 놓는다.
4. 무는 4~5cm 길이로 채 썰어 끓는 물에 데쳐서 물기를 꼭 짠다.
5. 데친 무는 먼저 소금과 깨소금, 참기름으로 밑양념을 하고 다시 ③의 양념장으로 무친다.
6. 부쳐 둔 메밀전병에 무나물을 넣고 돌돌 말아 3cm 너비로 썬 뒤 가지런히 접시에 담아 남은 양념장을 곁들인다.

••• 1_ 반죽에 밀가루를 조금 섞으면 찰기가 생겨서 전병을 만들기가 좀 더 쉬워요.
 5_ 제주도에는 이와 비슷한 방식으로 만드는 빙떡이 있어요. 속에 넣는 재료로 김치나 두부, 쇠고기 등을 응용하기도 합니다.

어복쟁반

어복쟁반은 큰 쟁반에 담아내는 평안도의 잔치 음식이에요. 놋쟁반에 메밀국수와 편육, 도가니,
달걀 등을 돌려 담고 육수를 부어 끓이면서 먹는 게 특징이에요.

재료(4인분)

메밀국수(생면) 300g
느타리·팽이·표고·양송이버섯 200g씩
배 1개
실파 4뿌리
삶은 달걀 4개
잣 1큰술
실고추 조금

편육

양지머리 300g
도가니 600g
대파 1뿌리
마늘 4쪽
국간장·소금 조금씩

양념장

간장·물 3큰술씩
다진 마늘 1/2작은술
다진 파·다진풋고추 1큰술씩
참기름 1큰술
소금·깨소금·후춧가루 조금씩

1 도가니와 양지머리는 찬물에 담가 핏물을 뺀 뒤 냄비에 물을 붓고 대파, 통마늘과 함께 삶는다.

2 삶은 고기는 얇게 저며 썰고 국물은 면보자기에 걸러 국간장과 소금으로 간한다.

3 메밀국수 생면을 준비해 끓는 물에 삶아 찬물에 헹군 뒤 체에 건져서 1인분씩 사리를 짓는다.

4 느타리와 팽이는 가닥을 나누고 표고와 양송이는 큼직하게 썬다. 배는 가늘게 채 썰고 실파는 4cm 길이로 썬다. 삶은 달걀은 4조각으로 나눈다.

5 간장과 물을 같은 양씩 넣고 나머지 양념 재료를 모두 넣어 양념장을 만든다.

6 넓은 쟁반에 편육과 채소, 버섯, 달걀을 돌려 담고 잣과 실고추를 얹는다.

7 ①에서 준비한 육수를 ⑥의 어복쟁반에 붓고 끓여가면서 먹는다. 국물이 끓을 때 사리 지은 메밀국수를 넣고 양념장을 곁들인다.

••• 1_ 어복쟁반에 넣는 고기 부위로는 우설(소의 혀), 만하(소의 비장), 양지머리 등이 많이 쓰여요. 평안도에서는 유통이라는 소 젖가슴 부위의 살로 국물을 낸답니다.

7_ 쟁반에 넣을 재료들은 따로 그릇에 담아 샤부샤부처럼 끓는 육수에 계속 넣으면서 익혀 먹어도 좋아요.

조랭이떡국

누에고치 모양의 가래떡이 앙증맞은 개성 지방의 떡국입니다.
진한 사골국물로 끓여 담백하면서도 깊은 맛을 즐길 수 있어요.

재료(4인분)

조랭이떡 500g
사골 500g
쇠고기(양지머리) 100g
물 15컵
국간장 4큰술
달걀지단(달걀 1개)
대파 1뿌리
실고추 적당량
소금·후춧가루 조금씩

쇠고기 양념

간장 1큰술
다진 파 1/2큰술
다진 마늘 1작은술
참기름·후춧가루 조금씩

1 조랭이떡은 물에 헹군 뒤 물기를 뺀다.
2 사골은 찬물에 담가 핏물을 빼고 한 번 우르르 끓여 첫물을 따라 버린 뒤 다시 물 15컵을 붓고 푹 끓여서 국물을 낸다.
3 사골국물에 쇠고기를 넣어 함께 끓이다가 국물이 뽀얗게 우러나면 쇠고기는 따로 건지고 국물은 체에 걸러 국간장과 소금으로 간한다.
4 건져낸 쇠고기는 잘게 찢어서 양념하고 달걀지단은 가늘게 채 썬다. 대파는 어슷 썰고 실고추는 적당한 길이로 썬다.
5 끓는 육수에 조랭이떡과 양념한 쇠고기를 넣고 끓인다. 한소끔 끓으면 어슷 썬 대파를 넣고 소금, 후춧가루로 맛을 낸다. 그릇에 담아 달걀지단과 실고추를 고명으로 얹는다.

••• 쇠고기 국물에 사골국물을 섞으면 국물이 더욱 진하고 맛있어요.

날떡국

즉석에서 손쉽게 만드는 떡국으로 생떡국이라고도 해요.
멥쌀가루와 찹쌀가루를 섞어서 익반죽해 끓인 충청도 향토음식입니다.

재료(4인분)

찹쌀가루·멥쌀가루 2컵씩
소금 조금
뜨거운 물 5큰술
굴 1컵

조갯국물
바지락 2컵
물 10컵
어슷 썬 대파 1/2컵
다진 마늘 1작은술
국간장·소금 조금씩

1. 찹쌀가루와 멥쌀가루, 소금을 섞어 체에 내린 다음 뜨거운 물로 익반죽한다.
2. 익반죽한 덩어리를 지름 2.5cm 정도의 가래떡 모양으로 빚고 0.5cm 두께로 길게 어슷 썬다.
3. 바지락은 박박 문질러 씻은 뒤 물을 붓고 끓인다. 조개 입이 벌어지고 국물이 우러나면 체에 걸러 맑은 국물만 받는다.
4. 굴은 연한 소금물에 헹궈 건진다.
5. 조갯국물을 끓이다가 가래떡을 넣는다. 가래떡이 익어서 떠오르면 바지락과 굴을 넣고 국간장과 소금으로 간한다.
6. 한소끔 끓으면 어슷 썬 대파와 다진 마늘을 넣는다.

••• 날떡국은 주로 장국에 끓이는데, 시원한 조갯국물이나 다시마국물로 끓여도 좋아요.

감자수제비

감자를 갈아서 반죽을 만들어 끓인 강원도식 수제비입니다.
감자를 큼직하게 썰어 넣고 끓이면 더욱 맛있어요.

재료(4인분)

감자 8개
물 3컵
호박 1/2개
대파 1뿌리
풋고추 2개
국간장·소금 조금씩

멸칫국물
국멸치 20마리
물 10컵

1. 감자 7개는 곱게 갈아 면보자기에 싸서 물기를 꼭 짠 다음, 물은 따로 받아 앙금을 가라앉힌다. 나머지 1개는 큼직하게 썬다.
2. 가라앉은 앙금의 윗물을 따라낸 뒤 감자 짠 건지와 섞어 지름 3cm 정도의 완자를 빚는다. 완자의 간은 소금으로 맞춘다.
3. 호박은 가늘게 채 썰고, 대파와 풋고추는 어슷 썰어 고추의 씨를 털어낸다.
4. 끓는 물에 멸치를 넣고 15분쯤 끓여 멸칫국물을 만든 다음 큼직하게 썬 감자와 ②의 감자 완자를 넣고 한소끔 끓인다. 마지막에 호박, 고추, 대파를 넣고 국간장과 소금으로 간한다.

••• 수제비는 보통 밀가루 반죽으로 만들어요. 멸칫국물에 감자를 넣고 끓이다가 밀가루 반죽을 떼어 넣으면 쫄깃한 수제비를 맛볼 수 있어요.

메밀저배기

미역국에 메밀 반죽을 떼어 넣고 끓인 제주도식 수제비입니다.
멸칫국물에 미역이 더해져 깊고 담백한 감칠맛을 내요.

재료(4인분)
미역 불린 것 1컵
참기름 조금
국간장·소금 조금씩

메밀 반죽
메밀가루 4컵
밀가루 1컵
물 1컵

멸칫국물
국멸치 20마리
물 10컵

1. 메밀가루와 밀가루를 뜨거운 물로 익반죽해 반죽을 만든다.
2. 미역은 물에 충분히 불려 박박 주물러 씻은 다음 짤막하게 썰어 둔다.
3. 끓는 물에 멸치를 넣고 15분쯤 끓여 국물을 낸다.
4. 냄비에 미역과 참기름을 넣고 볶다가 ③의 멸칫국물을 붓고 한소끔 끓인다. 간은 국간장과 소금으로 맞춘다.
5. 끓는 미역국에 메밀 반죽을 먹기 좋은 크기로 뚝뚝 떼어 넣고 반죽이 떠오를 때까지 끓인다.

••• 1_ 메밀가루는 점성이 덜하기 때문에 밀가루와 섞어서 반죽을 해야 쫄깃해져요.
　　 5_ 메밀저배기에 감자와 호박, 고추를 썰어 넣어도 맛있어요.

팥국수

팥죽에 쌀이나 새알심 대신 칼국수 반죽을 넣는 강원도 향토음식이에요.
팥죽과 마찬가지로 동짓날 절기음식으로 많이 먹는답니다.

재료(4인분)
팥 3컵
물 20컵

칼국수 반죽
밀가루 3컵
물 2컵
소금 1큰술

1 팥에 물을 넉넉히 붓고 푹 삶는다. 팔팔 끓으면 불을 줄여서 뭉그러질 정도로 오래 삶는다.
2 삶은 팥은 으깨면서 체에 내린다. 체 위에 남은 팥 건지는 물에 흔들어 씻어서 앙금을 가라앉히고 윗물은 따로 받는다.
3 밀가루와 물을 섞어 칼국수 반죽을 만들고 밀대로 얇게 민 다음 돌돌 말아 채 썬다.
4 ②의 윗물을 끓이다가 칼국수를 넣는다. 면이 반 정도 익으면 팥앙금을 붓고 면끼리 붙지 않도록 저어가며 끓인다.

••• 1_ 팥은 단단해서 잘 퍼지지 않기 때문에 약한 불에서 오래 삶아야 해요. 빨리 삶으려면 압력솥을 이용하면 됩니다.
　　 4_ 팥국수가 다 되면 그릇에 담아 소금과 설탕을 곁들여 냅니다.

칼싹두기

메밀 반죽으로 국수를 만들어 쇠고기 국물에 끓인 경기도식 칼국수.
국수보다는 수제비에 가까워 칼제비라고도 부른답니다.

재료(4인분)
메밀가루 4컵
밀가루 1컵
뜨거운 물 12컵
국간장 5큰술
어슷 썬 대파 2큰술
실고추·소금 조금씩

쇠고기 국물
쇠고기(양지머리) 200g
물 10컵
대파 1뿌리
통마늘 1통

고기 양념
국간장 1큰술
참기름 1/2큰술
다진 파 1큰술
다진 마늘 1작은술

1. 쇠고기를 큼직하게 썰어 끓는 물에 통마늘, 대파와 함께 끓인다. 국물이 우러나면 고기는 건지고 국물만 받는다.
2. 삶은 고기는 손으로 잘게 찢고 고기 양념으로 조물조물 무친다.
3. 메밀가루와 밀가루를 섞어서 뜨거운 물로 익반죽한 다음, 반죽을 밀대로 도톰하게 밀고 돌돌 말아서 5mm 두께로 채 썬다.
4. ①의 쇠고기 국물을 끓이다가 메밀국수를 넣고 잘 저어가며 끓인다. 국수가 익으면 대파를 어슷 썰어 넣고 국간장과 소금으로 간한 다음 그릇에 담아 무친 고기, 실고추를 얹는다.

••• 칼국수나 생면은 끓일 때 면끼리 달라붙기 쉬워요. 면이 서로 붙지 않게 잘 저어가며 끓이는 게 요령입니다.

메밀묵밥

굵게 썬 메밀묵에 김치무침을 올리고 멸치다시마장국에 밥을 말아 먹는 메밀묵밥.
계절에 따라 겨울에는 따뜻하게, 여름에는 차게 식혀서 먹으면 좋아요.

재료(4인분)

메밀묵 1모
오이 1/2개
당근 1/5개
구운 김 1장

김치무침

김치 300g
참기름 1/2큰술
설탕 조금

장국

다시마 10×10cm 2장
멸치 10마리
물 8컵
국간장 6큰술
맛술 2큰술
마른 홍고추 1개
소금 조금

양념장

국간장·물 2큰술씩
고춧가루 1큰술
다진 풋고추 2큰술
깨소금·참기름 1/2큰술씩

1. 메밀묵은 굵게 채 썰고, 오이와 당근은 곱게 채 썬다.
2. 구운 김은 비닐봉지에 넣어 부순다.
3. 김치는 소를 털어내고 쫑쫑 썬 다음 참기름과 설탕으로 무친다.
4. 다시마는 젖은 행주로 닦고, 멸치는 내장을 제거한 다음 냄비에 함께 넣고 물을 부어 끓인다. 다시마는 5분, 멸치는 15분 정도 끓인 뒤 건져 낸다.
5. 멸치다시마장국에 마른 홍고추를 넣고 국간장과 맛술로 간한 뒤 조금 더 끓이다가 불을 끈다. 모자라는 간은 소금으로 맞춘다.
6. 우묵한 우동그릇에 묵을 담고 김치무침과 채 썬 오이, 당근을 올린 다음 따끈한 장국을 붓는다. 마지막에 양념장과 부순 김을 올린다. 양념장을 따로 만들어 곁들여도 된다.

••• 메밀묵을 쑤려면 메밀가루와 물의 비율을 6:1로 하면 됩니다. 묵을 쑬 때는 한쪽 방향으로 저어가면서 끓이고 반죽이 되직해지면 틀에 부어 굳힙니다.

무밥

무를 채 썰어 넣고 지은 경상도의 별미밥이에요.
무의 달착지근한 맛이 입맛을 돋우고 소화도 잘 된답니다.

재료(4인분)

불린 쌀 5컵
무 1/2개
물 4컵

양념장

간장 5큰술
고춧가루 2큰술
다진 파 2큰술
송송 썬 실파 1큰술
다진 마늘 1큰술
참기름·깨소금 1큰술씩

1 쌀은 씻어서 30분쯤 불렸다가 건진다.
2 무는 깨끗하게 씻어 굵게 채 썬다.
3 냄비에 채 썬 무를 골고루 펴서 깔고 불린 쌀을 올린 다음 물을 부어 밥을 짓는다.
4 밥이 다 되면 그릇에 담고 양념장을 곁들여 낸다.

••• 밥을 안칠 때 물의 양을 잘 조절해야 해요. 무가 익으면서 수분이 나오기 때문에 평소보다 물을 적게 넣는 게 좋습니다.

김치밥

잘 익은 김치와 돼지고기를 볶다가 쌀을 안치고 물을 부어 고슬고슬하게 지은 황해도의 별미밥.
콩나물을 넣어도 잘 어울려요.

재료(4인분)

불린 쌀 4컵
김치 1/4포기
돼지고기 300g
물 6컵
식용유 조금

양념장
간장·물 2큰술씩
고춧가루·깨소금·참기름 1큰술씩
다진 파 1큰술
다진 마늘 1작은술

1 김치는 소를 털어내고 물에 한 번 헹군 다음 굵직하게 썬다.
2 돼지고기는 굵게 채 썰어 기름 두른 냄비에 함께 볶는다.
3 볶던 재료에 불린 쌀을 넣고 고루 섞은 다음 물을 부어 밥을 짓는다.
4 김치밥이 완성되면 그릇에 담고 양념장을 만들어 곁들인다

••• 김치밥에 넣을 김치는 젓갈을 많이 넣지 않고 담백하게 담근 것이 좋아요.

콩나물국밥

뚝배기에 밥과 콩나물을 안치고 멸칫국물을 부어 구수하게 끓인 전라도식 해장국.
아스파라긴산이 풍부한 콩나물은 해장에 좋은 재료입니다.

재료(4인분)

밥 4공기
콩나물 400g
물 3컵
송송 썬 실파 2큰술

멸칫국물
국멸치 20마리
물 10컵
국간장 2큰술

콩나물무침 양념
고춧가루 2큰술
다진 파 2큰술
다진 마늘 1큰술
참기름 조금

새우젓 양념
새우젓 3큰술
고춧가루·깨소금 2큰술씩

1. 콩나물을 씻어서 냄비에 안친 뒤 물 3컵을 붓고 푹 삶는다. 삶은 콩나물은 건져서 한 김 식힌다.
2. 삶은 콩나물을 고춧가루와 다진 파, 다진 마늘, 참기름으로 양념해서 조물조물 무친다.
3. 멸치를 볶다가 물을 붓고 끓여 국물을 낸 뒤 국간장으로 간한다.
4. 뚝배기에 1인 분량의 밥을 담고 콩나물 무친 것과 새우젓 양념, 송송 썬 실파를 얹은 다음 멸칫국물을 넉넉하게 붓고 다시 한번 끓인다.

••• 2_ 콩나물을 무치지 않고 삶아서 그냥 올리기도 해요.
　　4_ 콩나물밥을 할 때는 고슬고슬한 밥을 뚝배기에 담고 살짝만 끓이는 것이 좋아요. 오래 끓이면 밥이 퍼져 맛이 없어요.

옹심이 미역국

찹쌀가루로 옹심이를 빚은 뒤 쇠고기 미역국에 넣고 끓였어요.
쫄깃한 옹심이 건져 먹는 재미가 있고, 한 끼 식사로 충분해요.

재료(4인분)

마른 미역 30g
쇠고기(양지머리) 200g
참기름 1큰술
물 10컵
국간장 2큰술
다진 마늘 1/2큰술
소금·후춧가루 조금씩

옹심이
찹쌀가루 2컵
소금 조금
뜨거운 물 1/4컵

1. 미역은 물에 충분히 불려 박박 주물러 씻은 다음 먹기 좋은 크기로 썬다. 쇠고기는 잘게 썬다.
2. 냄비에 참기름을 두르고 불린 미역과 쇠고기를 볶다가 물을 붓고 끓인다. 한소끔 끓으면 다진 마늘과 국간장으로 맛을 내고 20분 정도 더 끓인다.
3. 찹쌀가루에 소금을 조금 섞고 뜨거운 물로 익반죽해 동그랗게 빚은 다음 끓는 미역국에 넣는다.
4. 새알심이 투명하게 익어 떠오르면 불을 끄고 소금으로 간한다.

••• 옹심이를 빚을 때 감자전분을 섞으면 새알심이 더 투명하고 쫄깃해요.

회냉면

홍어회를 새콤달콤 매콤한 양념으로 무쳐서 올린 비빔냉면입니다.
함경도 함흥 지방의 별미로 함흥냉면이라고도 해요.

재료(4인분)

냉면 600g
홍어 500g
동치미 무 1/2개
오이 1/2개
배 1개
달걀 2개

냉면 양념
간장·참기름 1큰술씩
설탕 1작은술

초고추장 양념
고춧가루 3큰술
고추장·간장·설탕·물엿 1큰술씩
배즙·깨소금·참기름 1큰술씩
다진 파 2큰술
다진 마늘 1/2큰술

1. 홍어는 깨끗이 손질해서 물기를 꼭 짠 뒤 식초에 한 시간 정도 재운다.
2. 동치미 무는 얄팍하게 저며 썰고, 오이는 반 갈라 어슷 썬다. 배는 채 썰고, 달걀은 삶아서 반으로 자른다.
3. 식초에 절인 홍어는 물기를 꼭 짠 뒤 초고추장 양념으로 무친다.
4. 끓는 물에 냉면을 삶아 찬물에 여러 번 헹궈 물기를 뺀 뒤 간장, 참기름, 설탕으로 밑간한다.
5. 냉면을 그릇에 담고 홍어회와 동치미 무, 오이, 배, 달걀을 올린다.

••• 기호에 따라 겨자 갠 것과 식초, 설탕을 더 넣어 먹기도 합니다.

평양냉면

평양냉면은 평양 지방의 향토음식으로 유명해요.
시원하고 감칠맛 나는 국물에 메밀냉면을 말아서 먹는 것이 특징입니다.

재료(4인분)

메밀냉면(생면) 600g
동치미 무·배 1/2개씩
오이·붉은 고추 1개씩
달걀 2개

냉면국물
쇠고기 국물 6컵
(쇠고기 200g, 대파 1뿌리, 마늘 4쪽, 청주 2큰술, 물 8컵)
동치미 국물 6컵
(국간장 1/2컵, 소금 적당량)

곁들임
겨자 갠 것·식초 적당량

1. 쇠고기는 끓는 물에 파, 마늘, 청주와 함께 삶아 얄팍하게 저며 썬다. 국물은 걸러서 맑은 육수만 따로 받아 차게 식힌다.
2. 오이는 어슷 썰어 소금에 절였다가 물기를 꼭 짠다. 동치미 무와 배는 오이와 비슷한 크기로 썰고, 달걀은 삶아서 반 가른다.
3. 쇠고기 국물과 동치미 국물을 반반 섞고 국간장과 소금으로 간을 맞춰 냉면국물을 만든다.
4. 끓는 물에 냉면을 삶아 찬물에 헹군 뒤 사리를 지어 체에 밭쳐 둔다.
5. 그릇에 냉면사리를 담고 준비한 재료를 모두 올린 뒤 차가운 육수를 붓는다. 기호에 따라 식초와 겨자로 맛을 낸다.

••• 평양냉면은 메밀냉면이 제맛이죠. 메밀가루와 감자녹말을 같은 비율로 섞고 중조를 조금 넣어 70~80℃의 더운 물로 반죽한 다음 가늘게 썰면 쫄깃한 국수가 됩니다.

온반

밥 위에 녹두지짐과 편육을 얹고 따끈한 쇠고기 장국을 부었어요.
겨울철 추위를 이기기 위해 만들어 먹던 평양 지방의 향토음식입니다.

재료(4인분)

밥 4공기
달걀 1개
어슷 썬 대파 2큰술
국간장 1큰술
실고추 조금

편육

양지머리 400g
물 10컵
통마늘 1통
대파 1뿌리
마른 홍고추 1개
국간장·소금 조금씩

무침 양념

간장·다진 파 1큰술씩
다진 마늘·참기름 조금씩
소금·후춧가루 조금씩

녹두지짐

껍질 벗긴 녹두 1컵
물 1/2컵
소금 조금

1 쇠고기는 통마늘, 대파, 고추와 함께 끓는 물에 삶는다. 중간에 국간장과 소금으로 간한다.
2 쇠고기를 건져서 얇게 저며 썬 뒤 양념하고 국물은 고운체에 거른다.
3 녹두는 믹서에 물과 함께 곱게 간 뒤 팬에 지져서 채 썬다.
4 달걀은 흰자와 노른자로 나눠서 지단을 부친 뒤 곱게 채 썬다.
5 그릇에 밥을 퍼 담고 녹두채, 달걀지단, 편육, 실고추, 어슷 썬 대파를 얹은 다음, ①의 쇠고기 국물을 다시 끓여서 밥 위에 붓는다. 간은 국간장으로 맞춘다.

••• 껍질 벗긴 거피 녹두는 물에 3~4시간 정도 충분히 불린 다음 손으로 비벼가며 껍질을 벗겨요. 남은 껍질은 물에 두세 번 헹구면서 없애면 됩니다.

온면

삶은 국수 위에 오색고명을 얹고 더운 장국을 부어서 내는 국수입니다.
잔칫상에 올려 잔치국수라고도 하며, 깔끔한 국물 맛이 특징이에요.

재료(4인분)

소면 300g

쇠고기 국물
쇠고기 양지머리 100g
물 10컵
마늘 2쪽
대파 1/2뿌리
국간장 2큰술
소금·후춧가루 조금씩

고명
호박 1/2개
석이버섯 4장
달걀 2개
실고추 조금

1. 쇠고기 양지머리는 끓는 물에 대파, 마늘과 함께 삶아 얇게 저며 썬다. 고깃국물은 체에 걸러 소금과 국간장으로 간한다.
2. 호박은 채 썰어 소금에 절였다가 물기를 꼭 짜서 볶는다. 석이버섯은 뜨거운 물에 불렸다가 채 썰어 팬에 살짝 볶는다. 달걀은 황백지단을 부쳐서 가늘게 채 썬다.
3. 끓는 물에 소면을 넣고 삶아 찬물에 헹구고 사리를 지어 체에 받쳐둔다.
4. 그릇에 사리 지은 국수를 담고 고명과 편육을 얹은 다음 그릇 가장자리로 육수를 자작하게 붓는다.

••• 1_ 온면은 담백하고 시원한 멸칫국물로 하는 경우도 많아요.
    4_ 쇠고기는 저며 썰거나 다져서 고명으로 얹기도 해요.

아귀찜

아귀와 미더덕, 콩나물과 미나리 등 해물과 채소가 조화를 이루는 매콤한 찜.
경남 마산에서 유래된 향토음식입니다.

재료(4인분)

아귀 1마리(1.5kg)
미더덕 200g
콩나물·미나리 200g씩
대파 2뿌리
청주 2큰술
소금 조금

양념

고춧가루 6큰술
간장 2큰술
녹말 2/3컵
다진 파 5큰술
다진 마늘 4큰술
다진 생강·설탕 1큰술씩
참기름 1큰술
소금·후춧가루 조금씩

1. 아귀는 내장과 지느러미를 손질해 물에 깨끗이 씻은 뒤 4~5cm 길이로 토막을 낸다.
2. 미더덕은 소금물에 흔들어 씻어 꼬치로 물집을 터뜨린다.
3. 콩나물은 머리와 꼬리를 정리해 씻는다. 미나리는 줄기만 다듬어 5cm 길이로 썰고 대파도 비슷한 길이로 썬다.
4. 냄비에 아귀를 안치고 소금과 청주로 간한 뒤 물을 자작하게 부어 익힌다.
5. 콩나물과 미나리는 함께 삶아놓는다. 냄비에 콩나물을 담아 한 김 오르도록 찐 다음 그 위에 미나리를 올리고 불에서 내린다.
6. 냄비에 쪄낸 아귀와 미더덕을 안친 다음 양념장을 반 정도 덜어넣고 끓인다. 중간에 삶은 콩나물과 미나리, 대파, 남은 양념장을 넣고 양념이 잘 배도록 버무린 후 뚜껑을 덮어 익힌다.
7. 중간에 삶은 콩나물과 미나리, 대파, 남은 양념장을 넣고 버무린 뒤 뚜껑을 덮어 익힌다.

••• **2_** 미더덕이 터지면서 뜨거운 물에 입을 데기 쉬워요. 상에 내기 전에 꼬치로 물집을 터뜨려주는 것이 안전합니다.
4_ 생선찜은 자주 뒤적이다 보면 살이 부서질 수 있어요. 깊이가 얕고 넓은 전골냄비에 안치면 자주 뒤적이지 않아도 간이 잘 배요.

가자미식해

참가자미를 조밥으로 삭혀서 무채와 함께 다시 익힌 생선무김치.
함경도 지방의 향토음식으로 유명해요.

재료(4인분)

가자미(소) 20마리
무 400g
꽃소금 1컵
소금 3큰술(무채 절임용)

가자미 양념

메좁쌀 2컵
엿기름가루 1/2컵
고춧가루 1컵
다진 마늘 4큰술
다진 생강 1큰술
소금 3큰술

무채 양념

고춧가루 5큰술
다진 마늘 1큰술
다진 생강 1작은술
소금·통깨 1큰술씩

1 싱싱한 가자미의 내장과 머리를 잘라낸 다음 꽃소금을 뿌려 48시간 정도 절인다. 절여진 생선은 보자기에 싸서 큰 돌로 눌러놓는다.

2 메좁쌀로 되직한 밥을 지어 식힌 뒤 마늘과 생강, 고춧가루, 엿기름가루와 섞는다.

3 절여진 가자미를 먹기 좋은 크기로 썰어 ②의 메좁쌀 양념에 버무린 뒤 항아리에 꾹꾹 눌러 담아 일주일 정도 보관한다.

4 무를 굵게 채 썰어 소금에 3~4시간 절였다가 물기를 꼭 짠 뒤 무채 양념으로 조물조물 무친다.

5 일주일이 지나 가자미에 국물이 자작하게 생기면 무채를 섞어 버무린 다음 다시 항아리에 담는다. 3일 정도 지나면 새콤한 맛의 가자미식해가 만들어진다.

••• **2_** 가자미식해는 차좁쌀이 아닌 메좁쌀로 해야 잘 삭아요.
    5_ 가자미식해를 만드는 방식으로 강원도에서는 청어로, 경상도에서는 북어로 식해를 만들어요.

콩부침

불린 콩과 멥쌀을 되직하게 갈아서 김치와 돼지고기를 썰어 넣고 전을 부쳤어요.
단백질이 듬뿍 들어있는 황해도식 부침개입니다.

재료(4인분)

불린 콩 3컵
불린 멥쌀 1컵
물 적당량
김치 1/4포기
돼지고기 200g
식용유 적당량
송송 썬 실파·실고추 조금씩

돼지고기 밑양념
간장·청주 1큰술씩

양념장
간장·물 3큰술씩
다진 파 1큰술
다진 마늘 1/2큰술
참기름 1/2큰술
깨소금·후춧가루 조금씩

1. 불린 콩은 손으로 비벼서 껍질을 벗긴 뒤 믹서에 물과 함께 곱게 간다. 너무 뻑뻑하면 중간에 물을 더 넣어준다.
2. 불린 멥쌀은 믹서에 물을 붓고 곱게 간다.
3. 콩과 멥쌀이 되직하게 갈아지면 한데 섞어 반죽을 만든다.
4. 김치는 속을 털어내고 송송 썬다. 돼지고기는 잘게 다져서 간장과 청주로 밑간을 한다.
5. 송송 썬 김치와 밑간한 돼지고기를 콩과 멥쌀 반죽에 넣고 잘 섞는다.
6. 달군 팬에 기름을 두르고 ④의 반죽을 한 국자씩 떠서 지름 10cm 크기로 동그랗게 지진다. 위에 송송 썬 실파와 실고추를 얹고 뒤집어서 잠깐 더 익힌다.
7. 양쪽이 노릇하게 익으면 접시에 담아 양념장과 함께 낸다.

••• **1_** 황해도에서는 흰콩가루와 멥쌀가루, 수수, 녹두가루 등 웬만한 잡곡을 모두 섞어 콩부침을 만들어요. 돼지고기와 고구마 줄기를 섞어 노릇하게 지지면 고소하면서도 씹는 맛이 좋아요.

6_ 실파와 실고추는 반죽이 굳기 전에 얹어야 뒤집어도 떨어지지 않아요.

단호박죽

단호박을 무르게 삶아 으깬 뒤 찹쌀가루와 섞어 달착지근하게 끓여보세요.
찹쌀가루로 익반죽한 새알심을 띄우면 더욱 맛있어요.

재료(4인분)

단호박 1개
물 10컵
찹쌀가루 1/2컵
소금 조금

1 단호박은 씻어서 반 갈라 씨를 빼내고 찜통에 올려 찐다.
2 찐 호박은 껍질을 도려낸 뒤 속살만 냄비에 넣고 물을 부어 끓인다. 나무주걱으로 으깨면서 잘 저어준다.
3 한소끔 끓여 물과 호박이 뭉근하게 어우러지면 찹쌀가루를 넣고 주걱으로 저어가며 끓인다. 찹쌀가루가 덩어리지지 않게 잘 섞어야 한다.
4 죽이 말갛게 끓으면 불을 끄고 소금으로 간한다.

••• 더 달콤한 맛을 원한다면 소금 대신 설탕이나 꿀을 넣으면 좋아요.

호박범벅

늙은 호박이나 단호박을 찐 다음 찹쌀가루와 콩, 팥을 섞어 끓인 풀죽이에요.
곡식이 많이 나지 않는 계절에 경기도와 강원도 농촌에서 해먹던 음식으로 알려져 있어요.

재료(4인분)

늙은 호박(또는 단호박) 1개
물 10컵
찹쌀가루 1컵
콩·팥 1/2컵씩
밤 5개
설탕 1/2컵
소금·설탕 조금씩

1. 늙은 호박은 크게 4등분으로 나눠 씨를 긁어내고 찜통에 찐 다음 숟가락으로 속살을 긁어낸다. 호박 껍질은 그대로 둔다.
2. 콩은 물에 충분히 불리고 팥은 삶아서 식힌다. 밤은 껍질을 벗겨 작고 네모지게 썬다.
3. 찐 호박 속살을 10컵의 물과 함께 냄비에 넣어 푹 끓이다가 찹쌀가루와 콩, 팥을 넣고 조금 더 끓인다.
4. 호박범벅이 잘 어우러지면 소금으로 간하고 불을 끈 뒤 10분쯤 뜸 들인 뒤 그릇에 담는다. 입맛에 따라 설탕을 곁들인다.

••• 1_ 범벅이란 곡물가루를 풀처럼 쑨 죽을 가리켜요. 찹쌀가루 대신 감자전분이나 옥수수전분 등을 쓸 수도 있어요.
　　3_ 나무주걱으로 호박을 잘 으깨면서 끓여요.

쇠고기배추 두루치기

찌개와 볶음의 중간 형태인 두루치기는 지역마다 조리법이 조금씩 달라요.
전라도식은 배추속대와 콩나물, 채 썬 쇠고기를 함께 넣어 만든 것이 특징입니다.

재료(4인분)

채 썬 쇠고기 100g
콩나물·배추속대·무 200g씩
새송이버섯 1개
박고지 50g
실파 4뿌리
풋고추·붉은 고추 2개씩
달걀 2개
물 1/2컵
식용유 적당량

쇠고기 밑양념

소금·후춧가루 조금씩

양념장

간장 3큰술
설탕·참기름 1/2큰술씩
다진 파·다진 마늘 조금씩
소금·통깨·후춧가루 조금씩

고명

잣 1큰술
은행 8개

1 콩나물은 소금을 조금 넣은 물에 삶고, 배추속대는 3cm 폭으로 썬다. 무는 같은 크기로 얄팍하게 썬다.

2 새송이버섯은 얇게 저며 썰고, 박고지는 물에 불려 4cm 길이로 썬다. 실파도 4cm 길이로 썰고 고추는 어슷 썰어 씨를 털어낸다.

3 쇠고기와 박고지에 양념장을 조금씩 덜어넣고 각각 무친 뒤 기름 두른 팬에 고추와 함께 볶는다. 고기가 익으면 남은 재료와 양념장을 모두 넣고 볶는다.

4 물을 조금 부어 끓이다가 달걀을 풀어서 뭉치지 않게 잘 섞어준다. 다 되면 접시에 담고 잣과 구운 은행을 고명으로 얹는다.

••• 두루치기를 마무리할 때는 물을 조금 붓고 자작하게 끓여요. 콩나물 삶은 물을 따로 두었다가 부으면 시원하고 깔끔한 맛이 납니다.

감자전

곱게 간 감자와 감자전분을 섞어서 전을 부쳤어요.
강원도 향토음식으로, 쫄깃하고 구수하며 입안에서 착 달라붙는답니다.

재료(4인분)

감자 4개
부추 100g
감자전분 4큰술
소금 조금
물 2컵
식용유 적당량

초간장

풋고추 1개
간장 2큰술
물·식초 1큰술씩
고춧가루 1/2큰술

1. 감자는 강판에 곱게 갈고, 부추는 물에 흔들어 씻은 뒤 3cm 길이로 썬다. 양념장에 들어갈 풋고추는 씨를 빼내고 잘게 다진다.
2. 큰 그릇에 감자 간 것과 부추를 섞은 뒤 물과 소금을 넣어 반죽한다. 반죽 농도는 감자전분으로 맞춘다.
3. 다진 풋고추에 간장과 물, 식초, 고춧가루를 분량대로 넣고 섞어 양념장을 만든다.
4. 달군 팬에 식용유를 두르고 반죽을 한 국자씩 떠서 얇고 동그랗게 부친다. 전이 익어 투명해지면 뒤집어 앞뒤로 노릇하게 부쳐서 접시에 담고 양념장을 곁들인다.

••• 부추는 잘못하면 흐트러지고 풋내가 나기 쉬워요. 가지런히 정리해 흐르는 물에 살살 흔들어 씻는 것이 요령입니다.

표고버섯전·고사리전

대표적인 명절음식 표고버섯전, 고사리를 잘게 썰어 달걀물에 적셔 지진 고사리전.
고사리는 씹는 맛이 좋고 표고버섯은 구수한 맛이 좋아 고기전 대신 많이 쓰인답니다.

재료(4인분)

마른 표고버섯 10장
고사리 200g
밀가루 1컵
달걀 4개
식용유 적당량
소금 조금

밑양념

간장 2큰술
참기름 1큰술

양념장

간장·식초·물 2큰술씩
설탕·깨소금 조금씩

1 마른 표고버섯은 따뜻한 물에 불려 기둥을 떼고 물기를 꼭 짠다.
2 고사리는 깨끗이 씻어 물기를 짠 다음 1cm 길이로 잘게 썬다.
3 준비한 표고버섯과 고사리를 각각 간장과 참기름으로 밑양념한다.
4 양념한 표고버섯에 밀가루를 묻히고 달걀물에 담갔다가 꺼내서 기름 두른 팬에 타지 않게 지진다.
5 고사리는 표고버섯과 비슷한 크기로 뭉쳐서 밀가루를 묻히고 달걀옷을 입힌 다음 기름 두른 팬에 지진다.
6 표고버섯전과 고사리전을 접시에 담고 양념장을 곁들인다.

••• 4_ 표고버섯에 밀가루를 묻힌 뒤 여분의 밀가루는 털어내고 달걀옷을 입혀야 깔끔해요.
    5_ 고사리는 줄기가 흐트러져서 동그란 모양을 잡기가 어려워요. 익기 전에 숟가락으로 모양을 잡아주는 것이 중요합니다.

배추적·무적

배춧잎과 무를 데쳐서 밀가루옷을 입혀 지진 경상도의 향토음식.
담백하면서 씹을 때마다 아삭한 질감이 느껴지는 건강 자연식이에요.

재료(4인분)
배추속대 4장
무 200g
밀가루 1컵
식용유 적당량

흰색 전옷
밀가루 1컵
물 1/2컵
간장·참기름 조금씩

붉은색 전옷
밀가루 1컵
물 1/2컵
고추장 1큰술
고춧가루 1/2큰술
다진 마늘 조금

양념장
간장·물 2큰술씩
고춧가루·다진 파 1큰술씩
다진 마늘·참기름·깨소금 조금씩

1 배추속대는 씻어서 물기를 털고, 무는 껍질을 벗긴 뒤 0.5cm 두께의 반달 모양으로 썬다.
2 손질한 배추와 무는 끓는 물에 데쳐서 찬물에 헹구어 건진다.
3 전옷은 두 종류로 만든다. 밀가루와 물, 간장, 참기름을 섞어 흰색 전옷을 준비하고, 다른 하나는 고추장과 고춧가루를 넣어 붉은색 전옷으로 만든다.
4 준비한 배추와 무에 날 밀가루를 묻히고 ③의 두 가지 전옷을 입힌다. 기호에 따라 원하는 전옷을 입히면 된다.
5 간장과 물, 고춧가루, 다진 파, 다진 마늘, 참기름·깨소금을 분량대로 잘 섞어 양념장을 만든다.
6 달군 팬에 기름을 넉넉히 두르고 전을 부친다. 앞뒤로 뒤집어 노릇하게 지진 부친 접시에 담고 양념장을 곁들인다.

••• 물기가 있는 재료에 전옷을 입히면 흘러내려서 잘 입혀지지 않아요. 먼저 날 밀가루를 묻히고 여분의 밀가루를 털어낸 뒤 전옷을 입히면 떨어지지 않는답니다.

4

무왁저지

무를 큼직하게 썰어 다시마국물에 지지미처럼 끓인 것을 왁저지라고 해요.
충청도의 향토음식으로, 무가 맛있는 가을에 많이 먹는답니다.

재료(4인분)

무 1/2개
마른 표고버섯 8개
다시마 10×10cm 1장
생강 1쪽
마른 홍고추 2개

양념

고춧가루 2큰술
들기름 4큰술
국간장 5큰술
설탕 3큰술

1. 무는 깨끗이 씻은 뒤 껍질째 0.5cm 두께의 반달 모양으로 썬다.
2. 표고버섯은 따뜻한 물에 불려 기둥을 뗀 다음 반 가른다. 버섯 불린 물은 따로 담아둔다.
3. 다시마는 물에 불려 데친 뒤 버섯과 같은 크기로 썬다.
4. 생강은 곱게 채 썰고 마른 홍고추는 적당한 길이로 자른다.
5. 뜨겁게 달군 냄비에 들기름을 두르고 무를 볶다가 표고버섯과 생강, 마른 홍고추를 넣고 양념을 모두 넣어 볶는다.
6. 다시마와 표고버섯 불린 물을 넣고 자작하게 조린다.

••• 다시마 불린 물과 표고버섯불린 물을 섞어서 넣으면 더 깊고 진한 국물 맛을 낼 수 있어요.

두부톳무침

두부를 으깬 뒤 물기를 꼭 짜서 톳과 함께 섞어 무침을 했어요.
두부의 단백질과 톳의 칼슘을 동시에 흡수할 수 있는 제주도식 건강 사찰요리입니다.

재료(4인분)

두부 1모
톳 200g

양념

간장·참기름·깨소금 1큰술씩
소금 조금

1. 두부는 칼등으로 눌러 으깬 뒤 면보자기에 싸서 물기를 꼭 짠다.
2. 톳은 깨끗이 씻어서 끓는 물에 살짝 데친다.
3. 으깬 두부에 간장과 참기름, 깨소금을 넣고 조물조물 무친 뒤 소금으로 간한다.
4. 양념한 두부에 데친 톳을 넣고 고루 버무려 그릇에 담아낸다.

••• 검은빛이 나는 톳을 끓는 물에 데치면 투명하고 파릇한 녹색이 됩니다.

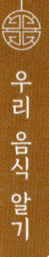

지역마다 특색 있는 전국 향토음식

'향토음식'이란 지방의 특산물로 입맛에 맞게 만드는 음식을 가리킵니다. 지역마다 기후가 다른 우리나라는 조리법에도 조금씩 차이가 있어요. 각 도별로 특색을 살펴보면 그 차이점과 독특한 향토음식을 알 수 있습니다.

서울, 멋을 살린 음식

서울은 궁중 문화의 전통이 이어지고 있는 곳. 음식 자체도 양반음식 또는 궁중음식과 많이 다르지 않다. 음식은 보통 가짓수는 많게, 양은 조금씩 준비하며 모양은 작고 예쁘게 만든다. 간은 심심하게 맞추는 편이며 새우젓국을 주로 쓴다.

대표 메뉴 | 설렁탕, 장국밥, 비빔국수, 국수장국, 육개장, 신선로, 구절판, 홍합초, 느티떡, 상추떡, 매작과, 다식

경기도, 소박하면서도 다양한 요리

개성 음식을 제외하고는 대체적으로 소박하고 수수한 편. 음식의 간은 특별히 짜지도, 싱겁지도 않으며 양념은 적게 쓴다. 반면 개성 음식은 화려함이 궁중음식 못지않다. 음식을 만들 때 다양한 재료를 고루 넣고 정성 또한 많이 들어간다.

대표 메뉴 | 조랭이떡국, 제물칼국수, 개성편수, 갈비탕, 아욱토장국, 민어탕, 홍해삼, 순무김치, 개성보김치, 개성경단, 개떡, 개성약과, 오미자화채

충청도, 자연 그대로의 맛

충청도는 해안, 내륙, 산간 중 어느 지역에 사느냐에 따라 음식 문화가 다르다. 농업이 주가 되는 내륙지역은 쌀이나 보리, 배추 등으로 반찬을 만들고 자반 또는 말린 생선을 즐긴다. 서쪽 해안지방은 풍부한 해산물과 생선으로 반찬을 마련하고 산간지방은 산채와 버섯으로 만든 음식이 유명하다.

대표 메뉴 | 콩나물밥, 날떡국, 호박범벅, 시래기국, 청국장, 참죽나물, 어리굴젓, 햇보리떡, 수삼정과, 복숭아화채

강원도, 산간·해안지역 음식 고루 발달

산간과 해안지방에서 나는 특산물이 달라 음식도 차이가 난다. 밭농사가 발달한 산악·고원지대는 옥수수와 메밀, 감자로, 동해를 끼고 있는 해안지역은 명태와 오징어, 미역 등으로 음식을 준비한다. 대개 육류요리가 적고 해안지역은 젓갈 종류가 발달했다.

대표 메뉴 | 감자떡, 감자수제비, 강냉이밥, 메밀막국수, 감자범벅, 쏘가리탕, 오징어순대, 동태구이, 오징어회, 도토리묵, 메밀총떡, 송화다식, 당귀차

경상도, 간이 세고 맵지만 소박한 음식

남해와 동해를 끼고 있는 경상도는 해산물이 풍부하고 농산물 또한 넉넉하다. 음식은 입이 얼얼해질 정도로 간이 세고 맵지만 외형적으로는 소박한 편이다. 어류는 소금으로 간해 굽거나 생선찌개, 회 등으로 준비하며 국수를 선호해 국수요리가 많다.

대표 메뉴 | 무밥, 닭칼국수, 추어탕, 대구탕, 아귀찜, 미더덕찜, 동태구이, 상어구이, 대합구이, 안동식혜

전라도, 풍류와 맛의 고장

해안과 내륙, 산에서 나는 각종 재료들이 많아 다른 지역에 비해 음식 종류가 다양하다. 특히 전라도의 전주와 광주, 해남은 대를 이어 사는 양반들이 많아 조리법이 잘 전해지고 있다. 고춧가루와 양념, 젓갈을 많이 넣어 음식이 맵고 짠 편이다.

대표 메뉴 | 전주비빔밥, 콩나물국밥, 피문어죽, 홍어회, 게장, 죽순채, 토란탕, 산낙지회, 장어구이, 꼴뚜기젓, 호박고지, 차조기떡, 연근정과

제주, 어류·해조류로 만든 음식 풍부

제주도는 쌀 대신 콩이나 메밀, 고구마 같은 작물이 발달했고 귤 농사를 짓는 가구가 많다. 산간지역에서는 버섯과 고사리를 채취할 수 있다. 어류와 해조류로 만든 음식이 많고 특히 전복이 유명하다. 간은 짠 편이며 된장으로 맛을 내는 요리 또한 풍부하다.

대표 메뉴 | 전복죽, 옥돔죽, 메밀저배기, 곤떡국, 생선국수, 고사리국, 동지김치, 평적, 초기적, 톳나물, 빙떡, 오메기떡

황해도, 기교 부리지 않고 크고 많이

넓은 평야가 발달한 황해도는 쌀 생산량이 많고 곡식의 질이 좋은 편이다. 해안지방은 소금 생산이 많고 여러 가지로 생활이 윤택한 편이어서 음식을 많이, 크게 만드는 경향이 있다. 음식에 기교를 부리지는 않고, 구수하고 삼삼한 음식을 즐긴다.

대표 메뉴 | 김치밥, 잡곡밥, 김치말이, 호박만두, 밀범벅, 되비지탕, 김치순두부찌개, 청포묵, 김치적, 조기국, 큰 송편, 잡곡부침, 오쟁이떡

평안도, 가루음식, 육류요리 발달

동쪽이 산간, 서쪽이 해안지역으로 발달되어 있어 해산물과 곡식이 모두 풍부하다. 음식은 크게, 많이 만드는 편이고 메밀냉면과 만두 등 가루를 반죽해 만든 음식이 많다. 겨울이 유난히 추워 기름진 육류요리가 발달했다. 간은 대체로 심심하게 한다.

대표 메뉴 | 어복쟁반, 냉면, 온반, 김치말이, 만두국, 닭죽, 굴만두, 콩비지찌개, 가지김치, 도라지산적, 송기떡, 순대

함경도, 잡곡, 어류 이용한 음식 풍부

산간지대에 위치해 논농사보다 밭농사가 발달했으며 콩을 비롯한 잡곡의 질이 좋고 생산량도 높은 편이다. 동해안을 끼고 있어 어류로 만든 요리 종류가 많은 것도 장점이다. 보통은 담백하게 음식을 만들지만 매운 맛 양념을 즐기기도 한다.

대표 메뉴 | 닭비빔밥, 회냉면, 감자국수, 옥수수죽, 콩부침, 가자미식해, 닭 섭산적, 인절미, 감자떡, 약과, 콩엿강정, 들깨엿강정

7장

김치·장아찌

한식 상차림에 없어서는 안 될 사계절 기본 반찬이 김치와 장아찌입니다. 가장 기본이 되는 배추김치와 깍두기, 아작아작 맛있는 오이소박이, 신선하게 무쳐 내는 겉절이, 매콤한 풋고추장아찌와 마늘장아찌 등 다양한 김치와 장아찌 담그기를 배워보세요.

통배추김치

속이 꽉 찬 통배추를 소금에 절인 뒤 잎 사이사이에 소를 채워 넣고 익혀서 먹는 김치.
김장철에 담그는 대표적인 김치입니다.

재료(4인분)
배추 10포기(30kg)
굵은소금 10컵
물 20컵

김치소
무 3개(4.5kg)
쪽파 1단
갓 1단
미나리 2단
대파 1/2단
마늘 10통
생강 3쪽
고춧가루 10컵
물 10컵

소 양념
새우젓·멸치액젓 1컵씩
굴 1컵
새우 2컵
설탕 1/4컵
소금 조금

1 배추는 밑동에 살짝 칼집만 넣어 양손으로 벌리듯이 쪼갠다. 자른 배추는 잎 사이사이에 소금을 뿌리고 소금물에 담가 하룻밤 절인다.

2 배추가 절여져서 숨이 죽으면 물에 여러 번 헹군 뒤 채반에 받쳐서 물기를 뺀다.

3 무는 4cm 길이로 가늘게 채 썰고 쪽파와 갓, 미나리도 같은 길이로 썬다. 대파는 흰 부분만 채 썰고 마늘과 생강도 채 썰어 준비한다.

4 새우젓을 곱게 다져서 멸치액젓, 굴, 새우, 설탕, 소금과 섞은 다음 ③의 소 재료를 넣어 고루 버무린다.

5 배춧잎 사이사이에 ④의 소를 골고루 채워 넣고 배추 겉잎으로 잘 오므려서 마무리한다.

6 김치통에 차곡차곡 눌러 담아 상온에서 하루 정도 두었다가 냉장고에 저장해두고 먹는다.

••• **4_** 소 양념에 찹쌀가루로 풀을 쑤어 넣기도 해요. 찹쌀가루의 당질이 매운 양념과 조화를 이뤄 김치의 맛을 좋게 하기 때문입니다.

5_ 소를 버무린 그릇은 그냥 씻어버리지 말고 연한 소금물로 헹군 뒤 김치통에 골고루 부려주세요.

백김치

고춧가루를 넣지 않고 배와 밤, 대추 등을 넣고 하얗게 담그는 김치.
국물을 넉넉하게 해 시원하게 먹으면 깔끔하고 제맛이 나요.

재료(4인분)

배추 5포기(15kg)
굵은소금 6컵(1.5kg)
물 12컵

김치소
미나리 1단
쪽파·대파 1/2단씩
무 2개(3kg)
배 1개
마늘 5통
생강 2쪽
실고추 20g
밤·대추 10개씩
불린 표고버섯 4장
석이버섯 5장
잣 2큰술
꽃소금 1/2컵

김칫국물
물(생수) 20컵
배 1개
새우젓 1/2컵
소금 2/3컵
설탕 조금

1. 배추는 밑동에 살짝 칼집만 넣어 양손으로 벌리듯이 쪼갠다. 자른 배추는 잎 사이사이에 소금을 뿌리고 소금물에 담가 10시간 정도 절인다.
2. 배추가 절여져서 숨이 죽으면 물에 여러 번 헹군 뒤 채반에 밭쳐서 물기를 뺀다.
3. 미나리와 쪽파는 4cm 길이로 썰고, 무와 배도 비슷한 길이로 채 썬다. 대파는 흰 부분만 채 썬다.
4. 마늘과 생강은 채 썰고 실고추는 적당히 자른다. 밤과 대추, 불린 표고버섯은 곱게 채 썰고 석이버섯은 적당히 썬다.
5. 손질한 소 재료를 한데 넣고 잘 섞어준 뒤 절인 배춧잎 사이사이에 고루 집어넣고 김치 겉잎으로 감싸 통에 꾹꾹 눌러 담는다.
6. 배와 새우젓, 소금, 설탕을 믹서에 넣고 곱게 간 뒤 물을 붓고 다시 돌려 섞어 김칫국물을 완성한다.
7. 김치를 담은 통에 ⑥의 김칫국물을 배추가 잠기도록 넉넉히 붓는다.

••• 지역에 따라 국물을 자작하게 하거나 넉넉히 붓기도 해요. 북한 지방에서는 국물을 넉넉하게 해서 동치미처럼 시원하게 먹는 것이 특징입니다.

총각김치

단단한 알타리무를 소금에 절여 매콤한 양념에 버무려 담근 김치입니다.
아작아작한 식감이 살아있고, 익을수록 깊은 풍미를 즐길 수 있어요.

재료(4인분)

총각무 5단(12kg)
굵은소금 2컵
물 3컵

부재료
쪽파·갓 1단씩
미나리 1/2단

양념
고춧가루 5컵
물 3컵
설탕 3큰술
새우젓·멸치액젓 1컵씩
대파 3뿌리
다진 마늘 1/2컵
다진 생강 1/4컵
실고추 20g

찹쌀풀
찹쌀가루 4큰술
물 3컵

1. 총각무는 솔로 문질러 씻은 뒤 큰 것은 반 가른다. 쪽파, 갓, 미나리, 대파는 씻어서 물기를 뺀 뒤 4cm로 썰고, 대파는 어슷하게 썬다.
2. 총각무는 소금물에 3시간쯤 절인 뒤 물에 헹구어 채반에 받쳐둔다. 쪽파와 갓도 총각무 절인 물로 절였다가 헹구어 채반에 받쳐둔다.
3. 찹쌀가루를 물에 잘 개어 약한 불에서 잘 저어가며 찹쌀풀을 쑨다.
4. 고춧가루에 물을 부어 섞고 나머지 양념 재료를 넣어 고루 섞어준 뒤 미나리, 대파를 넣어 버무린다. 싱거우면 소금으로 간한다.
5. 양념에 총각무를 넣고 버무리다가 쪽파와 갓을 넣어 함께 버무린다. 총각무와 갓, 쪽파를 두세 가닥씩 잡아 무줄기로 묶고 김치통에 차곡차곡 담는다.

••• **1_** 아주 큰 것은 4등분으로 쪼개면 먹기가 편리해요.
5_ 총각김치를 오래 두었다 먹으려면 무청을 위에 덮고 소금을 조금 뿌려 보관하는 게 좋아요.

깍두기

무를 주사위 모양으로 썰어 고춧가루 양념에 버무려 익혀 먹어요.
깍두기 무는 단단한 것으로 선택해야 아삭아삭해서 맛있답니다.

재료(4인분)

무(중간 크기) 4개(6kg)
쪽파 10줄기
미나리 5줄기
갓 1/4단

양념
생굴 2컵
새우젓 1/4컵
대파 1뿌리
마늘 2통
생강 1쪽
고춧가루 3컵
소금·설탕 1큰술씩

1. 무는 단단하고 매끄러운 것으로 골라 잔뿌리를 정리한 뒤 깨끗이 씻어 사방 2cm 정도의 주사위 모양으로 썬다.
2. 쪽파와 미나리, 갓은 다듬어 씻어서 3cm 길이로 썰어놓는다.
3. 생굴은 옅은 소금물에 씻어 건지고 새우젓은 굵게 다진다. 대파는 어슷하게 썰고 마늘과 생강은 곱게 다진다.
4. 무를 고춧가루로 버무려 붉은 물이 들면 ③의 양념을 넣고 섞는다. 양념이 고루 묻으면 쪽파와 미나리, 갓을 넣어 살살 섞어준다.
5. 소금을 뿌려 전체적으로 간을 맞추고 김치통에 담은 뒤 하룻저녁 그대로 두었다가 냉장고에 보관한다.

••• 배추속대나 무청을 3~4cm 크기로 잘라 함께 버무리면 좋아요.

오이소박이

오이에 칼집을 낸 뒤 양념한 소를 채워 넣어 익힌 대표적인 소박이 김치입니다.
오이의 상큼한 맛과 아삭아삭 씹히는 소리가 식욕을 돋운답니다.

재료(4인분)

오이 10개
꽃소금 1/2컵
물 10컵

소
부추 1/2단
고춧가루·물 1/2컵씩
다진 파 4큰술
다진 마늘 2큰술
다진 생강 1작은술
소금·설탕 조금씩

김칫국물
물 4컵
소금 1큰술

1. 오이는 소금으로 문질러 씻어 6~7cm 길이로 토막 낸 뒤 열십자로 칼집을 넣고 소금물에 1시간 정도 절여 물기를 꼭 짠다.
2. 부추는 흐르는 물에 살살 씻어 물기를 뺀 뒤 1cm 길이로 송송 썬다.
3. 고춧가루에 물을 부어 잘 갠 뒤 송송 썬 부추와 파, 마늘, 생강을 넣어 고루 섞고 소금과 설탕으로 맛을 낸다.
4. 절인 오이에 ③의 소를 채워 넣는다. 칼집 낸 곳을 살짝 벌려 소를 집어넣고 빠져나오지 않도록 꽉 쥔 다음 김치통에 눌러 담는다.
5. 남은 소는 김칫국물로 가셔낸 뒤 오이소박이 위에 고루 뿌린다.

••• 오이소박이를 바로 만들어 먹으려면 소금물에 살짝만 절이세요. 익혀서 먹으려면 충분히 절여야 오이가 물러지지 않는답니다.

풋고추소박이

절인 풋고추에 양념한 무채로 소를 만들어 채워 넣었어요.
풋고추가 제철인 여름에 칼칼한 매운맛이 입맛을 돌게 합니다.

재료(4인분)

풋고추 30개
무(중간 크기) 1/4개
붉은 고추 1개
굵은소금 조금

양념

고춧가루 1/4컵
다진 마늘 4큰술
멸치액젓 3큰술
설탕 1큰술
소금 조금

1 고추는 꼭지를 떼고 씻은 뒤 길이로 길게 칼집을 넣는다. 속의 씨는 젓가락으로 대충 훑어내고 옅은 소금물에 절여 물기를 없앤다.

2 무는 4cm 정도 길이로 가늘게 채 썰고 붉은 고추는 반 갈라 씨를 빼낸 다음 채 썬다.

3 고춧가루와 다진 마늘, 멸치액젓을 한데 섞고 설탕과 소금으로 간한 뒤 채 썬 무와 붉은 고추를 넣어 골고루 버무린다.

4 ③의 양념을 풋고추 속에 꼭꼭 채워 넣는다.

5 김치통에 차곡차곡 넣어 반나절 정도 익힌 다음 냉장고에 넣는다.

••• 무 대신 부추와 당근을 소 재료로 해도 좋아요. 부추는 송송 썰고 당근은 부추와 비슷한 굵기로 채 썰어 준비하세요.

열무물김치

연한 열무에 김칫국물을 부어서 익히는 대표적인 여름 김치입니다.
국물에 밀가루풀을 섞으면 풋내가 나지 않아요.

재료(4인분)

열무 1단
얼갈이배추 1/2단
쪽파 5뿌리
양파 1개
풋고추 5개
붉은 고추 2개

소금물
굵은소금 1컵
물 10컵

밀가루풀
밀가루 2큰술
물 2/3컵

김칫국물
물 15컵
고춧가루 1/2컵
붉은 고추 간 것 2컵
굵은소금 1/2컵
다진 마늘 2큰술
다진 생강 1작은술

5

1. 열무와 얼갈이배추는 다듬어 5cm 길이로 썬 뒤 물에 씻어 건진다. 손질한 열무와 얼갈이배추는 2시간쯤 소금물에 절였다가 깨끗한 물에 두세 번 헹군 뒤 채반에 밭쳐 물기를 뺀다.
2. 쪽파는 다듬어 5cm 길이로 자르고 양파는 어슷하게 썬다. 풋고추와 붉은 고추도 어슷하게 썬다.
3. 밀가루를 물에 잘 갠 뒤 약한 불에서 주걱으로 저어가며 풀을 쑨다.
4. 묽게 쑨 밀가루풀을 물 15컵에 잘 푼 뒤 고춧가루와 붉은 고추 간 것을 섞고, 다진 마늘과 다진 생강, 소금을 넣어 섞는다.
5. 열무와 배추, 쪽파와 양파, 고추를 한데 섞어 김치통에 담고 김칫국물을 붓는다. 건지와 김칫국물을 번갈아가며 통에 담는다.

••• 1_ 열무를 씻을 때는 풋냄새가 나지 않도록 살살 씻어 건져야 해요.
   4_ 밀가루풀 대신 찹쌀풀을 넣어도 국물 맛이 좋아요. 물김치는 소금 간을 하지만 멸치액젓이나 까나리액젓을 넣으면 열무 특유의 쓴맛을 줄일 수 있어요.

돌나물 물김치

봄나물의 대표격인 돌나물로도 물김치를 담글 수 있어요.
돌나물은 조심스럽게 손질해 소금에 절이지 않은 채로 김치를 담그는 것이 중요해요.

재료(4인분)

돌나물 200g
미나리 2줄기
쪽파 5뿌리
풋마늘대 2줄기
생강 1쪽
풋고추·붉은 고추 1개씩

밀가루풀
밀가루 2큰술
물 1/3컵

김칫국물
고춧가루·꽃소금 1/3컵씩
물 10컵

1. 고추는 꼭지를 떼고 씻어 길이로 길게 칼집을 넣는다. 속의 씨는 숟가락으로 대충 훑어내고 옅은 소금물에 절여 물기를 없앤다.
2. 무는 4cm 정도 길이로 가늘게 채 썰고 붉은 고추는 반 갈라 씨를 빼낸 다음 채 썬다.
3. 고춧가루와 다진 마늘, 멸치액젓을 한데 섞고 설탕과 소금으로 간한 뒤 채 썬 무와 붉은 고추를 넣어 골고루 버무린다.
4. ③의 양념을 풋고추 속에 꼭꼭 채워 넣는다.
5. 김치통에 차곡차곡 넣어 반나절 정도 익힌 다음 냉장고에 넣는다.

••• 무 대신 부추와 당근을 소 재료로 해도 좋아요. 부추는 송송 썰고 당근은 부추와 비슷한 굵기로 채 썰면 됩니다.

파김치

고춧가루와 멸치액젓으로 양념해서 푹 익혀 먹는 김치입니다.
파김치는 오래 익힐수록 깊은 제맛이 납니다.

재료(4인분)

쪽파 2kg

찹쌀풀
찹쌀가루 2큰술
물 1컵

양념
고춧가루 2컵
멸치액젓 1½컵
물 2컵
다진 마늘 2큰술
다진 생강 1작은술
통깨 2큰술
소금·설탕 1큰술씩

1. 쪽파는 다듬어서 물에 깨끗이 씻어 건진 다음 멸치액젓 1/2컵으로 절인다.
2. 찹쌀가루를 멍울지지 않도록 물에 잘 풀어 나무주걱으로 저어가며 끓인 뒤 충분히 식힌다.
3. 고춧가루에 물과 멸치액젓 1컵, 찹쌀풀을 넣어 섞은 뒤 남은 양념을 넣어 버무린다.
4. 절인 파에 준비된 양념을 한 줌씩 치대어 바른다. 양념을 골고루 바른 후 2~3가닥씩 집어 돌돌 말아 김치통에 담는다.

••• 쪽파나 부추같이 여린 줄기는 액젓에 절여야 부드럽게 잘 절여져요.

부추김치

절인 부추를 멸치액젓에 버무린 별미 김치입니다.
겉절이처럼 곧바로 담가 먹기도 하고 폭 삭혀서 먹어도 맛있어요.

재료(4인분)

부추 2단(1kg)
풋고추 2개
붉은 고추 1개

양념

고춧가루·물 1컵씩
멸치액젓 2/3컵
다진 마늘 2큰술
통깨 1큰술

1. 부추는 잎이 가늘고 길이가 짧은 재래종으로 준비해 물에 살살 흔들어 씻어 물기를 뺀 뒤 멸치액젓 1/3컵에 절인다.
2. 풋고추와 붉은 고추는 반 갈라 씨를 뺀 뒤 채 썬다.
3. 고춧가루에 물을 넣어 잘 갠 뒤 멸치액젓 1/3컵과 다진 마늘, 통깨를 넣어 섞는다.
4. 절인 부추와 풋고추, 붉은 고추를 한데 섞고 ③의 양념을 넣어 고루 버무린다.

••• 부추를 씻을 때는 두 손으로 부추단을 가지런히 모아 쥔 채 흐트러지지 않게 흐르는 물에 살살 헹구는 것이 포인트입니다.

갓김치

갓과 쪽파로 담그는 전라도식 별미김치. 멸치액젓을 많이 넣어 진한 맛이 느껴져요.
오래 익혀 먹으면 곰삭은 맛이 매력입니다.

재료(4인분)

갓 4kg
쪽파 1단
굵은소금 2컵
무 1/2개
배 1개
밤 10개
마늘 4통
생강 2쪽

찹쌀풀
물 2컵
찹쌀가루 1/2컵

양념
고춧가루 3컵
물 5컵
멸치액젓·멸칫국물 1컵씩
새우젓 1/4컵
통깨·실고추 조금씩

1 갓은 깨끗이 씻은 뒤 진한 소금물에 2시간 정도 절이고 쪽파는 다듬어 씻은 뒤 30분만 절여서 물에 헹구어 물기를 빼둔다.

2 무는 3cm 길이로 채 썰어 소금에 살짝 절이고 배는 무와 비슷한 길이로 가늘게 채 썬다. 밤은 납작하게 저며 썰고 마늘과 생강은 다진다.

3 찹쌀가루를 물에 개어서 푼 뒤 잘 저어가며 찹쌀풀을 쑨다.

4 고춧가루에 물과 찹쌀풀을 부어 섞은 뒤 나머지 양념 재료와 ②의 부재료를 모두 넣어 버무린다.

5 갓과 쪽파를 ④의 양념으로 무친 뒤 갓 3~4가닥과 쪽파 1가닥씩을 잡아 흩어지지 않게 묶어서 김치통에 눌러 담는다.

••• 갓김치를 삭히는 데 가장 중요한 역할을 하는 것이 바로 찹쌀풀이죠. 갓 특유의 씁쓰름한 맛을 가라앉히고 젓갈의 비린내를 없애줍니다.

장김치

조선시대 궁중에서 만들던 장김치. 간장으로 담그는 일종의 물김치입니다.
배와 밤, 잣, 표고버섯 등의 부재료가 들어가 깊은 맛이 나요.

재료(4인분)
배추 1kg
무 500g

간장국물
간장 2컵
물 10컵
설탕 2큰술

부재료
배 1/2개
밤 5개
표고버섯 2장
석이버섯 3장
미나리 3뿌리
대파(흰 부분) 6cm
마늘 3쪽
생강 1쪽
잣 1큰술
실고추 조금

5

1. 배추는 속대만 씻어서 3cm 폭으로 썰고 무는 3cm 길이로 토막을 낸 뒤 3cm 폭, 0.5cm 두께로 썬다.
2. 손질한 배추와 무를 간장에 2시간 정도 절인다. 이때 생기는 물은 버리지 말고 따로 두었다가 설탕을 조금 첨가해 간장국물을 만든다.
3. 배는 무와 같은 크기로 썰고 밤은 껍질을 벗겨 납작하게 썬다. 표고버섯과 석이버섯은 따뜻한 물에 불려 물기를 꼭 짠 뒤 곱게 채 썬다.
4. 미나리는 3cm 길이로 썰고 대파는 가늘게 채 썬다. 마늘과 생강은 채 썰고 잣은 고깔을 떼서 정리한다. 실고추는 뚝뚝 끊어둔다.
5. 배추, 무, 부재료를 섞어 김치통에 눌러 담고 간장국물을 붓는다.

••• 궁중에서는 주로 설이나 추석 같은 명절에 장김치를 담갔다고 전해져요. 냉장고에 넣어 차게 식혔다가 떡과 함께 내거나 떡국, 만두국과 함께 내면 좋아요.

섞박지

절인 배추와 무를 젓갈과 양념으로 버무린 김치입니다.
배추김치 사이에 도톰하게 썬 무를 섞었다 해서 섞박지라고 부른답니다.

재료(4인분)

배추 2포기
무 1/2개
굵은소금 2컵

부재료

갓 1단
쪽파 10뿌리
미나리 1단

양념

고춧가루 2컵
물 4컵
멸치액젓 1/2컵
다진 새우젓 1/3컵
대파 2뿌리
다진 마늘 1/2컵
다진 생강 2큰술
설탕 2큰술
꽃소금 조금

1 배추는 겉잎을 떼어내고 3×4cm로 썰고, 무도 비슷한 크기로 얄팍하게 썰어 소금에 절인다. 30분쯤 지나면 배추는 물에 헹궈 채반에 밭치고 무는 물기만 뺀다.

2 갓과 쪽파, 미나리는 말끔히 다듬어 씻고 4cm 길이로 썬다.

3 고춧가루에 물을 부어 색을 낸 다음 남은 양념 재료를 넣어 섞는다. 꽃소금과 설탕은 기호에 맞게 넣는다.

4 배추와 무, ③의 양념을 한데 버무린 뒤 갓, 미나리를 넣어 섞는다.

5 섞박지를 김치통에 넣고 꼭꼭 누른 뒤 양념 그릇을 물로 가시고 소금 간을 해서 통에 붓는다.

••• 4_ 갓, 쪽파, 미나리는 연하므로 나중에 넣어야 해요.
5_ 양념을 가셔 넣는다고 물을 너무 많이 부으면 김치에 물이 많아져서 맛이 덜해요. 조금만 부어 가시고 반드시 소금 간을 해서 김치통에 부어야 해요.

양배추김치

배추 대신 양배추와 무, 오이를 넣고 만든 김치예요.
다양한 재료가 어우러져 독특한 감칠맛이 나며, 물김치처럼 국물을 부어 익혀도 좋아요.

재료(4인분)

양배추 1통
무 1개
오이 2개
굵은소금 1컵

소금물
꽃소금 2큰술
물 4컵

부재료
미나리 1/2단
쪽파 5뿌리
배 1개
붉은 고추 4개

양념
고춧가루 1컵
새우젓 4큰술
다진 마늘 4큰술
다진 생강 1큰술
소금 조금

1. 양배추는 겉잎을 떼어내고 깨끗하게 씻어 가로세로 2~3cm 크기로 썬다. 무와 오이는 양배추와 비슷한 크기로 납작하게 썬다.
2. 손질한 ①의 재료들을 소금물에 담가 30분 정도 절인 뒤 체에 밭쳐 물기를 뺀다. 오이는 손으로 꼭 짠다.
3. 미나리와 쪽파는 다듬어 씻고 3cm 길이로 썬다. 배는 비슷한 길이로 곱게 채 썰고 붉은 고추는 반 갈라 씨를 빼낸 뒤 채 썬다.
4. 준비된 양념 재료를 고루 섞은 뒤 절인 양배추와 무, 오이를 넣고 무친다. 싱거우면 새우젓과 소금으로 간한다.
5. 버무린 김치를 김치통에 눌러 담고 남은 양념으로 김칫국물을 만든 뒤 소금으로 간을 맞춰 김치통에 붓는다.

••• 채소를 절일 때 소금을 뿌려 두는 것보다 소금물에 담그면 더 빨리 골고루 절여져요.

고들빼기

쌉쌀한 맛과 향이 매력인 전라도식 김치입니다.
나물이란 느낌이 들지만 새콤하게 익혀서 먹는 게 맛있어요.

재료(4인분)

고들빼기 2kg
쪽파 1/2단
풋고추 3개
붉은 고추 2개

소금물
굵은소금 200g
물 10컵

양념
고춧가루·물 2컵씩
멸치액젓 1컵
황석어젓 1/2컵
다진 마늘 4큰술
다진 생강 1큰술
물엿 3큰술
통깨 조금

1. 고들빼기는 깨끗이 다듬고 뿌리가 굵은 것은 반 갈라 물에 씻어 건진 뒤 소금물에 일주일가량 담가 삭힌다.
2. 삭힌 고들빼기는 맑은 물에 두세 번 헹구고 옅은 소금물에 마지막으로 헹궈 건진 뒤 체에 밭쳐 그늘진 곳에 말린다.
3. 쪽파는 깨끗이 다듬어 씻은 뒤 4cm 정도 길이로 자르고, 풋고추와 붉은 고추는 반 갈라 씨를 털어낸 뒤 어슷하게 채 썬다.
4. 고춧가루와 물을 섞어 붉은 빛을 낸 뒤 남은 양념 재료를 모두 섞는다.
5. 말린 고들빼기와 썰어둔 쪽파, 풋고추, 붉은 고추를 ④의 양념으로 골고루 무친 뒤 김치통에 눌러 담는다.

••• 고들빼기를 소금물에 삭힐 때 깨끗한 돌을 올려 눌러주면 떠오르지 않고 골고루 잘 삭힐 수 있어요.

도라지김치

도라지를 고춧가루로 양념해서 버무려 익혔어요.
쌉쌀한 맛과 아삭아삭한 질감이 특색 있는 김치입니다.

재료(4인분)

도라지 400g
풋고추 5개

감초 달인 물
감초 30g
물 1½컵

양념
고춧가루 3큰술
다진 파 2큰술
다진 마늘 1큰술
다진 생강 1작은술
설탕 1큰술
소금 2큰술
통깨 조금

1. 도라지는 소금을 뿌려 주무르고 충분히 헹군 다음 5cm 길이로 잘라 얇게 저며 썬다. 풋고추는 반 갈라 씨를 털어내고 도라지와 비슷한 크기로 길게 어슷 썬다.
2. 감초는 깨끗이 씻은 뒤 냄비에 물을 붓고 약한 불에서 20분 정도 달인다. 충분히 우러나면 체에 걸러 물만 따로 받는다.
3. 감초 달인 물에 준비한 재료를 모두 넣고 섞어 김치 양념을 만든다.
4. 도라지에 ③의 양념을 넣고 양념이 잘 배도록 조물조물 무친다.

••• 담근 지 얼마 안 된 도라지 김치는 쓴맛이 강해요. 3일 정도 상온에 두어 익히면 쓴맛을 줄일 수 있습니다.

깻잎김치

특유의 향긋한 향이 입맛을 당기는 여름철 대표 김치.
입맛 잃기 쉬운 여름철 조금씩 담가 먹으면 입맛을 돋우는 데 최고랍니다.

재료(4인분)

깻잎 50장
쪽파 5뿌리
풋고추·붉은 고추 2개씩

양념
고춧가루 1/2컵
물 1/2컵
멸치액젓 1/3컵
간장 2큰술
다진 마늘 2큰술
다진 생강 1작은술
설탕·통깨 조금씩

1 깻잎은 한 장씩 물에 깨끗이 씻어 물기를 탁탁 털고 체에 엎어둔다.
2 쪽파는 송송 썰고 풋고추와 붉은 고추는 어슷하게 채 썬다.
3 재료를 분량대로 모두 합해 김치 양념을 만든다.
4 깻잎 서너 장을 겹쳐서 양념을 바르고 중간중간 쪽파와 고추, 통깨를 뿌린 다음 통에 차곡차곡 담는다.

••• 양념해서 상온에 2~3시간 두었다가 냉장고에 넣으면 더 맛있어요.

가지김치

배추가 귀한 여름 장마철이나 가지가 맛있는 가을철에 담가 먹는 김치입니다.
충청도, 강원도, 경상도에서 주로 담가 먹는다고 해요.

재료(4인분)

가지 10개
고춧잎 200g
밤 5개
붉은 고추 1개

양념
멸치다시마국물 2컵
멸치액젓 1/2컵
고춧가루 1컵
고추장 1큰술
물엿 2큰술
다진 파 1/2컵
다진 마늘 1큰술
생강즙 1큰술
소금·통깨 조금씩

1 　가지는 길게 반 갈라 찜통에 찐 뒤 옅은 소금물에 1시간 정도 절였다가 물기를 꼭 짜고 먹기 좋은 크기로 자른다. 고춧잎은 물에 불려 물기를 꼭 짠다.

2 　밤은 껍질을 벗겨 곱게 채 썰고 붉은 고추는 반 갈라 씨를 뺀 뒤 가늘게 채 썬다.

3 　양념 재료를 골고루 섞은 뒤 절인 가지와 고춧잎, 밤, 채 썬 고추를 넣고 무친다. 소금으로 간을 맞추고 통깨를 넣어 맛을 더한다.

4 　통에 넣어 냉장고에 보관했다가 하루이틀 지나 꺼내 먹는다.

••• 1_ 김치용 가지는 너무 굵지 않고 연한 것으로 준비한다. 통째로 또는 반 잘라 살짝 데쳐서 햇볕에 말렸다가 불려도 좋아요.

3_ 멸치다시마국물 대신 보리 삶은 물을 넣어도 좋다. 구수한 맛이 가지김치와 잘 어울립니다.

얼갈이배추김치

작고 연한 봄배추를 통째로 살짝 절여 담가 먹는 계절 김치입니다.
익히지 않고 겉절이로 해도 풋풋하고 상큼해서 맛있어요.

재료(4인분)

얼갈이배추 2단(1kg)
쪽파 5뿌리
대파 2뿌리
붉은 고추 4개

소금물
굵은소금 1컵
물 10컵

밀가루풀
밀가루 1큰술
물 2/3컵

양념
고춧가루 1컵
멸치액젓 1/2컵
다진 마늘 2큰술
다진 생강 1큰술
꽃소금 적당량
물 2컵

1. 얼갈이배추는 다듬어 씻어 소금물에 절인다. 2시간 정도 지나면 물에 살살 헹구고 채반에 밭쳐 물기를 뺀다.
2. 쪽파는 5cm 길이로 썰고 대파와 붉은 고추는 어슷 썬다.
3. 밀가루를 멍울 없이 곱게 풀어 약한 불에서 저어가며 끓여 밀가루풀을 쑨다.
4. 고춧가루에 멸치액젓을 섞은 뒤 나머지 양념 재료를 넣고 밀가루풀을 넣어 고루 섞는다.
5. 절인 얼갈이배추에 ②의 부재료와 ④의 양념을 넣어 골고루 버무린 뒤 김치통에 담는다. 소금물로 양념을 헹구어 통에 붓는다.

••• 밀가루풀이 찹쌀풀에 비해 빨리 쉬어지기 때문에, 오래 담가 익혀 먹는 김치는 찹쌀풀을 넣고 겉절이같이 바로 먹는 김치는 밀가루풀을 넣어 금방 익히는 것이 특징입니다.

배추속대겉절이

참나물이나 배추속대를 짭짤한 젓국양념으로 버무린 겉절이.
김장용 김치와는 달리 싱싱한 맛을 즐기는 즉석 김치입니다.

재료(4인분)

배추속대 300g
굵은소금 3큰술
당근·오이 1/3개씩
실파 4뿌리
풋고추 2개
붉은 고추 1/2개

양념

고춧가루·물 4큰술씩
다진 파 3큰술
설탕 2큰술
다진 마늘 1큰술
간장·소금 1큰술씩
참기름·통깨 1큰술씩
다진 생강 1작은술

1 배추속대는 손으로 길게 찢어 소금에 절인 뒤 긴 것은 반 자른다.
2 당근과 오이, 고추는 어슷하게 썰고 실파는 4cm 길이로 자른다.
3 고춧가루를 물에 잘 개고 나머지 재료를 모두 섞어 겉절이 양념을 만든다.
4 ③의 양념을 절인 배추속대에 넣고 살살 버무린다.

••• 겉절이는 기호에 따라 식초, 설탕을 넉넉히 넣어 새콤달콤하게 만들기도 해요.

상추겉절이

뚝뚝 뜯은 상추를 새콤달콤 매콤한 양념장으로 살살 버무렸어요.
고기요리와 함께 내면 잘 어울리고 영양의 균형을 이룰 수 있어요.

재료(4인분)
상추 300g
당근 1/4개
실파 2뿌리

양념
간장 3큰술
식초·물 2큰술씩
고춧가루·설탕 1/2큰술씩
깨소금·참기름 1작은술씩

1. 상추는 흐르는 물에 씻어 물기를 턴 뒤 큼직하게 뜯고, 당근은 곱게 채 썬다. 실파는 4cm 정도로 썬다.
2. 겉절이 양념장을 분량대로 미리 섞어놓는다.
3. 상추와 당근, 실파에 섞어놓은 양념장을 끼얹어 살살 버무린다.

••• 상추는 양념에 버무려 놓으면 시간이 지날수록 물이 생기고 숨이 죽어요. 먹기 직전에 바로 무치는 것이 포인트입니다.

참나물겉절이

참나물은 겉절이나 샐러드로 다양하게 이용됩니다.
멸치액젓과 고춧가루로 양념해서 즉석김치로 즐겨보세요.

재료(4인분)

참나물 1단
오이 1개

양념

다진 파 5큰술
고춧가루 3큰술
멸치액젓 2큰술
다진 마늘 2큰술
들깻가루 2큰술
참기름·소금 1큰술씩

1 참나물은 깨끗이 씻어 짧게 자르고, 오이는 반 갈라 어슷하게 썬다.
2 준비한 재료를 모두 섞어 겉절이 양념을 만든다.
3 참나물과 오이에 양념을 넣고 골고루 버무린다.

••• 참나물은 끓는 물에 데쳐 간장 양념으로 볶아 나물처럼 먹기도 해요. 데칠 때는 물에 소금을 넣어 푸른색을 살리는 것이 좋아요.

송이장아찌

향이 좋은 송이에 간장물을 부어 장아찌를 담갔어요.
야들야들 쫄깃하게 씹히는 송이의 질감이 매력적이에요.

재료(4인분)
송이버섯 400g

담그는 물
국간장·물 1컵씩
간장 2컵
매실 엑기스·설탕 1큰술씩
마른 홍고추 2개

1 송이버섯은 밑동을 정리하고 물에 헹군 뒤 물기를 닦아 반 가른다.
2 담그는 물 재료를 모두 넣고 끓이다가 송이버섯을 넣고 조금 더 끓인다. 익은 버섯은 건져서 식히고 담그는 물도 차갑게 식힌다.
3 깨끗이 닦아 준비한 유리병에 송이버섯을 차곡차곡 담고 ②의 담그는 물을 송이가 잠기도록 부어 일주일 후에 먹는다.

••• 송이버섯 외에 표고버섯, 느타리버섯 등으로 장아찌를 담가도 맛있어요. 버섯마다 맛과 질감에 차이가 있지만 대부분 쫄깃하고 담백해요.

풋고추장아찌

풋고추에 새콤달콤한 간장물을 부어 익힌 장아찌.
짭조름하면서 새콤달콤한 맛이 입맛 돋우는 밑반찬입니다.

재료(4인분)
풋고추 200g

담그는 물
식초 2컵
물 1컵
간장 1½컵
설탕 1/2컵
소금 1큰술

1. 풋고추를 꼭지째 씻어 물기를 닦고 꼬치로 군데군데 찔러 구멍을 낸다.
2. 냄비에 간장과 소금, 설탕, 물을 넣어 끓이다가 식초를 넣고 한소끔 끓여 식힌다.
3. 풋고추를 병에 담고 떠오르지 않게 돌로 누른 다음 ②의 단촛물을 붓고 뚜껑을 닫아 10일 정도 삭힌다.

••• 씻어서 군데군데 구멍을 낸 풋 고추는 옅은 식촛물에 일주일 정도 삭혀서 장아찌를 담그기도 한답니다. 삭힌 고추로 장아찌를 담으면 단촛물을 다시 걸러 끓이지 않아도 돼요.

매실장아찌

매실의 씨를 발라내고 고추장에 버무려 장아찌를 만들었어요.
매실청을 담글 때 조금 덜어서 고추장에 버무리면 쉽게 담글 수 있어요.

재료(4인분)

매실 1kg
설탕 4컵
고추장 2½컵

1. 단단하고 흠집이 없는 청매실을 골라 깨끗이 씻어 물기를 닦은 뒤 씨 부분을 돌려 깎아 과육만 유리병에 담는다. 설탕과 켜켜이 담아 며칠 보관하면 청이 고인다.

2. 3개월이 지나면 청만 따로 유리병에 담고 매실 열매는 고추장에 버무려 항아리에 담는다. 맨 위를 고추장으로 덮어 2~3개월 보관한다.

••• 노랗게 익은 매실로는 소금 장아찌를 담가보세요. 깨끗이 씻은 유리병에 손질한 매실과 소금을 켜켜이 쌓아 서늘한 곳에 보관했다가한 달 정도 지난 뒤에 먹으면 됩니다.

도라지장아찌

달착지근한 간장물에 절여서 짭조름하고 쌉쌀한 맛을 즐기는 강원도식 장아찌.
식욕이 없을 때 밥이나 죽에 곁들이면 좋아요.

재료(4인분)

통도라지 20개
마늘 1통
생강 1쪽
마른 홍고추 1개

간장 양념

간장·물 2컵씩
조청 1/2컵

1 통도라지는 껍질을 벗기고 물에 한참 담가 아린 맛을 뺀다.
2 생강은 곱게 채 썰고 마늘은 저며 썬다. 마른 홍고추는 반 갈라 씨를 털어낸다.
3 깨끗하게 씻어서 말린 유리병에 도라지와 생강, 마늘, 마른 홍고추를 켜켜이 담고 간장을 붓는다.
4 3일 정도 지나 도라지에 간이 배면 간장만 냄비에 따라 붓고 물 2컵과 조청 1/2컵을 섞어 끓인 다음 식혀서 다시 병에 붓는다.

••• 1_ 도라지는 물에 충분히 담가 두어야 아린 맛이 빠져요.
  4_ 장아찌는 2주일쯤 지나면 꺼내 먹을 수 있어요. 먹기 좋게 썰어 통깨를 뿌리거나 참기름, 깨소금, 설탕, 식초로 무쳐도 좋고, 고추장 양념으로 무쳐도 맛있어요.

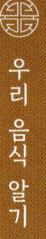

365일 기본 반찬 김치 담그기

우리네 식탁에서 가장 기본이 되는 반찬이 바로 김치입니다. 김치는 익는 과정에서 유산균을 비롯한 각종 영양소가 증가해 건강 발효음식으로 인정받고 있어요. 재료와 양념에 따라 다양한 맛을 내는 김치, 좋은 재료를 골라 맛있게 담그는 법을 배워보세요.

김치 담그기의 기본 익히기

01 좋은 재료 고르기

배추 단단하고 속이 꽉 찬 것으로 고른다. 손으로 들었을 때 살짝 묵직한 느낌이 드는 게 좋고 잎의 색은 선명해야 한다.

무 모양이 곧고 통통하며 단단한 것이 좋다. 표면이 울퉁불퉁한 것은 바람이 든 것일 수 있으니 주의한다. 윗부분이 푸른빛을 띠는 무는 단맛이 난다.

마늘·생강 마늘은 빛깔이 하얗고 단단하며, 껍질이 얇고 불그스름하게 잘 마른 것이 좋다. 크기나 굵기 또한 일정해야 한다. 생강은 마디를 끊었을 때 가느다란 실이 없는 것을 고른다.

마른 홍고추 붉은 색이 선명하고 꼭지가 가는 고추를 골라 가루를 낸다. 꼭지의 색은 진한 갈색보다 노란빛을 띠는 게 좋다. 가을 햇볕에 건조시킨 태양초가 최고 상품이다. 고춧가루는 입자가 곱고 밝은 선홍색을 띠는 것으로 고른다.

멸치액젓·새우젓 젓갈 종류는 비린내가 너무 심하지 않은 것이 좋다. 멸치액젓은 맑은 고동색을 띠는 것으로, 새우젓은 새우가 굵고 젓국의 색이 뽀얀 것으로 고른다.

굵은소금 빛깔이 너무 희거나 반짝거리는 것은 표백된 것일 확률이 높고 지나치게 검은 것은 쓴맛이 난다. 살짝 검은빛을 띠고 입자가 부드러운 천일염이 가장 좋다.

굴 탄력이 있고 알이 통통한 굴이 상품이다. 김치를 담글 때는 알이 굵은 양식굴보다 자잘한 조선굴을 넣는 게 좋다.

02 재료 손질하기

배추 시든 잎을 정리해 반 또는 1/4로 쪼갠 다음 통으로 소금물에 담그거나 잎을 하나씩 떼어 적당한 크기로 썬다. 김장김치를 담글 때는 배추를 통째로 소금물에 담그고 겉절이용으로 자른 배추는 소금을 뿌려 1시간쯤 절인다. 배추 1포기당 소금 1컵과 물 10컵이 필요하고 통째로 소금물에 절일 때는 3~5시간 정도 그대로 둬야 한다. 숨이 죽으면 물을 받아 놓고 서너 번 흔들어 씻은 다음 채반에 밭쳐 물기를 뺀다.

무 수세미로 깨끗이 문질러 씻어 용도에 맞게 썬다. 깍두기로 담글 무는 사방 2cm 크기로 깍둑 썰고 나박김치용 무는 가로세로 3cm 길이로 납작하게 썬다. 동치미 담글 무는 몸집이 작고 단단한 것으로 골라 통째로 넣으면 된다. 김치소로 넣을 때는 둥근 모양대로 얄팍하게 저며 썬 다음 비스듬하게 겹쳐 고르게 채 썬다. 깍두

기와 나박김치처럼 썰어서 담그는 김치는 주로 소금을 넣은 다음 물을 훌훌 뿌려 1시간쯤 절인다.

파·마늘·생강 마늘과 생강, 파 등은 싱싱한 것으로 골라 손질한다. 보통 실파나 부추는 3~4cm 길이로 썰고 대파는 어슷 썰어 넣는다. 마늘과 생강은 곱게 다진다.

고춧가루 고춧가루는 물에 불려서 준비한다. 미지근한 물에 불려야 색이 붉어지고 매운맛이 강해진다. 고춧가루 5컵당 물 1컵 정도가 필요하다.

젓갈 김치에 넣는 젓갈 중 가장 흔히 쓰이는 게 멸치액젓과 새우젓이다. 새우젓은 건지를 따로 건져 곱게 다진 다음 액젓과 함께 김치 양념에 넣는다.

찹쌀풀 찹쌀가루와 물을 10대 1 비율로 섞어 끓인 것. 찹쌀풀을 김치 양념에 넣으면 재료가 잘 어우러져 맛이 더욱 좋다. 냄비에 끓일 때는 찹쌀가루를 물에 잘 갠 다음 바닥에 눌러 붙지 않도록 잘 저어가며 풀을 쑨다.

다음 배춧잎 사이사이에 소를 채워놓는다. 배추김치를 통에 넣을 때는 겉잎으로 전체를 잘 감싼 다음 차곡차곡 담는다.

겉절이 적당하게 썬 배추에 실파, 갓 등의 부재료를 모두 섞어 김치 양념으로 버무린다. 양념은 고춧가루와 다진 마늘, 생강, 멸치액젓을 고루 섞어 만든다. 조물조물 무친 다음 설탕과 통깨를 넣어 맛을 더한다.

깍두기 무를 깍둑깍둑 썰어 고춧가루로 빨간 물을 들인다. 색이 곱게 입혀진 무에 멸치액젓과 실파, 다진 마늘, 생강, 소금, 기타 부재료를 넣고 버무리면 깍두기가 완성된다. 풋내가 심하므로 푹 익혀서 먹는 게 좋다.

물김치 물김치 종류는 절인 채소에 김칫국물을 부어 익힌다. 절인 열무에 밀가루 풀과 김칫국물을 섞어 부으면 열무물김치가 된다. 나박김치는 면보자기에 싼 고춧가루를 물에 흔들어 붉은 물을 들인 후 양념한 무에 부어 익힌다.

03 양념으로 버무리기

배추김치 고춧가루와 다진 마늘, 생강, 멸치액젓 등의 양념과 찹쌀풀을 섞어 김치 양념을 만든다. 이 양념으로 무와 실파, 갓 등의 부재료를 버무린

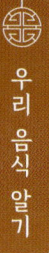

제철 재료로 담그는 기본 반찬 장아찌·피클

제철에 많이 나는 채소를 간장이나 고추장, 된장으로 양념해 익힌 짭짤한 장아찌, 채소에 새콤달콤 짭짤한 단촛물을 부어 익힌 아삭아삭한 피클. 특별한 반찬이 없을 때 요긴하게 쓰이는 대표적인 밑반찬입니다.

대표적인 장아찌 4가지

소금장아찌 (오이 소금장아찌)

소금물에 삭힌 오이장아찌는 흔히 오이지라고 부른다. 짭짤하면서도 상큼해 다른 양념을 추가해 무침 반찬으로 만들거나 냉국 재료로 넣는다.

재료 오이 30개, 물 20컵, 굵은소금 1컵

오이는 '다다기오이'라고 불리는 백오이를 준비해 소금으로 깨끗이 문질러 씻은 다음 물기를 닦아 소금물에 담근다. 물과 소금의 비율은 10:1 정도가 적당하고 한소끔 끓인 뒤 식혀서 준비한다. 소독한 유리병에 오이를 차곡차곡 담고 무거운 돌로 누른 다음 소금물을 부으면 된다.

고추장장아찌 (마늘종 고추장장아찌)

마늘종을 적당한 길이로 썰어 소금물에 삭힌 다음 고추장으로 버무려 밀봉한다. 고추장 맛이 잘 밴 마늘종 장아찌를 조금씩 꺼내 설탕과 참기름, 깨소금으로 무치면 더 맛있다.

재료 마늘종 1단, 소금물(소금 1컵, 물 10컵), 고추장 5컵

마늘종 줄기는 깨끗이 씻어 4cm 길이로 썬 다음 끓여서 식힌 소금물에 담근다. 일주일쯤 지나면 노랗게 삭은 마늘종을 꺼내 찬물에 헹구고 물기를 닦는다. 고추장 3컵으로 손질한 마늘종을 버무린 후 통에 담고 위에 고추장 2컵을 얹은 다음 뚜껑을 닫는다.

간장장아찌 (마늘 간장장아찌)

마늘을 식촛물에 담가 아린 맛을 뺀 뒤 간장물로 다시 삭힌 것. 간장물은 간장과 설탕, 식초를 함께 끓인 다음 식혀서 준비한다.

재료 통마늘 20통, 식촛물(식초 2컵, 소금 1/2컵, 물 10컵), 간장물(간장 10컵, 식초·설탕 1컵씩)

통마늘은 쪼개서 껍질을 벗긴 다음 식촛물에 3~4일 정도 담근다. 식초와 소금, 물을 섞어 끓인 다음 식히면 식촛물이 된다. 삭힌 마늘은 건져서 유리병에 담고 간장물을 충분히 부어 밀봉한다. 초 장아찌로 담글 때는 소금물에 삭힌 마늘을 건져 병에 넣은 다음 끓여서 식힌 단촛물을 부어 익힌다.

된장장아찌 (깻잎 된장장아찌)

경상도나 전라도에서 담그는 장아찌로 소금물에 삭힌 깻잎에 된장을 발라 병에 담는다. 장아찌가 익으면 조금씩 꺼내 물엿과 통깨로 무친다.

재료 깻잎 20묶음(200장), 소금물(소금 1/2컵, 물 5컵), 된장 10컵

깻잎은 한 장씩 깨끗이 씻어 물기를 빼고 유리병에 담는다. 깻잎이 떠오르지 않도록 무거운 돌로 누른 뒤 소금물을 부어 두면 10일 정도 후에 색이 노릇해진다. 삭힌 깻잎은 다시 한번 물에 헹궈 물기를 짜고 서너 장 사이사이에 된장을 바른다. 된장을 바른 깻잎은 통에 차곡차곡 담아 밀봉한다.

새콤달콤한 피클 담그기

서양식 장아찌라고 할 수 있는 피클은 오이, 무, 양배추 등의 채소에 소금물 또는 식촛물을 부어 절여서 만든다. 새콤달콤한 맛과 아삭한 질감이 특징. 느끼한 음식과 함께 먹으면 입안이 개운해진다.

모둠채소로 담그는 피클

01 재료 준비하기
피클을 담글 때는 쉽게 물러지는 재료보다 단단하거나 형태가 일그러지지 않는 재료를 고르는 게 좋다. 보통은 오이나 고추 등을 넣어 만들지만 요즘은 양파와 당근, 양배추, 무, 셀러리 등 다양한 재료가 쓰인다. 채소는 말끔히 손질해 물에 씻고 물기를 닦아 준비한다.

오이 오이는 소금으로 문질러가며 씻은 다음 물기를 닦는다. 양쪽 끝은 잘라내고 4~5cm 길이로 토막 낸 뒤 길이대로 4등분한다. 둥근 단면을 살려 도톰하게 저며 썰어도 보기 좋다.

무·당근 무와 당근은 껍질을 벗겨 깨끗이 씻은 후 손가락 굵기로 썰거나 깍두기 모양으로 썬다.

고추 꼭지를 떼지 않은 채 깨끗이 씻은 뒤 물기를 닦고 꼬치로 찔러 구멍을 낸다. 구멍을 내야 담글 때 간이 잘 배어든다.

양파 양파는 껍질을 벗겨 세로로 2~4등분한 다음 다시 링 모양으로 썰거나 2~3cm 길이로 채 썬다.

셀러리 잎을 정리해서 깨끗이 씻은 다음 줄기만 4~5cm 길이로 썬다. 얄팍하게 어슷 썰어 넣기도 한다.

02 담그는 물 만들기
새콤달콤한 맛의 담그는 물을 준비한다. 양조식초보다 사과식초, 레몬식초 등의 과일식초를 넣어야 맛과 향이 더 좋다. 또 열에 의해 맛과 향이 빨리 사라지므로 담그는 물을 끓일 때는 식초를 가장 나중에 넣는다. 설탕과 소금, 물을 배합한 후 월계수 잎과 통후추, 정향 등의 향신료를 넣고 한소끔 끓인 다음 식초를 넣는다. 설탕과 물, 식초는 같은 양으로 섞거나 설탕만 반으로 줄여 배합하면 알맞다. 끓인 물은 식혀서 준비한다.

03 병에 담기
피클은 유리병이나 밀폐 용기에 담아 보관한다. 유리병은 끓는 물에 넣어 열탕 소독한 뒤 준비한 재료를 차곡차곡 담는다. 끓여서 식힌 물은 재료가 모두 잠길 정도로 가득 붓고 뚜껑을 덮어 밀봉한다. 3일 정도 지나면 병에 담긴 물을 따라내어 팔팔 끓여 식힌 후 다시 병에 붓는다. 냉장고에 넣어 차게 보관하면 오래 두고 먹을 수 있다.

8장

떡·한과·음료

모양과 색이 고운 떡과 한과는 손님맞이 다과상에 잘 어울리는 전통 후식입니다. 식사를 마치고 난 뒤 제철 과일로 만든 음료나 화채를 곁들이면 마무리로 훌륭해요. 콩이나 팥으로 고물을 만들어 올린 떡, 모양도 예쁘고 앙증맞은 경단, 각종 과일로 만든 화채 등 한식 디저트를 모아봤어요.

유자단자

찹쌀가루에 유자청을 섞어 찐 뒤 동그랗게 모양을 빚어 잣가루를 묻힌 떡이에요.
향긋한 유자 향과 달콤한 맛이 입안 가득 퍼진답니다.

재료(4인분)

찹쌀가루 4컵
유자청 2큰술
잣 1/2컵
소금물 조금

5

1. 유자청을 곱게 다져서 찹쌀가루와 섞는다. 손으로 비벼가며 골고루 섞는다.
2. 찜통 채반에 젖은 면보자기를 깔고 ①의 찹쌀반죽을 고루 펴서 안친 뒤 김 오른 찜통에 올려 20분가량 찐다.
3. 잣은 고깔을 떼어내고 곱게 다진다.
4. 도마 위에 소금물을 바른 뒤, 찜통에 쪄낸 떡을 2~3 덩어리로 나눠 도마 위에서 여러 번 치대가며 쫄깃하게 반죽한다. 떡이 뜨거울 때 반죽해야 굳어지지 않는다.
5. 반죽이 쫄깃해지면 지름 1cm 정도의 긴 가래떡 모양을 만든 뒤, 손에 유자청을 발라가며 새알만 한 크기로 떼어내 모양을 빚는다.
6. 잣가루를 넓게 펴놓고 ⑤의 유자단자를 굴려가며 가루를 고루 묻힌다.

••• **4_** 반죽을 치댈 때 떡이 굳는 것을 방지하기 위해 보통 물을 묻혀가며 치대는데, 이렇게 하면 쫄깃한 질감이 떨어질 수 있어요. 대신 도마 위에 소금물을 바르면 반죽의 쫄깃한 질감을 유지할 수 있어요.

6_ 잣가루 대신 찐 밤을 으깨어서 버무려도 고소하고 맛있어요. 그밖에 팥고물, 녹두고물, 깨고물에 버무려도 좋고, 카스텔라를 체에 내려 묻혀주면 아이들이 좋아한답니다.

신과병

가을철 수확한 햇과일과 곡류를 쌀가루와 섞어 찐 다음 녹두고물을 도톰하게 얹은 백설기입니다. 밤과 대추, 감, 풋콩이 들어가 영양이 풍부해요.

재료(1판)

멥쌀가루 5컵
물 3큰술
설탕 5큰술

부재료

풋콩 1/2컵
소금 1작은술
밤 6개
대추 10개
단감 1개

녹두고물 2컵 분량

녹두 3/4컵
소금 1/2작은술

1. 멥쌀가루에 물을 넣고 손으로 비벼주면서 체에 내린 뒤 설탕을 넣어 섞는다.
2. 콩은 물에 불려 껍질을 제거하고 소금을 뿌려둔다.
3. 밤은 굵직하게 다지고 대추는 씨를 빼낸 뒤 4조각으로 나눈다. 단감은 밤과 비슷한 크기로 자른다.
4. 녹두는 충분히 불려 껍질을 제거한 뒤 면보자기를 깐 찜통에 안쳐 40분 정도 찐다. 녹두가 푹 익으면 소금을 넣고 빻아 체에 내린다.
5. ①의 멥쌀가루에 준비한 콩과 밤, 대추, 단감을 넣고 골고루 섞는다.
6. 찜통 채반 위에 젖은 면보자기를 깔고 녹두고물과 ⑤의 멥쌀가루를 켜켜이 안친다. 맨 위에 녹두고물을 두껍게 올린다.
7. 김 오른 찜통에 채반을 올려놓고 20분 정도 찐 뒤 불을 끄고 5분 정도 뜸을 들인다.

••• 완성된 떡은 도마나 큰 접시 위에 올려 한 김 날려 보낸 뒤 먹기 좋은 크기로 썰면 됩니다.

물호박떡

주황색의 늙은호박을 멥쌀가루에 섞고 팥고물을 얹어서 쪄낸 설기떡입니다.
늙은호박이 들어가 물렁하면서 달콤하고 맛있어요.

재료(1판)

멥쌀가루 5컵
설탕 5큰술
늙은호박 300g
물 4큰술

팥고물 3컵 분량
거피팥 3/4컵
소금 1/2작은술

1. 멥쌀가루에 물을 넣고 손으로 비벼주면서 체에 내린 뒤 설탕을 넣어 섞는다.
2. 거피팥은 6시간 정도 물에 불린 뒤 껍질을 벗기고 면보자기를 깐 찜통에 넣어 찐다.
3. 팥이 푹 익으면 뜨거울 때 소금을 조금 넣고 빻아 체에 곱게 거른다.
4. 호박은 반 갈라 씨를 긁어내고 5cm 폭으로 길게 썰어 껍질을 벗긴 다음, 다시 0.5cm 두께로 납작하게 썰어 설탕을 뿌려둔다.
5. ④의 호박과 ①의 쌀가루를 고루 섞어 떡고물을 만든 뒤 찜통 채반에 젖은 면보자기를 깔고 떡고물과 팥고물을 켜켜이 안친다. 맨 위는 팥고물이 올라오게 한다.
6. 김 오른 찜통에 채반을 올리고 뚜껑을 덮은 채 25분 정도 찐다.
7. 떡이 다 되면 불에서 내려 5~10분 뜸을 들이고 도마 위에 쏟아 한 김 식힌 뒤 먹기 좋은 크기로 썬다.

••• **2_** 거피팥은 팥의 한 종류로 떡고물을 만들 때 주로 써요. 물에 오래 담가 비비면 껍질이 벗겨져 연한 베이지색의 팥이 남는데, 빻아서 고물로 씁니다.

7_ 물호박떡이 익었는지 확인하려면 꼬치로 찔러보면 돼요. 꼬치로 찔러 흰 가루가 묻어나오면 익지 않은 거예요. 다 익으면 불을 끄고 그냥 두면 뜸이 든답니다.

상추떡

멥쌀가루에 상추를 섞고 팥고물을 얹어 찐 떡.
상추의 쌉쌀한 맛이 입맛을 돋우는 여름철 계절떡이에요.

재료(1판)

멥쌀가루 6컵
물 2큰술
설탕 6큰술
상춧잎 10장

팥고물 3컵 분량

거피팥 3/4컵
소금 1/2작은술

2

1 멥쌀가루에 물을 넣고 손으로 비벼주면서 체에 내린 뒤 설탕을 넣어 섞는다.

2 상추는 깨끗이 씻어서 물기를 털어낸 뒤 먹기 좋은 크기로 뜯어 ①의 멥쌀가루와 섞는다.

3 거피팥은 6시간 정도 물에 불린 뒤 껍질을 벗기고 면보자기를 깐 찜통에 넣어 찐다.

4 팥이 푹 익으면 뜨거울 때 소금을 조금 넣고 빻아 체에 곱게 거른다.

5 찜통 채반에 젖은 면보자기를 깐 뒤 ②의 상추떡가루와 ④의 팥고물을 각각 4cm 정도로 켜켜이 안치고 맨 위를 상추 떡가루로 마무리한다.

6 김 오른 찜통에 채반을 올려놓고 30분가량 떡을 찐다. 다 되면 불을 꺼서 5분쯤 뜸을 들인 뒤 도마에 쏟아 식힌다.

••• 1_ 멥쌀을 직접 빻아서 가루로 만들 수도 있어. 멥쌀을 하룻밤 정도 물에 불려 건져서 믹서나 분쇄기에 갈아 가루를 낸 뒤 소금과 섞어 체에 내리면 됩니다.

6_ 시루떡은 시루에 쪄야 포슬포슬하면서 제맛이 나요. 솥에 물을 채우고 위에 떡시루를 올린 다음 솥과 시루의 이음새 부분에 밀가루나 쌀가루 반죽으로 시룻번을 붙이면 김이 빠져나가지 않아 떡이 더 맛있답니다.

삼색경단

찹쌀가루를 반죽해서 밤톨만 하게 빚은 떡을 경단이라고 해요.
여러 가지 고물을 묻혀 색이 곱고, 쫄깃하면서 부드러운 식감이 좋아요.

재료(50개)

찹쌀가루 5컵
소금 1작은술
노란 콩가루 1컵
푸른 콩가루 1컵
검은깨가루 1컵
뜨거운 물 1/2컵
잣 2큰술

1 찹쌀가루에 소금을 넣어 섞은 뒤 뜨거운 물로 익반죽을 한다. 끈기가 생길 때까지 여러 번 치댄다.
2 찹쌀반죽을 길게 늘인 다음 조금씩 떼어 지름 2cm 정도가 되는 동그란 모양의 경단을 빚는다.
3 냄비에 물을 붓고 끓이다가 ②의 경단을 넣어 삶는다. 경단이 익어 물 위로 떠오르면 체에 건져서 찬물에 헹군다.
4 3종류의 가루를 접시에 각각 펴놓고 경단을 굴려가며 가루를 묻힌다.

••• 1_ 곡류의 가루를 뜨거운 물로 반죽하는 것을 익반죽이라고 해요. 쌀가루는 밀가루에 비해 점성이 덜하기 때문에 뜨거운 물로 반죽을 해야 끈기가 생겨 모양을 잘 잡을 수 있습니다.
4_ 빻아서 파는 콩가루를 구입해도 되지만 직접 빻으려면 삶아서 잘 말린 뒤 분쇄기로 곱게 갈면 돼요. 노란 콩가루는 누런 메주콩으로, 푸른 콩가루는 완두콩으로 만들어요.

쑥구리단자

찹쌀가루에 다진 쑥을 넣어 빚고 팥고물을 묻힌 찹쌀떡이에요.
쑥이 제철인 봄에 만들어 먹는 시절식입니다.

재료(30개)
찹쌀가루 4컵
쑥 40g

팥고물 2컵 분량
거피팥 1/2컵
소금 1/3작은술

소
팥고물 1컵
꿀 2큰술
계핏가루 1½작은술

1 찹쌀가루는 체에 내린 뒤 젖은 면보자기를 깐 찜통에 20분 정도 찐다.
2 연한 쑥을 끓는 물에 데쳐서 찬물에 헹군 뒤 물기를 꼭 짜서 곱게 다진다.
3 절구에 ①의 떡과 ②의 쑥을 넣고 여러 번 절구질을 해서 차지게 한 다음 물 묻힌 도마에 쏟아 몇 번 더 치댄다.
4 거피팥은 물에 불려 껍질을 벗기고 찜통에 찐 뒤 으깨서 체에 내리고, 소금과 섞어 팥고물을 만든다. 만든 팥고물 중 1컵을 덜어 꿀과 계핏가루를 섞고 새알만 한 크기로 떼어 소를 만든다.
5 ③의 떡을 한입에 먹기 좋은 크기로 떼어 넓적하게 펼친 뒤, ④의 소를 넣어 오므려주고 팥고물을 묻힌다.

••• 찹쌀가루를 구입해도 되지만, 찹쌀을 물에 5시간 정도 불린 다음 물기를 빼고 곱게 갈아서 체에 내려 찹쌀가루를 만들어도 됩니다.

증편

멥쌀가루에 막걸리를 넣고 부풀려 찐 떡으로 '술떡'이라고도 해요.
더운 날씨에도 쉽게 상하지 않아 여름철에 많이 해먹는 떡이랍니다.

재료(30개)

멥쌀가루 5컵
소금 1/2큰술
물 1컵
막걸리 3/4컵
설탕 1/2컵

고명
대추 2개
석이버섯 1장
검은깨 조금

1. 멥쌀가루에 소금을 섞어 체에 내리고, 물을 50℃ 정도로 데워서 막걸리·설탕과 섞은 뒤, 이 둘을 잘 섞어 멍울 없이 반죽을 한다.
2. 랩을 씌워 따뜻한 곳(30~35℃)에 4시간 정도 둔다. 반죽이 부풀면 공기를 빼고 2시간 발효시키고 다시 공기를 빼고 1시간 발효시킨다.
3. 대추 1개는 씨를 빼고 말아 꽃 모양으로 썰고 1개는 채 썬다. 석이버섯은 따뜻한 물에 불려서 가늘게 채 썰고 검은깨는 볶는다.
4. 반죽의 공기를 빼고 기름 바른 방울증편 틀에 7부 높이로 부어 안친 다음 대추, 석이버섯, 검은깨를 위에 올린다.
5. 김이 오른 찜통에 ④의 틀을 안쳐서 약한 불에서 5분, 센 불에서 10분 정도 찐 뒤 불을 끄고 5분쯤 뜸을 들인다.

••• 조그만 꽃모양의 방울증편 틀 대신 큼직하게 쪄서 먹기 좋은 크기로 썰어도 됩니다.

쑥개떡

둥글넓적하게 빚어 찐 서민적인 떡을 '개떡'이라고 해요.
멥쌀에 데친 쑥을 넣고 반죽한 쑥개떡은 은은한 쑥 향이 좋아요.

재료(10개)

멥쌀 5컵
쑥 300g
소금 1큰술
뜨거운 물 1/2컵
참기름 3큰술

1. 멥쌀은 씻어서 3시간 이상 불려 건진다. 쑥은 연한 잎만 떼어 끓는 소금물에 데친 뒤 찬물로 여러 번 헹구어 물기를 꼭 짠다.
2. 불린 쌀과 데친 쑥, 소금을 믹서에 넣고 곱게 간다.
3. ②의 가루에 뜨거운 물을 부어가며 익반죽한다. 여러 번 치대면서 반죽해야 쫄깃한 떡 반죽이 된다.
4. 반죽을 알맞은 크기로 떼어 지름 10cm의 동글납작한 쑥개떡을 빚는다.
5. 김이 오른 찜통에 면보자기를 깔고 ④의 반죽을 올려서 찐다. 쫄깃한 쑥개떡이 완성되면 꺼내서 참기름을 바른다.

••• 1_ 쑥을 믹서에 갈 때 연한 잎만 넣어야 잘 갈아지고 맛이 씁쓸하지 않아요.
3_ 절구에 넣고 찧어서 반죽하면 더 쫄깃해요. 멥쌀가루 외에 보릿가루나 밀가루를 섞어서 반죽을 하기도 합니다.

다식 (콩다식·검은깨다식·송화다식)

콩가루와 검은깨가루, 송홧가루를 꿀과 섞어 반죽한 뒤 다식판에 박아내는 전통 한과.
재료에 따라 고소하고 특색 있는 맛을 즐기는 재미가 있어요.

재료(가루 1컵 당 15개씩)

노란 메주콩(대두) 1컵
푸른 완두콩 1컵
소금 조금
검은깨가루 1컵
송홧가루 1컵
꿀 1/2컵
식용유 조금

1. 노란 메주콩과 푸른 완두콩은 각각 씻어 건져서 타지 않게 볶는다. 껍질이 갈라질 때까지 볶아지면 열기를 식히고 소금으로 간한다.
2. 볶은 메주콩과 완두콩은 분쇄기로 곱게 갈아 체에 내린 다음 각각 꿀 1큰술씩을 넣고 섞어둔다.
3. 검은깨가루를 꿀 2큰술과 섞어서 찜통에 20분 정도 찐 다음 꿀을 조금 더 넣어 반죽한다.
4. 송홧가루는 꿀 2큰술을 넣고 섞어 한 덩어리로 만든다.
5. 다식판에 기름을 살짝 바르고 각각의 반죽을 밤톨만큼 떼어서 틀 속에 꼭꼭 눌러 박은 다음 떼어낸다.

••• 2_ 볶아서 빻는 대신 시판하는 콩가루나 선식가루, 녹차가루를 사용하면 편리해요. 그밖에 계핏가루나 녹말가루, 생강가루 등을 쓰기도 하고, 꿀 대신 유자청이나 시럽 등을 섞기도 합니다.
2_ 콩 1컵을 분쇄기에 갈면 1/2컵의 콩가루가 나오기 때문에 꿀 1큰술만 넣어 반죽하면 됩니다.

개성약과

밀가루에 꿀과 참기름을 넣어 튀겨낸 대표적인 한과입니다.
몸에 좋은 꿀과 참기름을 넣었다고 해서 '약과(藥果)'라고 이름 붙여졌어요.

재료(25개)

밀가루 2컵
소금 1/2작은술
후춧가루 조금
참기름·꿀 3큰술씩
생강즙·청주 2큰술씩
식용유 적당량
잣 조금

시럽

설탕 1컵
물 1/2컵
꿀 2큰술
계핏가루 조금

1 밀가루, 소금, 후춧가루를 섞어 체에 내린 다음, 참기름을 넣고 고루 섞어 다시 한번 체에 내린다.
2 ①에 꿀과 생강즙, 청주를 넣고 섞어서 한 덩어리가 되도록 반죽한다.
3 반죽을 밀대로 밀어 1~2cm 두께가 되게 편 뒤 반으로 잘라 겹친다. 이 과정을 두세 차례 반복한다.
4 반죽을 도톰하고 고르게 밀어 먹기 좋은 크기로 네모지게 썬다.
5 설탕과 물을 섞어서 약한 불에서 끓인다. 설탕이 녹아 끈적끈적하게 되면 식힌 다음 꿀과 계핏가루를 넣고 섞어 시럽을 만든다.
6 160℃로 끓는 기름에 약과를 넣고 갈색이 날 때까지 앞뒤로 뒤집어가며 튀긴다.
7 노릇하게 튀겨지면 건져서 시럽에 담갔다가 체에 밭친다.

••• 4_ 약과는 모양에 따라서 네모지게 썰어 튀긴 것은 '모약과', 다식판에 넣어 꽃모양을 낸 것은 '다식과'라고 해요.
5_ 맑고 걸쭉한 시럽을 만들기 위해서는 중간에 젓지 말고 그대로 녹게 두어야 해요. 주걱으로 저으면 시럽 속에 실이 생겨 딱딱해지기 때문입니다

3

도라지·산사정과

통도라지의 쓴맛을 빼고 데쳐서 단물에 쫀득하게 조린 도라지정과와 산사열매를 데쳐서 꿀에 조린 산사정과. 매실차를 곁들이면 잘 어울려요.

재료(4인분)

도라지정과
도라지 100g
설탕 1/4컵
물 1/2컵
소금 조금
물엿 1큰술

산사정과
산사 열매 100g
설탕 4큰술
물엿 2큰술

1 통도라지를 4cm 길이로 자른다. 굵은 것은 2~3가닥으로 쪼갠다.
2 손질한 도라지는 소금으로 박박 주무른 다음 물에 담가 쓴맛을 빼고 끓는 물에 살짝 데친다.
3 설탕과 소금, 물을 배합한 단물에 데친 도라지를 넣어 끓인다. 물이 반으로 줄면 물엿을 넣고 자작하게 조려서 체에 건진다.
4 산사 열매를 깨끗이 씻어 물기를 뺀 다음 냄비에 넣고 분량의 설탕과 물엿을 넣어 조린다.

••• **3_** 각종 과일이나 생강, 연근, 인삼 등의 뿌리식물을 꿀 또는 설탕에 조린 전통 과자류를 '정과'라고 해요. 조린 정과에 설탕을 부려서 말려두었다가 술안주로 이용하면 좋아요.

4_ 산사나무의 열매로 대추만 한 크기의 붉은 과일을 '산사' 또는 '산사자'라고 하는데, 비타민 C와 각종 유기산이 풍부하고 소화를 돕는 작용이 있어 식후에 먹으면 좋습니다.

깨소병(밀쌈)

밀전병에 참깨나 잘게 다진 대추로 소를 만들어 넣고 한입 크기로 돌돌 말아서 만들어요.
음력 6월 15일 유두일의 명절식으로 전해 내려오는 떡이랍니다.

재료(10개)

전병 반죽
밀가루 1컵
물 1컵
소금 조금

식용유 적당량

참깨소
참깨 1/2컵
꿀 2큰술
계핏가루 1/2작은술

대추소
대추 100g
꿀 1큰술

1 깨는 볶아서 가루를 낸 뒤 꿀, 계핏가루와 섞어 한 덩어리를 만든다.
2 대추는 깨끗이 씻어서 물기를 뺀 다음 돌려 깎아 씨를 빼낸다. 밑손질 한 대추는 곱게 다져서 꿀과 섞는다.
3 밀가루와 물을 1:1로 섞고 소금을 조금 넣은 다음 체에 곱게 걸러 전병 반죽을 만든다.
4 달군 팬에 기름을 두르고 밀가루 반죽을 숟가락으로 떠서 얇게 펴 올린다.
5 말갛게 익으면 뒤집어 소를 올리고 돌돌 만 뒤 벌어진 부분을 꾹 눌러 붙인다.

••• 부꾸미도 비슷한 방법으로 만드는 전병이에요. 찹쌀가루나 수수가루를 익반 죽해서 넓적하게 편 다음 기름 두른 팬에 지져서 소를 넣어 만들어요. 돌돌 만 깨소병과 달리 부꾸미는 반달 모양으로 접어서 큼직하게 지지는 것이 특징입 니다.

개성주악

찹쌀가루를 익반죽해 모양을 내고 기름에 튀겨서 조청에 재운 전통 찹쌀 도넛이에요.
조약돌 모양과 비슷해 주악이란 이름이 붙었답니다.

재료(20개)

찹쌀가루 3컵
밀가루·설탕·막걸리 5큰술씩
뜨거운 물 1½큰술
식용유 적당량
대추 2개

시럽
조청 1컵
저민 생강 1쪽
물 1/2컵

1. 찹쌀가루와 밀가루를 섞어 체에 내린 뒤 설탕을 넣고 고루 섞는다.
2. ①의 가루에 막걸리를 부어 섞은 뒤 뜨거운 물을 넣어 끈기가 생기도록 익반죽한다.
3. 반죽을 떼어 지름 3cm, 두께 1cm 정도의 동글납작한 모양으로 빚은 다음, 가운데를 손가락으로 꾹 눌러 움푹 들어가게 만든다.
4. 180℃로 끓는 기름에 반죽을 넣어 튀긴다. 반죽이 떠오르면 건져서 종이타월 위에 올려 기름을 뺀다.
5. 조청과 저민 생강, 물을 한데 끓여 시럽을 만든다.
6. 시럽이 식으면 ④의 주악을 담갔다가 건진 다음 움푹 패인 주악 가운데에 대추를 잘게 썰어 올린다.

••• 1_ 막걸리를 넣으면 이스트를 넣지 않아도 발효가 일어나 부푸는 효과를 볼 수 있어요. 주악은 반죽이 부풀어야 질기지 않고 부드럽답니다.
3_ 모양을 빚은 뒤에는 쟁반에 기름을 발라 가지런히 놓아야 달라붙지 않아요.

생란

생강을 곱게 다져서 설탕에 조린 다음 잣가루를 묻힌 일종의 생강 젤리입니다.
생강의 매운맛과 설탕의 단맛이 잘 어울려요.

재료(15개)

생강 200g
물 2½컵
설탕 2/3컵
꿀 2큰술
잣가루 1/2컵

1. 생강은 껍질을 벗기고 잘게 썬 뒤 물과 함께 믹서에 곱게 간다.
2. 곱게 간 생강은 체에 걸러 건더기와 즙으로 나눈다. 건더기는 체에 담은 채로 여러 번 헹구고, 즙은 앙금을 가라앉혀서 윗물은 버리고 앙금만 받는다.
3. 생강 건더기에 물과 설탕을 섞어 조린다. 물이 끓어오르면 불을 약하게 줄이고 거품을 걷어내면서 서서히 조린다.
4. 건더기가 졸아들면 꿀을 넣고 조금 더 조리다가 ②의 생강 앙금을 넣어 섞는다.
5. 건더기와 앙금이 엉기면 불에서 내려 차게 식혀서 생강 반죽을 완성한다.
6. ⑤의 생강 반죽을 조금씩 떼어 생강 모양으로 빚은 뒤 잣가루를 묻힌다. 손에 물이나 꿀을 묻혀 떼어내면 쉽게 만들 수 있다.

••• **2_** 생강즙을 그대로 두면 밑에 생강 앙금이 가라앉는데, 이때 윗물을 조심스럽게 따라내면 앙금만 받을 수 있어요.

5_ 생란은 숙실과의 한 종류로, 과일류를 곱게 다져서 삶거나 꿀에 조린 것을 숙실과라고 해요. 대추를 다져서 반죽한 조란과 밤을 다져서 반죽한 율란도 숙실과에 포함되는데, 꿀에 조린 뒤 원래의 모양대로 다시 빚어 접시에 담는 것이 특징입니다.

빈자병

곱게 간 녹두 반죽에 팥소를 넣어 조그맣게 지져냈어요.
밤이나 대추, 유자로 소를 만들기도 하는데, 담백한 녹두가 어떤 재료와도 잘 어울려요.

재료(4인분)
녹두 쪼갠 것 2컵
물 적당량
소금 1작은술

식용유 적당량

소
거피팥 2컵
꿀 3큰술
소금·계핏가루 1작은술씩

1 녹두는 쪼갠 것으로 준비해 물에 충분히 불려 껍질을 벗긴 다음 물에 씻어 건진다.
2 껍질을 벗긴 녹두는 믹서에 물과 함께 넣어 되직하게 갈고 소금으로 간한다.
3 거피팥을 찜통에 쪄서 체에 내려 소금과 꿀, 계핏가루를 넣어 섞은 다음 지름 1.5cm가량의 동글납작한 모양으로 소를 빚는다.
4 달군 팬에 기름을 두르고 녹두 반죽을 한 숟가락 떠서 얇게 편 뒤 소를 올리고 녹두 반죽으로 위를 덮어 앞뒤로 노릇하게 지진다.
5 노릇하게 지진 빈자병은 접시에 담아 꿀을 곁들여 낸다.

••• 2_ 치자로 노란 물을 들여도 좋아요. 치자를 으깨어 물에 섞은 다음 녹두 반죽에 합쳐 섞으면 고운 노란 빛깔의 전이 됩니다.
3_ 거피팥은 쪄낸 후 뜨거울 때 곧바로 체에 내려야 잘 내려져요.

진달래화전

진달래꽃으로 장식해 모양이 화려한 봄 시절식이에요.
찹쌀가루를 익반죽해 동글납작하게 빚은 뒤 기름에 노릇하게 지져냈어요.

재료(4인분)

찹쌀가루 2컵
소금 1작은술
뜨거운 물 1½큰술
진달래꽃 적당량
식용유 적당량
꿀 조금

1 찹쌀가루를 체에 내려 소금을 넣고 뜨거운 물로 여러 번 치대어 익반죽한 다음. 조금씩 떼어 지름 5cm의 동글납작한 반죽을 빚는다.
2 고명으로 쓸 진달래는 꽃술을 떼고 물에 씻어 물기를 없앤다.
3 달군 팬에 기름을 조금 두르고 동글납작하게 빚은 화전 반죽을 올려 살짝 눌러가며 약한 불에서 지진다.
4 한쪽이 익어서 투명해지면 뒤집어서 진달래 꽃잎을 예쁘게 얹는다.
5 접시에 꿀을 조금 바르고 화전을 올린다.

••• 2_ 가을에는 노란 국화잎으로 화전을 부치고 여름에는 창포꽃으로 화전을 부치기도 해요.
    4_ 익은 화전을 그릇에 담을 때는 꿀을 미리 접시에 발라두어야 달라붙거나 찢어지지 않아요.

수정과

계피와 생강을 달여서 설탕으로 단맛을 낸 겨울 음료입니다.
계피와 생강의 향이 좋고 따뜻하게 마시면 감기 예방 효과도 있어요.

재료(10컵)

계피 30g
생강 50g
물 12컵
황설탕 1½컵
곶감 10개
잣 2큰술

1. 계피에 물 6컵을 붓고 푹 달여서 체에 거른다.
2. 생강은 얇게 저며 썬 다음 냄비에 물 6컵과 함께 끓인다. 끓인 물은 체에 한 번 걸러서 따로 둔다.
3. 계피와 생강 달인 물에 설탕을 넣고 한소끔 끓여 식힌다.
4. 곶감은 작고 씨가 없는 주머니 모양의 것을 골라 꼭지를 떼고 모양을 둥글게 만들어놓는다.
5. 식혀서 보관한 수정과를 화채 그릇에 담고 곶감과 잣을 띄운다.

••• 딱딱한 곶감은 먹기 3시간 전에 수정과에 담가두었다가 화채그릇에 띄우면 됩니다.

곶감쌈

말랑한 곶감을 펴서 속에 호두 알맹이를 넣고 돌돌 말아 썰어서 만들어요.
설이나 추석 다과상이나 술안주로 준비하면 좋아요.

재료

곶감 10개
호두 20개
물엿 조금

1. 곶감은 말랑말랑한 것으로 준비해 꼭지를 떼고 한쪽을 갈라서 씨를 빼낸다.
2. 호두는 반으로 잘라 가운데의 단단한 심을 빼고 물엿을 발라 원래 모양으로 붙인다.
3. 씨를 뺀 곶감을 넓적하게 편 뒤 ②의 호두를 넣어 눌러가며 돌돌 만다. 곶감 안쪽 면에 꿀을 발라가며 말면 쉽게 풀어지지 않는다.
4. 완성된 곶감쌈은 0.5~1cm 두께로 고르게 썬다.

••• 곶감은 말랑말랑한 것으로 말아야 호두가 잘 고정돼요.

식혜

따끈하게 지은 밥에 엿기름물을 부어 삭힌 겨울철 음료입니다.
달달하면서 소화가 잘 돼 한식 디저트로 준비하면 좋아요.

재료(10인분)

엿기름가루 3컵
물 15컵
따뜻한 밥 3공기
설탕 3컵
저민 생강 1쪽
잣 1/2컵

1. 엿기름가루를 미지근한 물에 1시간쯤 불렸다가 건진 뒤 새 물을 부어가며 체에 내린다. 체에 내린 엿기름가루가 물과 앙금으로 분리되면 윗물만 따로 받아둔다.
2. ①에서 받은 엿기름물을 40℃ 정도로 끓인 다음 따뜻한 밥과 잘 섞어 보온밥솥에 넣고 5~6시간 정도 삭힌다.
3. 시간이 지나 밥알이 떠오르면 밥알만 건져서 찬물에 헹군 뒤 냉장고에 보관한다.
4. 밥알을 건지고 남은 식혜 물은 설탕과 저민 생강을 넣고 팔팔 끓여 차게 식힌다. 상에 낼 때는 밥알을 그릇에 담고 식혜 물을 부은 다음 잣을 띄운다.

••• 식혜 국물을 끓일 때는 거품이 많이 생겨요. 한소끔 끓으면 거품을 걷어낸 뒤 조금 더 끓여서 식히면 됩니다.

보리수단

삶은 보리쌀을 오미자국물에 띄워 상큼하면서 구수한 맛이 나는 화채입니다.
수단은 6월 15일 유두일에 만들어 먹는 화채를 가리켜요.

재료(4인분)

보리쌀 4큰술
고운 녹두가루 1/3컵
잣 조금

오미자 국물(3컵 분량)
오미자 1/2컵
물 12컵
설탕 2컵
소금 조금

1. 보리쌀은 박박 문질러가며 깨끗하게 씻은 뒤 물을 붓고 푹 삶아 찬물에 헹궈 건진다.
2. 삶은 보리쌀에 곱게 간 녹두가루를 묻혀 다시 한번 삶은 뒤 찬물에 헹군다. 같은 과정을 4회 정도 반복한다.
3. 오미자에 뜨거운 물 2컵을 붓고 하룻밤 두어 진하게 우린다.
4. 오미자 우린 물에 나머지 물 10컵과 설탕, 소금을 넣고 맛을 낸 뒤 고운체에 걸러 차게 식힌다.
5. ②의 보리수단을 화채 그릇에 담고 차게 식힌 오미자 국물을 붓는다.
6. 잣의 고깔을 떼고 보리수단 위에 띄운다.

••• 보리쌀에 가루를 묻혀 찌는 과정을 여러 번 반복하면 콩알만 한 크기가 돼요. 녹두가루 대신 녹말가루를 묻혀도 됩니다.

배숙

생강 달인 물에 설탕과 배를 넣어 익히면 달착지근한 화채가 돼요.
배의 단맛과 생강의 매운맛이 조화를 이루는 음료입니다.

재료(10인분)

배 1개
생강 50g
물 10컵
통후추 1작은술
설탕 1½컵
잣 조금

1 생강은 껍질을 벗겨서 얇게 저민 다음 물을 부어 은근한 불에서 푹 달인다. 국물은 체에 걸러 따로 둔다.
2 배는 세로로 6등분 또는 8등분해서 껍질을 벗기고 속을 잘라낸 다음 모서리를 매끄럽게 다듬는다.
3 조각 낸 배의 등 쪽에 통후추를 3~4개씩 꾹꾹 눌러 박는다.
4 달인 생강물에 통후추를 박은 배와 설탕을 넣고 팔팔 끓여 배를 익힌다.
5 잣은 고깔을 떼고 물에 씻은 뒤 물기를 닦는다.
6 배가 무를 정도로 익으면 차게 식혀서 화채 그릇에 담은 뒤 잣을 띄운다.

••• 2_ 배가 너무 크면 모양이 안 나요. 중간보다 작은 것을 고르고, 너무 큰 것은 나눈 쪽을 비스듬히 한 번 더 잘라 사용하세요.
6_ 완성된 배숙이 식으면 냉장고에 넣어두었다가 상에 내기 직전에 화채 그릇에 떠서 잣을 띄우면 좋아요.

진달래화채

새콤달콤한 오미자 국물에 진달래꽃을 띄운 진달래화채.
봄철 진달래 화전과 함께 만들면 좋은 계절 음료입니다.

재료(4인분)

오미자 1/2컵
물 6컵
설탕 1컵
꿀 3큰술
소금 조금
진달래꽃 20개
녹말가루 조금
잣 조금

1. 오미자는 씻어서 건진 뒤 끓인 물 2컵을 부어 하룻밤 우려내고 면보자기를 깐 체에 거른다.
2. ①의 오미자 국물에 설탕과 꿀, 소금을 넣어 섞고 나머지 물 4컵을 부어 냉장고에서 차게 식힌다.
3. 진달래의 꽃술을 떼고 흐르는 물에 헹군 뒤 물기를 털어낸 다음 녹말가루에 묻혀 끓는 물에 살짝 데친다. 데친 진달래는 건져서 찬물에 헹궈둔다.
4. 화채 그릇에 차게 식힌 오미자 국물을 붓고 데친 진달래꽃과 잣을 띄운다.

••• 화채 국물과 진달래꽃은 따로 보관했다가 상에 내기 직전에 국물을 그릇에 떠 담고 진달래꽃과 잣을 띄우면 좋아요.

귤화채

달콤하면서도 상큼한 맛이 입맛을 돋우는 화채입니다.
흔히 먹는 과일에 조금 변화를 주면 정성이 담긴 음료가 탄생돼요.

재료(4인분)
귤 4개
설탕 4큰술
꿀 1큰술
물 6컵

1. 귤은 깨끗이 씻어 껍질을 벗기고 과육을 감싸고 있는 속껍질까지 말끔히 정리한다.
2. 귤 알맹이는 설탕 2큰술을 뿌려 15분쯤 절인다.
3. 물 6컵에 나머지 설탕 2큰술과 꿀을 넣고 고루 섞어 단물을 만든다.
4. 설탕절임을 한 귤은 단면이 드러나도록 얇게 저며 썬 다음 ③의 단물을 부어 잘 섞고 화채 그릇에 담는다.

••• 귤을 설탕에 절이려면 속껍질까지 말끔히 정리해야 모양도 깔끔하고 귤 알맹이까지 달달하게 잘 절여져요.

수박화채

수박 과육을 썰어서 단물에 얼음과 함께 띄워 내는 여름철 음료.
수박을 통째로 잘라서 그릇 대신 쓰면 더욱 멋스럽고 시원해요.

재료(4인분)

수박 1/2통
꿀·설탕 3큰술씩
포도주 1/3컵
물 4컵
얼음 적당량

1 수박은 깨끗이 씻어 반으로 가른 다음 밑을 살짝 도려내 평평하게 만든다.
2 숟가락이나 스쿠프로 수박 속을 파내고 겉에 보이는 씨는 정리한다. 떠내는 대신 먹기 좋은 크기로 네모지게 썰어도 좋다.
3 꿀과 설탕, 포도주, 물을 분량대로 배합한 뒤 파낸 수박 과육을 넣어 섞는다.
4 ③의 수박 화채를 수박껍질 용기에 담아 냉장고에 차게 보관했다가 먹기 직전에 얼음을 띄워 낸다.

••• 3_ 오미자 국물을 우려내 섞어주면 새콤달콤한 맛과 향이 더해져요.
4_ 속을 파내고 남은 수박껍질은 화채를 담는 용기로 활용하면 좋아요. 밑을 도려낼 때 구멍이 나지 않게 조심해야 하는 것은 바로 이런 이유입니다. 여럿이 함께 먹을 때는 덜어먹을 그릇을 준비하세요.

매실차

매실에는 각종 비타민과 미네랄, 유기산이 풍부해 다양하게 활용하면 건강에 좋아요.
매실이 제철인 봄에 넉넉히 만들어두면 두고두고 요긴하게 쓸 수 있어요.

재료(4인분)

매실청
매실 1kg
설탕 5컵

1. 단단하고 흠집이 없는 청매실을 골라 깨끗이 씻은 뒤 물기를 닦는다.
2. 깨끗이 씻어 물기를 없앤 유리병에 ①을 설탕과 함께 켜켜이 담고 설탕으로 위를 덮는다. 며칠 지나 청이 고이면 매실이 위로 떠오르지 않게 무거운 것으로 눌러준다.
3. 3개월이 지나면 매실을 건지고 청은 따로 분리해 병에 담아 냉장고에 보관한다.
4. 매실청에 뜨거운 물이나 차가운 물을 부어 차 또는 음료로 마신다.

••• 매실은 6월이 지나 노랗게 익은 것보다 갓 익어 짙은 연두색을 띠는 청매가 훨씬 영양 효율이 높아요. 설탕에 재워 청을 만든 뒤 열매만 따로 건져 소주를 부어두었다가 생선 비린내나 고기 누린내를 없애는 데 활용하면 좋아요.

우리 음식 알기

과일로 만드는 저장식품 과일청·과일주

유자나 모과, 매실 같은 과일은 새콤달콤한 맛이 매력이죠. 설탕이나 꿀에 재워 청을 만들거나 소주를 부어 술을 만들면 그 쓰임새가 다양합니다. 술과 차로 즐길 수 있는 것은 물론 요리할 때 양념처럼 넣어도 좋아요. 기본적인 과일청·과일주를 만들어보세요.

달콤한 청 만들기

과일 열매를 깨끗이 손질해 설탕에 재워 한두 달 정도 보관하면 진하고 맑은 액체가 생긴다. 향이 좋고 달콤해 꿀처럼 즐겨도 손색이 없을 정도. 이 맑은 액체를 '청'이라고 한다.

과일청을 한 숟가락 떠서 컵에 넣고 물을 부어 음료로 마셔도 좋다. 시원한 물에 잘 풀어지도록 저어준 다음 얼음을 띄우면 여름철 건강 음료로 이보다 더 좋은 게 없다.

요리할 때 물엿이나 설탕 대신 넣기도 한다. 특히 생선이나 고기요리를 준비할 때 밑양념으로 과일청을 발라주면 재료의 잡냄새가 사라지고 고기가 부드러워진다.

유자청

잘 익은 유자의 껍질과 속을 분리해 청을 담근다. 향이 특히 좋은 유자청은 여름에는 차갑게, 겨울에는 따뜻하게 즐길 수 있다. 유자청을 담글 때는 먼저 유자를 깨끗이 씻어 물기를 말끔히 닦고 4등분한 다음 껍질과 속을 따로 분리한다. 껍질 안쪽에 붙은 흰 부분은 말끔히 정리한 다음 겉껍질만 곱게 채 썰고, 유자 과육은 한쪽씩 떼어 실처럼 붙은 것을 정리한다. 채 썬 껍질과 과일 속을 각각 다른 병에 담아 설탕을 켜켜이 뿌려 재우면 맑은 청이 생긴다.

모과청

익으면 노란색으로 변하는 모과는 향이 좋아서 방향제로 쓰기도 한다. 단단하고 딱딱하며 신맛이 강해 날로 먹기 힘들므로, 설탕이나 꿀에 버무려 재워 두었다가 맑은 청이 우러나면 차로 마신다. 모과청을 만들려면 모과를 씻어서 4등분하고 속의 씨를 도려낸 다음 납작하게 썰어 병에 넣는다. 병에 넣을 때 모과가 위로 떠오르지 않도록 무거운 것으로 눌러주는 게 좋다. 설탕이나 꿀에 재워 한 달 정도 보관하면 적당히 은은한 향이 우러나와 차를 우려 마시기에 좋은 상태가 된다.

매실청

소화를 돕고 변비를 예방하며 살균력이 뛰어나 여름철 식중독이나 배탈, 설사를 막아주는 매실. 봄에 나는 청매로 매실청을 만들어두면 다양하게 활용할 수 있다. 매실청을 만들려면 먼저 매실 열매를 깨끗이 씻어 물기를 뺀 다음 소독한 유리병에 손질한 매실과 황설탕과 켜켜이 안쳐 밀봉한다. 보름 정도 지나 청이 우러나면 열매와 청이 잘 섞이도록 뒤적여주고 3개월이 지난 다음에 다른 병에 따라 붓는다. 남은 매실 과육으로 매실주를 담그거나 매실장아찌를 만들어도 좋다. 매실장아찌를 담글 때는 반드시 가운데의 씨를 발라낸 다음 고추장 또는 소금에 절인다.

향긋한 과일주 담그기

우리나라는 계절에 피는 꽃이나 과일, 곡식으로 술을 담가왔다. 집에서 담그는 술 중 명절이나 세시풍속에 맞춰 준비하는 술은 '세시주', 제철 과일이나 꽃, 곡식으로 담그는 술은 '절기주'라고 부른다. 과일주는 대체로 3개월 이상 숙성시킨 다음 체에 밭쳐 맑은 술만 받고 오랫동안 저장하며 마신다.

딸기주

재료 딸기 600g, 설탕 1컵, 레몬 1½개, 소주 1.8L

늦은 봄에는 비타민 C가 풍부한 딸기로 술을 담근다. 피로 해소는 물론 피부 미용에도 효과적이다. 딸기는 꼭지를 떼어 물에 흔들어 씻은 다음 소쿠리에 밭쳐 물기를 빼고 레몬은 가로로 얇게 저며 썬다. 크기가 큰 딸기는 반으로 잘라 레몬과 섞고 소독한 유리병에 차곡차곡 담은 뒤 설탕과 소주를 부어 밀봉해서 햇볕이 들지 않는 서늘한 곳에 한 달 정도 보관한다. 과일의 색이 변하면 체에 내리고 찌꺼기가 가라앉으면 맑은 술만 따라 다른 병으로 옮긴다.

포도주

재료 포도 1kg, 설탕 2½컵, 소주 1.8L

혈액순환을 도와 순환기 건강에 좋은 것으로 알려진 포도주. 여름에 흔한 캠벨포도나 초가을의 머루포도로 담그면 맛과 향이 좋다.

잘 익은 포도를 알알이 떼어서 깨끗이 씻은 다음 소쿠리에 밭쳐 물기를 뺀다. 하루 정도 그늘에 말려도 좋다. 물기가 빠지면 소독한 유리병에 포도와 설탕을 켜켜이 안친 다음 소주를 붓고 햇빛이 들지 않는 서늘한 곳에 둔다. 3개월쯤 지나면 포도주를 체에 내려 냉장고에 보관하고 유리병 밑으로 찌꺼기가 가라앉으면 맑은 술만 따라 다른 병으로 옮긴다.

사과주

재료 사과 1kg, 설탕 1컵, 레몬 1/4개, 소주 1.8L

변비 예방, 식욕 증진 효과가 좋은 사과 역시 맛과 향이 은은해 과일주를 담그면 좋다.

사과주를 담글 때는 늦가을의 잘 익은 사과를 골라 깨끗이 씻은 다음 마른 행주로 닦고 반으로 갈라 씨를 도려낸 뒤 얄팍하게 저민다. 이것을 소독한 병에 설탕과 켜켜이 안쳐 3일 정도 두었다가 3일 후 사과가 잠기도록 술을 붓고 그늘진 곳에 3개월 정도 보관한다. 3개월이 지나 맛과 향이 우러나면 체에 내려 맑은 술만 받아 다른 병에 옮기고 레몬 조각을 넣어 조금 더 익힌다.

한복선의
한식 대백과

저자(글·요리) | 한복선(한복선식문화연구원 원장)
어시스트 | 지선아 이선임
푸드스타일링 | 하영아

사진 | 최해성
어시스트 | 강태희

기획·편집 | 권민희 박햇님
디자인 | 한송이
마케팅 | 황기철 이진목 안효원
경영관리 | 김은진

인쇄 | HEP

초판 인쇄 | 2025년 8월 27일
초판 발행 | 2025년 9월 2일

펴낸이 | 이진희
펴낸곳 | (주)리스컴

주소 | 서울시 강남구 테헤란로87길 22, 7층(삼성동, 한국도심공항)
전화번호 | 대표번호 02-540-5192
　　　　　편집부 02-544-5194
FAX | 0504-479-4222
등록번호 | 제2-3348

이 책의 저작권은 리스컴 출판사와 저자 한복선에게 있으며,
이 책에 실린 사진과 글의 무단 전재 및 복제를 금합니다.

잘못된 책은 바꾸어 드립니다
ISBN 979-11-5616-303-9 13590
책값은 뒤표지에 있습니다.